建德一村一故事

（第二集）

中共建德市委党史和地方志编纂研究室 编

西泠印社出版社

图书在版编目（ＣＩＰ）数据

建德一村一故事. 第二集 / 中共建德市委党史和地
方志编纂研究室编. -- 杭州 ： 西泠印社出版社，2023.9
ISBN 978-7-5508-4269-4

Ⅰ. ①建… Ⅱ. ①中… Ⅲ. ①村史－建德－通俗读物
Ⅳ. ①K296.55-49

中国国家版本馆CIP数据核字(2023)第174989号

建德一村一故事（第二集）

中共建德市委党史和地方志编纂研究室　编

责任编辑: 俞　莺
责任校对: 吴乐文
责任出版: 冯斌强
装帧设计: 杭州华界印务有限公司
出版发行: 西泠印社出版社
社　　址: 杭州市西湖文化广场32号5楼（邮政编码： 310014 ）
电　　话: 0571-87243279
印　　刷: 杭州华界印务有限公司
开　　本: 787mm × 1092mm 1/16
字　　数: 456千
印　　张: 24.25
印　　数: 0001—1000
版 印 次: 2023年9月第1版　第1次印刷
书　　号: ISBN 978-7-5508-4269-4
定　　价: 240.00元

西泠印社出版社发行部联系方式:（0571）87243079

目　录

大慈岩镇

寿昌镇

更楼街道

新安江街道

洋溪街道

莲花镇

白马村

白马多传说

白马村，位于建德市李家镇西南，距镇政府驻地 7.5 千米。东至长林村，南至三溪村，西至衢州市衢江区上方镇龙祥村，北至石鼓村。村委会驻邱家自然村，辖邱家、界头、赛里、邵家、饶家、乌石坞、孙家、钱庄畈 8 个自然村。全村 502 户、1712 人。村域面积 12.3 平方千米，其中耕地面积 76.4 公顷、山林面积 764.9 公顷。主要出产稻谷、原木、杂粮、茶叶、油茶等。白马村是浙江省新时代美丽乡村精品村。

白马村

白马村，因位于建德市西南与衢州市衢江区上方镇相连接，故有"界头"之名。2007年，由界头、长林源两个行政村合并而成。

白马村东面数百米有两块乌石南北对峙，形象极似猫和鼠。相传，这两块乌石是一神仙用一根灯草做扁担挑来的。自从有了这两块神石"镇守"之后，村里夜不闭户、道不拾遗，百姓安居乐业。

白马村，是一个多传说的山村。坐落于 305 省道南侧的猫石后山，名东南白马山，山上有座白马寺，村以寺名。白马寺虽名不见经传，但充满传奇色彩。

猫石

白马寺

当地传说，白马寺最早建于唐代，毁于宋代，南宋末年重建，元末再度被毁。传说南山有一匹神马，色白如雪。一日，西北方向的石鼓金鸡岭上一金鸡鸣叫，随即白马应声而出。人们惊呼之余，上山寻找神马遗迹，发现一块巨石上留下了清晰的马蹄印。大家跪地而拜，后在马蹄石旁建了一座小庙白马庵，以祈祷这匹神马在此守护山佑村。

关于白马寺的由来还有另外一个版本。传说隋炀帝喜好收集天下奇珍异宝。一日早朝，奏闻吴越天降金鸡、神马，即命取宝使臣星夜前往，限十日内寻得二宝。取宝使臣在白马村南山找到了藏宝之地，但因动响过大，惊跑了金鸡和神马，只留下马蹄印。隋炀帝闻报龙颜大怒，便将取宝使臣斩首于市曹，使臣的冤魂化作一道云烟径投吴越而去，后转世为僧。

唐朝末年，一高僧从吴越云游至京城大慈恩寺，蒲团参禅，不觉梦游吴越，梦中出现了南山取宝之景。高僧梦醒后顿悟因果，访得南山，寻得那块马蹄石，在距它不远的平地上建起一座庙宇，取名"白马寺"。据说后来有军队过此遇大雨，寺中一高僧从头上取下笠帽，每人一顶分与军士。军队走完，笠帽也刚好分完。军中首领觉得此僧神秘怪异，便一把火将白马寺烧了个精光。

白马寺

千年白马寺，沧海桑田，屡建屡毁。它到底因何而建，何人所建，已无从查考，不变的是那块马蹄石，至今犹在。

白虎堂

白马村西南有一座山，名叫白虎堂。《建德市地名志》说，此处曾有白虎出没，故名。

白虎堂到底有没有白虎出没，也无从考证。南宋末年，在这小小的山坳里，曾经有一座寺庙，叫作"崇因报本寺"。它由宋朝名臣叶义问所建。民国《寿昌县志》记载："崇因报本寺，在县西八都。旧名崇恩院。宋绍兴年间叶枢密义问建，以奉朱佛香火。请额于朝，诏赐今名。咸淳壬申僧时芳重建。内有叶枢密肖像。"

上述引文中"以奉朱佛香火"表明在叶义问建造崇因报本寺前，这里已经有寺，且与"朱佛"有关。查民国《寿昌县志》："朱佛寺，崇因寺侧。岁旱祈雨辄应。昔有农人朱姓者耕山诵佛，号于此。亢阳，常有云覆之，曰：某时雨，则验。人指为活佛。后跌坐而化。乃为建大殿及天生殿，栋宇宏广，可供游眺。"据此可见朱佛寺规模不小。村中老人还记得两寺遗迹，一个东西向一个南北向，呈"L"字形。如今崇因寺、朱佛寺虽已灰飞烟灭，但这一带村民还保留着大旱年间"朱佛寺口求雨"的习俗。

白马山上观音阁

值得一提的是，村民们把 "农人朱姓者"说成是明朝开国皇帝朱元璋，这难免有些张冠李戴，但白虎堂蔚为壮观的千亩油茶林据说与朱元璋有关。相传朱元璋被元军一路追杀，逃到白马寺，他将金银宝藏分十八处埋藏在白虎堂，并有十八把金钥匙同时埋在山中。消息走漏，村民满山遍野地挖金钥匙。宝藏没挖到，山却不知被翻了多少遍。白马村村民就势种上了油茶，白虎堂周边千亩荒山就这样成了油茶地。

千家村

白马村东面有个叫钱庄畈的自然村。《建德市地名志》记载：前庄畈，原名千家村。"千""钱"近音，又处于田畈之中，故演变为"钱庄畈"。

白马村老人说，从长林村老林山脚沿西北方向到太背一带近三里，数百年前住着近千户人家，号曰"千家村"，村里屋角相连，还建有长廊，雨天穿行几里不带雨具也不会淋湿。

千家村，以太背最为繁华。据说此地出了九十九个"胡子"。"胡子"即强寇。他们满脸络腮胡子，相貌相似，横行乡里，无恶不作，甚至私设地牢对付抗争者。此事传到寿昌县衙，县令扮成货郎探得虚实，派兵镇压。据传，官兵包围胡子庄园的那晚，电闪雷鸣，庄内一片鬼哭狼嚎。次日清晨，周边人发现，昨晚那场暴雨带来的山体滑坡，将大半个千家村深埋于泥石流中。一夜之间，胡子庄园空无一人。

如今从前庄畈的名字里还可以找到千家村的影子，九十九个"胡子"已成传说。但前庄畈一带的大小山坡上却留下了九十九个"雷公凼"，传说这是九十九个"胡子"的葬身之地。

观音坝

白虎堂山脚有一条小溪，下游几百亩良田靠它灌溉。溪中有一条用石头垒砌、长不足 10 米的堤坝，村民称其为"观音坝"。它虽不起眼，但有故事。

话说当年朱佛寺被一场山洪冲毁，寺中的木雕观音塑像被洪水冲到了吴潭溪面，被两位白马村的挑夫发现。他俩对着观音像说："如果你是朱佛寺的佛像，就请到溪边来。"孰料，观音雕像真的渐渐地漂到了河边。他们刚抬起观音像，太阳就搁山头了，他们又对着太阳说："太阳啊，太阳，等我们到家再下山吧。"果真一路上夕阳斜照，一直到了白虎堂山下，天才落黑。他们想，难道是观世音显灵？于是两人决定，分头募捐，在原址按原样重建朱佛寺。

新建的朱佛寺落成，他们又将观音像抬到小溪边清洗，可是小溪水位太浅够不着，他们就发动村民用石块垒起一条堤坝。这条堤坝，从此也被称作了观音坝。

（唐国强）

段龙之故乡

诸家村，位于建德市李家镇东北，距镇政府驻地 1.5 千米。东邻大同镇黄垄村、潘村村，南濒劳村溪，西至李家村，北邻大同镇大同村洞山。村委会驻诸家自然村，辖董家、红庙边、洲昏里、诸家、童家、夏家、馒头山 7 个自然村。全村 429 户、1407 人。村域面积 0.83 平方千米，其中耕地面积 62.5 公顷、山林面积 15.5 公顷。主要出产稻谷、蚕桑、茶叶等。境内多矿藏，安徽大型水泥生产企业"海螺水泥"建德基地位于该村。诸家村是浙江省卫生村、浙江省美丽乡村特色精品村。

诸家村

一

李家镇政府所在地周边的四座山酷似龙、凤、龟、麟，雄踞于凤山之麓，如一道高大稳固的屏障，护佑着西侧的诸家村。

早先，居住这里的是童姓人家，因此称"童村"。后来，有夏姓人和叶姓人迁入定居，童姓家族渐渐衰微，但地名仍称童村。直至诸葛氏从兰溪诸葛村迁来逐渐成为兴旺的大姓，村名才由童村改称为"诸家"。

说到诸家村，很多人会联想到具有当地特色的诸家段龙舞龙艺术。

据说，舞段龙原先是由李家村部分热心人士组织发起的，所以曾称"李家断龙"。但后来不知何故李家村舞段龙活动终止，与之相邻的诸家村继之，而且在制作工艺、表演动作编排等方面进行了改造提升，显示出崭新的舞段龙表演风格，因此，段龙又被称为"诸家断头龙"。后来，人们觉得"断"字不吉利，便改"断龙"为"段龙"。

诸家段龙俗称"九节龙"，将一条龙灯分制成九段，舞动起来，龙头、龙身、龙尾依次排列，精巧灵活，活泼敏捷，进退自如，最适宜于乡村狭窄逼仄的弄堂小巷、农家小院表演。

诸家段龙/汪国云　提供

当地广泛流传着段龙由来的故事。

据传，唐初，一条小龙奉玉帝之命去往某地播雨抗旱，经过李家、诸家一带时，看到田地里的庄稼枯萎，农民在干涸的田野上甚是无奈。小龙恻隐之心大发，虽然这里并不属于它播雨的范围，但它善心所致，作法播雨。小龙这一擅自作为违背了玉帝的旨意，违犯天条是要斩首的。玉帝命唐太宗李世民执法，唐太宗将此任务交与谏议大夫魏徵执行。魏徵经过查证，觉得小龙虽然擅自作主、有违玉帝旨意，但小龙为民解忧，不应受到斩首的惩罚。于是，魏徵故意拖延时间，想寻机救小龙一命。

那天，唐太宗与魏徵下棋，魏徵突然犯困，竟趴在桌上睡着了，额头上还冒出汗来。

唐太宗见状，感叹魏徵日理万机、为国家事务操劳，太辛苦了，便在一旁轻轻地为魏徵扇扇子，想让他多睡一会儿。其实，魏徵并未睡着，而是灵魂真神被天神召去，玉帝催他即刻将小龙斩首。魏徵无奈，只得执行。但魏徵的灵魂真神追赶小龙总也追不上。这时，身后忽然吹来了阵阵轻风，却原来是唐太宗正在给魏徵扇扇子呢，轻风仿佛具有股神力，推动着魏徵手中的利刃起落了八次，小龙被砍为九段。九段龙身落到了李家与诸家之间的蛟溪边。

李家、诸家一带的百姓听说小龙被玉帝处死，非常悲痛。他们在村口为小龙建了一座庙宇，四时祭祀；又将九节龙身供奉于各家族祠堂内，每年正月初一，将龙身从各祠堂里请出拼凑一起，共同祭拜。渐渐地，这一行动就演变成一个很有地方特色的民间习俗——舞段龙。

二

诸家历史上曾有不少古迹，遗憾的是大多数古迹都湮灭在岁月的烟尘中，现存完好的只有坐落在诸家村以西的石狮口八角亭。

八角亭

民国《寿昌县志·建置志》载："八角亭，在四灵区九都二傅村动山脚。"当地人又称八角凉亭。八角亭是旧时寿昌县过遥岭通往淳安县的必经之路，经商的、走亲的、挑夫等，往来行人颇多。诸家村历来多行善积德之人，据说，这些善人在凉亭的柱子上挂草鞋，为行人救急所用；在亭内设罗缸施茶，供过往行人及田间劳作的村民解渴。

八角亭前所立碑记，起首是一首诗：

> 四面灵山一座屏，重重叠叠绕门庭。
> 烟霞尽入新诗画，雅趣还疑羲氏亭。

该亭始建于明正统年间，现存亭子重建于清末，亭内四柱疑是明代旧物。八角亭是一座重檐屋顶的双通凉亭。第一层为四坡顶，第二层为双坡顶。建筑面阔两柱一间，进深两柱一间，穿斗式梁架。该亭在 2004 年、2016 年两度进行修缮。这座古亭，为了解当地古代交通情况提供了具有参考价值的实物资料。

八角亭南面有新桥溪流过，顺流而下至东南傅村自然村，沿溪两岸数百年古樟树群赫然而立绵延里许，成为诸家村里一道亮丽的风景线。

三

知青文化是诸家村特有文化。诸家村有一处始于 1972 年的新地名"六间头"。所谓"六间头"，是当年诸家村安排知识青年时建造的一排六间平房，此地其时尚无地名，村民便将这六间平房作为地名并很快被叫响。

今年 84 岁的董金水先生，当年在村里分管知识青年，工作做得很出色，是李家公社知青工作的先进分子。他回忆说，1969 年，诸家村接收第一批来村插队落户的知识青年，共 10 人，其中来自杭州的有 4 人，新安江的有 6 人。那天，村里组织人员在村东头旺山庙边敲锣打鼓迎接知青。将他们接到村里后，安排得很周到，对待他们比自家的孩子还关心。过了一段时间，董金水等人专程去了新安江城和杭州城，走访每位知青家庭，向家长介绍他们的孩子在村里的情况和表现，并请家长们放心，村里一定会好好地爱护他们，培养他们。

刚开始，全村十个生产队各挑选一户整洁干净条件较好的农户安置了他们。两年后，知青们逐渐适应了乡下的环境，独立生活能力明显提高。根据大部分知青的想法和要求，村里利用上级拨款，分三个点建设知青房。第一、第二生产队在馒头山自然村建造两间，第九、第十生产队在洞山脚自然村建造两间，在村中心的文化礼堂前建造六间。每间房

"六间头"知青房

屋隔成两半，一半做卧室，一半做厨房兼客厅。就这样，每个知青有了自己独立生活的"家"。后来，知青们陆陆续续返回原籍，而他们曾经的家——"六间头"，至今仍保存完好。

2013年11月24日，当年在诸家村插队的知青，相约回访他们的第二故乡——诸家村。礼堂前的小广场上挤满了迎接的村民，大家冒雨等候着他们的到来。当知青们踏上诸家这片土地时，乡亲们热烈的欢呼声和响亮的鞭炮声响成一片。他们来到诸家村大礼堂前见到了久违的乡亲，一眼望见礼堂大门上方"欢迎知青回访第二故乡"的横幅，个个激动得泪流满面。回访活动圆满结束，时任村支书夏国军代表诸家全体村民，相约知青们今后"常回家看看！"

如今，诸家村将"六间头"修缮一新作为知青文化的展陈馆，"六间头"成了本地一个具有时代印记的文化点。

（汪国云）

古今管村桥

　　管村桥村，位于建德市大同镇西南偏西，距镇政府驻地 8.8 千米。东与葛岭村相连，西与李家镇三溪村毗邻，南与禹甸村接壤，北与李家镇长林村交界。村委会驻桥东自然村，辖桥东、桥西、枫树岗、吴村坞、平岗岭、蝴蝶场 6 个自然村。全村 447 户、1513 人。村域面积 4.6 平方千米，其中耕地面积 33.33 公顷、山林面积 386.67 公顷。主要出产水稻、土酒、原木、油茶、毛竹、茶叶等。管村桥村是浙江省卫生村、浙江省健康村、杭州市级精品村，村文化礼堂被评为杭州市星级农村文化礼堂。

管村桥村

　　管村桥村四面青山环抱，寿昌江流经村坊，杭（州）新（安江）景（德镇）高速公路穿村而过，交通四通八达。村东南有座高山叫钟形山，是这一带的最高峰。《建德市地名志》记载："钟形山尖，位于大同镇管村桥村东与上马村的交界点上，山尖形似一口钟，故名。"钟形山下以北紧连着几座小山，矮矮的小山头一座连着一座，站在远处眺望，形似笔架，人们称之为"笔架山"。

这里，绿水青山，景色秀丽；这里，历史悠久，人杰地灵。

村名由来

《建德市地名志》载，管村桥是管姓人聚居地，本名管村；管姓在寿昌江主流上建桥，管姓无后，吴姓替之，以桥名替代村名。民国《寿昌县志》载："管村桥，在县西，村以桥名。"

很早以前，村里只有管氏一姓。管氏一族有三十六个兄弟，因都是络腮胡子，人称"三十六胡子"。他们天生神力，生性霸道。

据传，唐朝末年，李家要出真命天子，玉皇大帝命三十六天罡下凡护驾，他们行至管村，发现小河上有一座木桥金光闪耀。木桥由一株十人合围的金丝楠木对劈而成，桥宽一丈，可行车马。这金丝楠木是观音菩萨为造观音殿从黎山老母那里要来的，观音殿造好后剩下一段，便架在这小河上成了一座桥。天罡们见此大喜，这金丝楠木珍贵无比，乃是制作仙器的顶级宝物，就想收于囊中。哪知菩萨早就布下阵法，天罡们用尽办法终取不得，于是将气撒在百姓身上，妖化成管氏三十六胡子，把方圆百里搅得鸡犬不宁。玉帝大怒，下令将三十六天罡斩首，将首级留在管村，化为三十六个山头，蕴育林木，以偿孽债；又命雷公将管村抹去，雷声过后，整个管村塌陷，片瓦不存，管氏从此断后。

多年后，人们路经此处，发现这里山林茂密，风景优美，便逐渐移居

吴氏民居

此地生活劳作，遂成村落。人们特别感恩那座金丝楠木桥，于是把村名叫做"管村桥"，沿用至今。

古今名人

管村桥村古今名人辈出，古有陈时夏青史留名，今有童德生悬壶济世。

查管村桥《颍川陈氏宗谱》，谱中记载："陈时夏，字谷来，生于嘉庆二十五年（1820）十二月十八日。咸丰元年（1851）恩科举人，选授杭州府临安县教谕。"民国《寿昌县志》赞陈时夏"学问赅博，所至有声。著有《有蔚堂文稿》，风行一时"。《临安县志》称陈时夏："居官清介，敦崇品行，授徒讲学，邑文士多出其门下。晚年尤康壮，泮水重游，寿至九十，犹能评骘士子文。任满升金华府学"。

寿昌江

陈时夏，博学多才，生前留下了不少文著，除《有蔚堂文集》，民国《寿昌县志》还收藏了他的另两篇文章：《汉井塘放生记》和《征刻十一郡孝子节妇启》。他的清廉品行、渊博学识，后人深受启迪。陈家原有一串"朝珠"相传，应该是陈时夏的官佩之物，后来去向不明。

童德生（1945—　　），建德德生眼科医院创办者、董事长。1968年担任村"赤脚医

童氏民居

生"，以完小文化底子勤奋学习、刻苦钻研，并通过进修，于浙江医科大学成人教育学院眼科专业毕业。二十世纪九十年代，他在长林乡创立"长林眼科医院"，名扬浙西和江西部分地区。后移至新安江更名为建德德生眼科医院，成为一所专科医院。他先后五次荣获省、市级先进工作者称号。

"四绝"工匠

管村桥村多能人贤士，其中民国时期的"四绝"工匠，声名远播。

徐震财，木工。擅长楼台亭阁雕刻，他所雕刻的花鸟虫草、龙凤虎狮，栩栩如生，人们无不佩服。

一次，衢州上方镇同行杜师傅为江西商会建造会所，上梁日前一天请徐震财师傅喝圆工酒。他到上方时已是傍晚，前往现场察看，一眼就看出了问题：大梁短了六寸。晚饭后，徐师傅便进房闭门不出。次日卯时上梁，杜师傅突然觉察到了大梁尺寸不对，急得像热锅上的蚂蚁，他匆匆去找徐师傅。孰料，徐师傅平静地告诉他："吉时上梁吧！"说罢拿出两个"牛腿"，让杜师傅将它们安在屋柱上。时辰到，杜师傅大喊一声"上梁喽！"众人托起大梁。正位后，徐师傅雕刻的两只罗汉"牛腿"，正好在两头扛着大梁，分毫不差。事后杜师傅说明了原委，大家称赞徐师傅"一腿"救场，功夫了得。从此，"一腿绝"成了徐师傅的外号，叫出了名。

王恒松是家族屠夫传人，在村中凉亭里开了一家肉店，以卖肉为生。他刀艺娴熟，卖肉不用秤，一刀下去，不差半钱，人称"一刀清"。

一天，一位商人路过此地，想验证一下王屠夫的刀功。他来到肉摊前，笑着说："我要排骨一斤、五花肉七两、夹心肉半斤、猪肝三两。"王师傅应声"好格！"手起刀落，没等那商人落座，王恒松便将他要的一一摆在了面前。那商人故作镇定："你还没有过秤呢！"王师傅当即递给了他一杆秤，"你自己过目吧。"商人一一过了秤，果然不差半钱，不由得连连叹服。

管村桥有个油漆匠，姓吴，他的油漆手艺是当地一绝。据说他的漆画栩栩如生，画的鸟会唱歌，画的草似会散发清香。

邻居老太太严重失眠，人被折磨得"精骨腊瘦"。吴师傅知道后，就在老太太的床头画了几株薰衣草。薰衣草可安神助眠，老太太因之安然入睡。一段时间后，老太太似乎不再失眠，身体格外精神。她逢人便说，"油漆鬼"真神，他的画，真是"一笔活"啊！

民间酒坊土窖

村里有个姓舒的篾匠，因常年弯腰做篾，背脊有点驼，大家都叫他"驼子师傅"。

一年腊月，有一大户人家为筹备来年农事，请了两班篾匠编修箩筐等竹器，驼子师傅也被邀请上工。一班在堂上，驼子这班在堂下，均是编篾箩。规矩是一担箩筐两个工。驼子师傅新收一徒，徒弟还没学会什么，相当于驼子师傅一人一天要编一担箩。堂上篾匠暗自高兴，"看你咋办"。驼子师傅不慌不忙，手中篾青飞舞……直至傍晚，双方按时完工。

恰在这时，东家长工急着找水桶挑水，驼子师傅灵机一动，指着刚编好的篾箩说："吸，用它去挑水好了。"大家一听，笑了，篾箩能挑水吗？长工心生好奇，挑着箩筐，来到溪边，装满了水就往回走。他满以为一路漏水，担子会越挑越轻，哪知这篾箩竟滴水不漏。堂上的师傅眼见驼子师傅所编的箩筐竟能挑水，连连惊叹，甘拜下风。

土酒飘香

管村桥酿造土烧酒已有几百年的历史。古时，一农民因露天用陶缸盛粮食偶得酒曲，用之酿出了醇香浓郁的土烧酒。因此代代相传，家喻户晓。

1978年，为了发展集体经济，管村桥大队创办了种子队酒厂；次年，长林公社把社办酒厂也设在了管村桥村，酿造土烧酒。如今，能人辈出，全村有十几家酿酒作坊，生产多品种土酒。以吴氏土酒坊为代表酿造的"六粮神"等土烧酒誉满省内外，行销江浙等地。村里还建起了土酒文化展陈馆，被誉为"建德土酒村"。

（吴树根）

禹甸村

禹甸人物记

　　禹甸村，位于建德市大同镇西，距镇政府驻地 8.5 千米。东至上马村翁家，南至小溪源村，西至李家镇管村桥村，北至大同镇葛岭村。村委会驻禹甸自然村，辖禹甸、金山庙、高枧、蓬里、舒坞、黄婆灯、一孔里 7 个自然村。全村 544 户、1540 人。村域面积 3.73 平方千米，其中耕地面积 65.33 公顷、山林面积 133.33 公顷。主要出产水稻、茶叶、山茶油、毛竹等。

禹甸村

　　禹甸村东面有一寺庙，叫"禹郎庙"。之前，这座村坊因上承长林和三溪村之来水，尚无水利工程以控，故而每逢春涨，洪涝灾害频发。村民们盼望着出现像大禹这样的人除去洪涝之害，遂在村头建了禹郎庙，庙内供奉大禹神像，祈盼神灵护佑，风调雨顺。民国《寿昌县志》载："禹郎庙，在县西八都禹甸。"禹郎庙在二十世纪六十年代被毁，但禹甸村的村名一直沿用至今。

一

禹甸村历史悠久，传说唐朝之前就有童姓人在此居住。后来童姓家有一女远嫁安徽一徐姓人家为妻，并生有一个儿子。后不知什么原因，童家遭遇变故，举族外迁，留下了大量家产无人经营。童家女就带着儿子回到了娘家禹甸，继承娘家的产业。从此，徐姓便开始在禹甸繁衍生息，原童家祠堂也改成了徐氏宗祠。

徐氏民居

据说，徐家祖上出了一个了不起的人物，名叫徐大汉。此人身高八尺，虎背熊腰，平时喜好舞枪弄棒，用的一把大刀足有百斤重。他为人正直，爱打抱不平。唐朝末年黄巢起义军途经禹甸，为保护村坊百姓不受外来伤害，徐大汉与黄巢军对决，终因寡不敌众被杀。村民为纪念这位英雄，便在徐大汉遇难之处（村西面）建了一座"砍头庙"。后来觉得砍头庙名不好听，就以此处一座金排山的名字命名，称之为金山庙。《寿昌县志》也有记载："金山庙，在县西八都禹甸。"徐大汉的传说，徐氏家谱有详细描述。遗憾的是徐氏家谱在二十世纪六十年代被烧毁，但这些故事一直被徐氏后人口口相传。

二

清晚期，安徽歙县一个叫程嘉财的商人来到浙江寿昌一带做茶叶和木材生意。经营有方，一时声名鹊起，成了富甲一方的大商人。后来娶了禹甸徐女为妻，定居禹甸。程氏族人在禹甸村里修建了花厅，程姓不断发展壮大，渐渐成了禹甸村的第二大姓。

村西南古平板石桥

程嘉财是一个官宦后裔，父亲程策官至礼部侍郎，是明崇祯皇帝身边的大红人。《程氏家谱》记载了明崇祯皇帝给程策诏书的部分译文，通过诏书内容，可见当时崇祯皇帝对程策是何等的器重和宠爱："我听说国家建立在天地间，必须有一套规章制度，这个制度就是礼。在京城掌握礼制，指挥皇族，给天下和外邦做出表率的，则全靠客司来把握了。谁才是通晓国家的礼节制度，熟悉朝廷的常规，担当恭谨而持心清正的重大职责人选呢？不是我特别喜欢和器重你，你，南京礼部郎中程策学问渊博，品格高尚，相貌堂堂，一表人才。因为通过正规的科举考试而被选拔到朝廷中来……"后来，因李自成攻破北京城，崇祯皇帝在煤山自缢身亡，宫廷里的一干大臣仓皇出逃，程策也回到老家安徽歙县。

程嘉财在禹甸，把扬家风、传家训、立家规作为家族的美德传承。每年的大年三十晚上姓程的都要到徐氏宗祠去祭拜，以示不忘娘家亲。所以禹甸村里的程姓家都有一个独特的风俗，就是他们的年夜饭都安排在中午，吃完年夜饭后，族人们先到徐氏宗祠去祭拜祖先，然后再到自家花厅去祭拜。这样的风俗一直延续到二十世纪六十年代徐氏宗祠和程氏花厅被拆除为止，但程家中午吃年夜饭的风俗却流传至今。

施氏民居

三

禹甸村后有一个地方叫寺源里，因那里曾经有过一座很大的寺庙而得名。寺源里的这座寺庙早就不存在了，村里人都说没见过，甚至寺庙的名字也没有人记得。但是有关寺庙和庙里和尚的故事却一直在流传：

很早以前，庙里有一百个和尚，但每到干活或者念经时，却只有九十九个，这引起了住持的注意。原来有一位花和尚，六根未净，只吃饭不干活，常下山闲逛，有时甚至彻夜不归。寺庙住持最终将其逐出山门，花和尚怀恨在心，伺机报复。

过了很多年，花和尚乔装成风水先生来到寺庙煞有介事地说，此庙虽好，可惜山门有点偏，改一改，香火就会更加旺盛。但是移动山门可不是一件小事情，庙里的和尚不知怎么办才好。这位"风水先生"见机给他们出了个主意："只要在山门外挖一条沟，排一排邪气就可以了。"和尚们听信了他的话，选了一个黄道吉日开始动工挖沟。可不知为什么，白天挖好沟，晚上却自动重新合拢了，接连数日都是如此。住持便问"风水先生"何故？"风水先生"又若有其事地说："是邪气太重之故，只要在开挖之前淋上大黄狗的血即可。"这办法果然灵验，没几日，山门前的沟就挖好了。可自那以后，经常有和尚不明不白地死去。一年时间里，庙里的和尚竟然如此莫名其妙地死去了一大半，剩下的和尚惊恐不已，不知如何是好。其时，在外云游的得道高僧回到寺庙，发现龙脉已被切断，知是寺庙遭人暗算。于是他用挖沟的泥土制了一口大钟摆在了寺庙里，并告诫众僧：大钟须要过了七七四十九天方可敲响，在此之前，绝不可轻易敲动。交代毕后，高僧又云游去了。

村中土墙房

庙里的几位年轻的和尚感到很奇怪："泥土做的钟岂能敲得响？"他们对高僧的告诫不以为然，说罢手执木棍对准了泥钟使劲敲去，"哗啦"一声巨响，大钟顿然粉碎。高僧再次回到寺里，见那口大钟已被敲碎，知他们犯了大忌，于是长叹一声："此庙休也！"然后口念"阿弥陀佛"扬长而去。寺庙里的和尚们深知闯了大祸，几天之内全部落荒而逃，一座能容纳百十僧人的大寺庙，就这样成了一座空庙。

后来，寺庙彻底荡然无存，村里人在庙基上经常挖到一些残砖碎瓦。

（蒋炳昌）

奇美的城山

城山村，位于建德市大同镇西南，距镇政府驻地 3 千米。东至溪口村，南至淞溪村，西至万兴村，北至丰畈村。村委会驻城山自然村，辖城山、祝家洲、江村垄、五梅垄 4 个自然村。全村 402 户、1264 人。村域面积 4.2 平方千米，其中耕地面积 48.33 公顷、山林面积 67 公顷。主要出产稻谷、原木、板栗等。城山村是杭州市卫生村。

城山沿江绿道

一

太平天国时期，人民生活不安定。江西建昌府南丰王文彦本有个小康之家，在动荡的年代，希望另辟一处能太平生息的地方。

一晚，王文彦梦见浙西地区有一处盆地，周边群山俊秀，中间有一座五颜六色的小山，正面看似城墙，左边看如大柜，右边看像古琴。山前有一大畈，一条小溪从畈边乌石旁流过。一刹那，那乌石突然变成了人，笑嘻嘻地称王文彦为"兄弟"。王文彦慢慢地向那"人"走过去，忽然，人不见了，王文彦被惊醒。

次日，王文彦把梦境说与两个儿子听，两儿认为父亲是太想找个好地方生息了。但王文彦却觉得是"仙人指路"，决意按梦境往浙西方向寻找。

王文彦携家带口跋山涉水，经衢州过杜泽、上方镇进入严州府地界，沿着寿昌江源涓涓碧水一路向下寻找。越过长林源茂密的竹海，穿过管村桥垄口的松林，来到了上马竹乡，在万兴村一棵八人环抱的大樟树下息了下来。呈现在王文彦眼前的，就是他梦中所见的奇景。

王氏宗祠

城山，是村名，又是山名。从不同角度看城山，像不同的物象。因它形长而陡，山顶平直，从东向西看城山，像一座城墙，故称城山；从富塘、淞溪村方向看城山，它一头高一头低，山顶部分还有一条长长的沙质红土层，形似一具红棺材，被人们称之为有"官"有"财"的官财山；从溪口村向上看城山，它又像一架古琴，溪口人又称它为琴山，山下的自然村称琴山村。城山北面与碧山相望，一条小山垄向外延伸，垄外有个大畈称丰畈。

民国《寿昌县志》载："城山古名西竺山……其山高可百仞，周围数十里，山顶有太平，广约数百丈。古有寺，今存遗址。"

二

城山村江村垄自然村有座江村庙，庙内供奉的是治病救人的医生许真。

城山村西侧有由五座小山和三大坞所构成的景观奇特。五座小山像五朵梅花盛开，三大坞如三瓣绿叶衬托，江村庙就建在如此迷人的景色里。庙里供奉游医许真君神像，旁边有一石碑记载着许真的事迹。

据说，许真是清嘉庆年间的游医。他游遍天下山水，被这里西竺山的景色所迷，于是就在江村垄口搭建了三间茅草房，为周边村民治病。他传承中华医术，"凭两个手指搭命脉，两只眼睛观颜色；树皮草根一碗汤，伤病痛痒全解克"。他为穷人看病，从来不收钱，他认为："我到山里挖树根作草药，只是去点力气而已。"穷人会送些大米、番薯、玉米以表谢意。他为富人治病，却是分文不能少，理由是"需去兰溪街上进药材"。

许真医术高明，手到病除，村民们亲切地称他为"许医生"。

江村寺

某日，许医生到兰溪进药材。街上一身材高大、走路摇摇晃晃的人，一头栽在了许真的怀中。许真忙将此人扶到街边石阶上坐下来，看那人面色潮红、两眼无神，便问："先生是不是没力气，不能下地干活？"那人一听，望着许医生惊呆了，定了定神，反问道："你怎么知道得这么清楚？"许医生说："你脸上潮红是阳亢阴虚，心中烦热，四肢无力，哪有力气下地干活？"许医生话刚落，那人就双膝下跪、双手作揖，边叩头边喊道："神医救我！"许医生忙把他扶起，请他坐定，然后为其号脉开药，一切得当。许医生没有收钱，收拾行当欲离去，那人心怀感激，一定要他留下住址，待病愈后面谢。许医生对他笑笑说："云游四方度众生，西竺山下暂栖身。"说完便飘然而去。

后来，那位被许医生治好的病人，终于在寿昌大同城山找到了许医生所说的那座西竺山，高兴不已，可问遍村民，都说这里没有姓许的人家。村民指引他前去城山西侧江村垄去看看。

他终于找到了江村垄，进了江村庙，庙里供奉的正是他要找的许神医！"扑通"一声跪地便拜。

原来，许医生离开江村垄又云游别处行医去了，本地村民为感谢许医生为穷人治病的功德，就把他原来居住的三间泥土房，改成生祠，塑其神像，尊称其为神医许真君，四时祭拜。

三

城山村南面有条从上马来的小河从村前畈旁流过，河边有一块突入沙中的巨石，像是一只巨龟蜷缩在小溪边，村民们视其为吉祥之物。河水在这里拐弯形成一个巨大的深潭，此潭碧水清澈，游鱼无数。

城山村王姓为太原三槐堂王氏一脉。王文彦为王氏十三世、江西建昌府南丰始祖，生有二子仲福、仲寿。仲福生三子烈汴、烈涛、烈湛；仲寿生烈博。烈汴生四子功祥、功禄、功誉、功伟；烈涛生祯；烈湛生五子功祈、功傅、功涛、功寿、功康。

清光绪年间，王文彦后裔相继来到寿昌县各地繁衍生息，如：大同镇城山、富楼、清潭、黄垄、高枧、平塘、李家镇石门堂。散落在寿昌各地的王文彦后裔，都会定期汇聚在城山王氏宗祠进行祭祀活动。

经过多代繁衍生息，至民国元年（1912），城山王氏人口达到一千五百人，并在城山重建了祠堂，修了家谱。

（陈秋林）

淞溪村

淞溪出武举

淞溪村，位于建德市大同镇西南，距镇政府驻地 4.5 千米。东至富塘村，南至镇源村，西至万兴村，北濒寿昌江。村委会驻淞溪自然村，辖淞溪、石壁底、华岗山、屋后山、小港里 5 个自然村。全村 269 户、829 人。村域面积 1.33 平方千米，其中耕地面积 36.07 公顷、山林面积 56.67 公顷。主要出产稻谷、原木、茶叶等。淞溪村是浙江省新时代美丽乡村精品村。

淞溪村

淞溪村因地处笔架山下，青山碧水，绿茶松柏，旧时称"松港溪"，当地土语称"松坑溪"。村中老人说，淞溪村背靠松树山，三面环水，村前溪岸边有多个港口停泊着竹筏。上游的上马、长林等地的竹筏运送毛竹、杉木、土纸经此停靠借宿，故称松港溪，简称淞溪。

一

淞溪村历史悠久，兰溪、衢州、龙游、大同千年古道经此，交通便捷、人才辈出。

淞溪有个"四佳侯"的大户人家，方圆数十里无人不知。四佳侯，指这个家族出了两个武庠生、一个文庠生、一个武举、三个太学士。

清咸丰元年（1851），淞溪村出了个武举，他就是四佳侯中排行老四之长子邹家德。民国《寿昌县志》有载："咸丰元年辛亥科（武举）邹必达，松坑溪人。"

邹家德（1834—1863），字必达，号快帆，生于道光甲午年（1834）六月，系邹氏字派二十六世。邹家德12岁时，高大出众，众亲们都夸他是个习武的料；同龄之辈不敢与他比力气，更不敢与他比拳劲。邹家德也觉得自己是习武的料子，便将主要精力投入练武中。他闻鸡起"武"，风雨无阻。夏不畏高温酷暑，冬不怕三九严寒。白天在劳动间隙也要拳打脚踢，琢磨一番武艺。肯吃苦、善钻研，武艺要领懂得多，长进也很快。村中传说，曾有一条十余斤重的银环蛇侵入邹家德的习武领地，只见他飞起一脚，踢起一小石直接打死了那条银环蛇。

武举人练功石

邹家德14岁时，为满足他的习武要求，父亲特地配备了两块圆柱石，供他习武之用。

圆柱石足有千斤之重。邹家德能用双手把它高高举过头顶。

二

传说，他一人站在大门石槛上，两三个青壮年也没法把他拉下来。他的武功在方圆数十里有了名气，常有好武之客找上门来，有的是慕名而来切磋武艺，有的是因为不服气惹事而来。但是，邹家德总是热情接待，和气地与来者交流。

某日，三名来客来到邹家，其中一人用挑衅的口气说道："听说你家有个'大力士'，请他出来一试如何？"邹家德心想：这批外客，来者不善。暗暗提醒自己，必须以自己的实力，沉着应战。邹家德有礼有节地回道："你们远道而来，我这个所谓大力士，只是虚名而已，何以挂齿。"那位来者指着一旁的两块圆柱石说："你能不能将这两块石头连举三次吗？""好啊！"邹家德沉着冷静地走向前去，举石三次，然后将柱石稳稳地放回原处。

来者见状，也想向前一试，用了大力，连着数次，那两柱石也没有被他举起来。

李氏老宅

来者一计不成，又生一计："请你立定在大门石槛上，看我们仨能不能够推动你？"邹家德站上了石槛，运了运气便请他们开始。那三人集中了气力，前推，后拉，如此反复，一而再，再而三，邹家德却是稳如泰山，一动也不动。三名来者心服口服。只见那领头的一声令下，三人同时"扑通"一声跪在了邹家德脚下："邹师傅，我们先前无礼了，请受我们一拜！"邹家德对眼前的一幕甚感意外，却是一股暖流周布全身："师傅不敢当？我们不打不成交，不比不知道，今天就当交个朋友吧，以后大家一起切磋武艺，共同进步！"这一件事情很快在坊间传开，邹家德的尚武精神和习武的良好品德广为人知。

三

清咸丰辛亥年（1851）秋，邹家德17岁。这一年，恰逢浙江省武术艺校招考，邹家德毅然报了名。当时寿昌县有三人报考，经过严格考试，唯有邹家德一人被录取。从此，成为一名武庠生。

邹家德在武校老师的精心指点下，武艺提升得很快，到了第二年，浙江省的乡试报考开始了，经浙江省武术艺校的选拔推荐，邹家德等6名同学被选推参与浙江省乡试。

乡试这一天，邹家德与平日一样起得很早，他把武功的关键节点一一复习，做好了应考的准备。正因为邹家德的充分准备，加之考试中沉着应对，所以在考试的每一关得以顺利闯过，最终结果：邹家德中榜武举！他又被推荐出席科举制度中规格最高的宴会——鹿鸣宴。因邹家德在中榜名单中位列省武校的第一位，所以出席"鹿鸣宴"的人选当然非他莫属了。

（陈秋林）

朝阳村

盛世话朝阳

　　朝阳村，位于建德市大同镇西南，距镇政府驻地 9 千米。东至航头镇大店口村，南至龙游县夏家村，西至清潭村，北至徐韩、永胜村。村委会驻上蒋自然村，辖上蒋、下蒋、七坞岗、唐家、毛家、岭上、石门庄、杨家、龙门口、盘岗山、花坞里、花坞凉亭、庙后山 13 个自然村。全村 492 户、1606 人。村域面积 12.45 平方千米，其中耕地面积 128.27 公顷、山林面积 1713.87 公顷。主要出产毛竹、苗木、茶叶、油菜、板栗等。

朝阳村

　　朝阳，是个富有时代特征的称谓。朝阳村原先多数人姓蒋，习惯称蒋家，二十世纪六十年代末改为朝阳大队。2007 年 7 月，建制村规模调整，朝阳村和石门庄村两村合二为一，仍沿用寓意朝气蓬勃、积极向上的朝阳为村名。

　　伴随着历史的脚步，朝阳村已经走进了一个新的时代。透过村口那座雄浑古朴、饱经沧桑的转弯桥，木里坑金碧辉煌的千年古刹——永济寺，还有花坞里那雕花斗拱、庄严肃穆的童氏祠堂等古建筑，一股浓浓的年代感扑面而来，都能感受到朝阳村源远流长的文化底蕴和厚重的历史积淀。

转弯桥

当你走进隐藏于村委会右面山岙之中的石门庄自然村，会被这里风光秀丽的人文景观所吸引，领略到大自然的无穷魅力。

原先，石门庄村口左右各有一块石壁，右边石壁形似老虎，称虎山；左边的像只雄狮，称狮山。狮虎对峙，最窄处只有二十几米之距，是村里人进出的必经之处，故称之为石门。石门前有小桥、小庙、古树，水口隐秘，地形险要，不经人指点，外人很难发现里面还有一个村庄。朝阳《秦氏家谱》如此描述：

山神狮虎把雄关，
门神严守石门槛。
水神庙前管水口，
三路神明保平安。

如今的石门庄，已是旧貌换新颜，村道变成了宽阔的钢筋混凝土路面。原来的石门旧址成了供后人探访追寻历史文化的一处遗迹。但村庄仍然是四面环山，奇峰异岭，景观连绵，气势不凡。石船、石帽、石将军、清风洞、猴子山、石门古道等二十多处自然景观，备受外来游客的青睐。

这些景观千姿百态，形象生动，每个景观都有一个美丽的传说。

村里那座高高兀立的石柱山，据说是神仙的弃物。

相传，远古时，山那边的龙游境是一片汪洋大海。某日，一仙人划船而至，问一洗衣女子："我的船可否划到山的那边去？"洗衣女子回道："船在水中游，岂能过山去。"仙人听罢，举起手中划桨，向山那边用力扔去，然后挥剑将船斩为两截。船尾慢慢沉入海底，船头一截仍然系在岸边，而后飘然而去。

不知过了多少岁月，仙人系在岸边的半截船至今还高高地挂在半山腰间，成了半截石船。那位洗衣女子也变成了巨石——仙女石。而被仙人丢过山来的划桨，却成了一根百米多高的石柱，当地人称其为"石桩"。后来这里人口慢慢多了起来，形成了一个村庄。他们认为石桩是吉祥之物，就把这个村庄叫作石门桩，后来改成石门庄，一直沿用至今。

柱石

由于石门庄地处隐秘，又有千米古道和龙游、金华相通，新中国成立前夕，新四军浙东游击纵队金萧支队曾在这里建立秘密联络站开展情报交通工作，为浙江胜利解放做出了贡献，也留下了许多革命故事。

1949年3月24日下午，金萧支队严衢独立中队的侦察员在战斗中不幸中弹负伤，

朝阳古道

石门庄联络站的民运负责人兼卫生员祝爱莲同志手使双枪，左右开弓奋勇反击，一直坚持到增援部队赶到，才背着伤员撤出战斗。听老一辈人说，石门庄联络站的负责人祝成位，本是兰溪人，也是石门庄的女婿。那位双手使枪的女英雄是祝成位的女儿，"双枪祝爱莲"的故事一直在大同地区传颂。

岭上村，是当年秘密联络站的旧址，2005年因搬迁拆毁，剩下一片瓦砾遍地杂草丛生的废墟。唯有那条通往龙游、金华的清潭古道，依然静静地躺在那里，成了中国共产党进行革命斗争的历史见证；村前一排藤蔓缠绕的古柏树仍高高地矗立在那，默默地守望着这一片红色土地。

石门庄海拔700多米的"黄金叶"茶叶基地，当地人称"黄金茶山"，亦是一处胜景。400亩正在二茬抽芽吐绿的名贵茶园，笼罩在一层轻纱薄雾之中，显得影影绰绰。环眺远处，苍峰翠岳，云雾缭绕；晨风吹过，忽远忽近，若即若离，如入仙境。美妙绝伦的景色，吸引了一批又一批慕名而来的摄影爱好者来此采风。这里常年雾气腾腾，如若雾气散去，可以望见大同集镇。

童氏宗祠

黄金山的一处山岙长有一片茭白，茭白大多产在平坦的低洼处。是谁在这高山之巅种植这一片茭白呢？石门庄人说，这是野生的，自古有之。其中的故事，至今无人知晓。

一方嫩嫩的茭白，成就了大山之巅的一个地名——"高笋塘"。当地百姓称茭白为"高笋"。这一方高笋塘，又为石门庄这充满神秘色彩的山村，蒙上了一层神秘的面纱，留给了人们无穷的遐想。

（蒋炳昌）

盘山村访古

盘山村，位于建德市大同镇西南，距镇政府驻地 4 千米。东至清潭村，南至镇源村，西至富塘村，北至溪口村。村委会驻盘山自然村，辖盘山、西垄、南泥坞、荷塘岗、洋狮垅、庙边、八字门口、梨园、凉亭底、黄山、牌坊底、王家、许家、破塘口、麻车垄、屋后山、坊中 17 个自然村。全村 467 户、1303 人。村域面积 2.41 平方千米，其中耕地面积 67.33 公顷、山林面积 106.13 公顷。主要出产稻谷、油茶、茶叶、毛竹、板栗、蚕桑等。盘山村是浙江省第一批省级传统村落、浙江省健康村、杭州市卫生村。

盘山村

一

盘山村始于宋代，因村中有山形似盘而得名。旧时，村中有座木质凉亭名"羡山"，意为人见盘山生羡慕。今之所见石质六角双层羡山亭，为近年重建，柱联"一湾碧水绕祥村；八面青山成福地"，道出了碧水绕、环山抱的盘山村，是一处宜居的福地。

盘山村王姓以"三槐堂"为堂名。

建德王姓始祖王佑，北宋兵部侍郎，因直言忠谏，被贬为华州（今陕西渭南）通判。他在宅院中植槐树三棵并誓言："若有异心，不保国事，三槐即死，臣必诛之。倘若不死，三槐子孙必为三公。"北宋元丰二年（1079），苏轼在湖州任上为学生王巩（王佑之子）宅中三槐堂题写了铭词，从此便称王氏为"三槐王氏"。

"寻祖文成王氏根；迁居盘山岁月痕。"盘山三槐堂堂前楹联，说明建德盘山村王氏源自温州文成县。《建德盘山王氏宗谱》载，盘山王氏一世祖王世树，字籍芝，国学生。生于清道光十六年（1836）十月二十三日辰时，卒于清宣统二年（1910），享年七十有四。王世树祖籍福建霞浦，生六子一女。清光绪十年（1884），携家艰辛跋涉，自温州瑞安南乡郑村徙居严州府寿昌县六都二图丰畈。之后定居七都盘山，辟地仿福建霞浦祖上泥木结构形式建造王家宅院，宅院建成，三槐堂匾额悬于中堂。

盘山王家宅院三槐堂依然完好，祖传三槐堂堂匾如今尚存，堂上"天地君亲师"香火缭绕，檐下春燕呢喃，堂前精致的龙纹梁托其势如飞。

羡山亭

二

盘山村最早的住民是项姓，然后吴姓、陈姓、林姓及王姓等陆续迁入。

传说明末清初时，一项姓人家的文龙和文虎两兄弟双双登了进士第，族人在村中梨园门旁，为他俩建了一座项氏进士厅，在村中小溪之上建了一座项桥，又在村外掘了一座山塘称之为项塘，还将村前的田畈唤作项畈。项氏进士厅已毁于清代，项桥于二十世纪八十年代被拆除，村外那座群山簇拥的项塘满盈碧水已泄一空，不见了进士厅和项氏桥，但是项厅、项桥、项塘、项畈作为地名一直沿用。

自项塘向西里许，凉亭底自然村23号西侧，曾立有一座贞节石牌坊。

清嘉庆年间，项氏后人娶了一位16岁的貌美媳妇，但因丈夫早亡，和幼子相依为命。

项氏民居老物件

这位妻子不曾改嫁，为养育儿子，含辛茹苦，终老一生。当这位母亲步入晚年时，项氏族人为表彰褒扬其"贞女不更二夫"的贞操，在村中道旁为她立了一座贞节牌坊。牌坊坐北朝南、无顶。

三

贞节牌坊旧址以南，盘山村村文化礼堂建于此，这里是吴氏宗祠的原址。"文化大革命"初期，吴氏宗祠被拆除。吴氏宗祠旧址以西数十米，盘山村凉亭底自然村12号，原有一座建于清嘉庆年间的吴氏花厅。花厅早期作为盘山小学校舍，抗日战争时期寿昌县立简易师范学校遭日机轰炸而迁往盘山花厅继续办学，二十世纪五十年代作为村里的大食堂，六七十年代全大同区在盘山花厅召开千人大会。这座花厅毁于"文化大革命"期间。吴氏后人将花厅的横梁、柱础等构件收藏了起来。花厅梁柱多以石料雕凿而成，龙鱼神兽图案的石梁十分精致，八面三层的柱础让人叹为观止。

牌坊构件

花厅石梁

吴氏花厅以西的盘山大夫第，建于哪朝哪代，主人姓甚名谁，村民们似乎全然不知。大夫第往西数十米，就是村中无人不晓的吴氏老宅"九井头"。

吴氏老宅有门联，"钦命好善吴绍基；钦褒节孝邵孺人"，说的是清嘉庆年间盘山村因好善乐施而出了名的吴绍基。

清乾隆末年，一妇人携儿跋山涉水来到盘山，村中吴氏人家收留了他们，母亲在吴家当用人，小儿在吴家做牛倌。某日，吴家的教书先生突然发现孩子们上交的作业中，有一篇文章超常优秀。先生感到很纳闷，在他的学生中，无人能写出此般优秀的文章，于是逐个询问。

原来，这篇好文章是在吴家放牛的那个苦孩子所写。先生心里很高兴，觉得这个小孩子若能好好栽培，将来一定有出息。

那个放牛的苦孩子被唤到先生面前，先生见其五官端正且胸有成竹的样子，便问：

"这篇文章是你写的？"

"是的。"

"你怎能写出这样的好文章？"

"先生在学堂里教书，我在外面放牛时偷学。"

"你两手空空怎能记得住？"

"我以泥沙作纸，手指为笔，先生所讲，我一一记下并藏在心中。"

先生为这孩子刻苦求学的行为所动容，于是向东家说情收留下他，让这个苦孩子和吴家的孩子绍基同窗共读。

后来这个陈姓苦孩子和少东家吴绍基成了一对好伙伴。

十年寒窗，陈姓孩子考取了功名。

时光飞逝，吴绍基成了乡绅。

清嘉庆四年（1799），吴绍基在村中建书院办学，清嘉庆十五年（1810）"家乡大旱，吴绍基出卖良田千亩以赈灾"……吴绍基好行善事，村民们赞赏有加，他儿时的同窗、后来功成名就的陈姓大人因此奏报朝廷。第二年嘉庆皇帝御赐盘山立"乐善好施"牌坊一座，并赐"钦褒义行"匾额以旌表。

这座皇帝旌表的牌坊，坐落于今盘山村牌坊底自然村7号，二十世纪六十年代被拆除。牌坊旧址已成了盘山村吴氏后人的宅院，主人因祖上受皇帝恩荣而感自豪。"乐善好施"牌坊也已成了历史，但是"牌坊底"地名一直沿用。

吴绍基，生于清乾隆末年，祖居江苏，先祖吴大茂，有二茂、三茂、四茂……十茂，十兄弟。吴绍基的祖先迁入盘山的时间已无考，但是他的后代们如今依然生活在盘山村。

九井头的梁托

他们以为吴绍基"官至三品"，所以祖上建造的传统徽派住宅有九个天井很气派。村民惯称规模宏大的吴氏老宅为"九井头"。

九井头坐落于盘山村凉亭底自然村 21 号。新中国成立之初，九井头属盘山村集体所有，之后作为盘山生产大队大队部，又用作碾米厂许多年。正门上方"盘山大队"字样清晰可辨，墙体上"农业的根本出路在于机械化"等朱砂大标语，留下了不同时代的印记。

九井头前进横梁之上麋鹿救产妇的精雕梁托栩栩如生，它似乎在述说着那个古老的"麋鹿在被猎人追杀时，因产妇相救而幸存；产妇因麋鹿送来仙草，生命危在旦夕时得以平安"的故事，继续述说着吴氏先人乐善好施的优良品德。

（胡建文）

溪口村

双溪世泽长

溪口村，位于建德市大同镇南偏西南，距镇政府驻地 3.2 千米。东至徐韩村，南至盘山村，西至城山村，北至丰畈村。村委会驻溪口自然村，辖溪口、乌桥头、上翁、东山头、万福寺、竹叶坞、青山垄、黎家、单家山、章园里、柏枝畈、大桥边、琴山新街、乐家蓬 14 个自然村。全村 695 户、2359 人。村域面积 3.35 平方千米，其中耕地面积 118.27 公顷、山林面积 132 公顷。主要出产稻谷、原木、茶叶、板栗等。溪口村是浙江省第一批省级传统村落、浙江省善治示范村。

溪口村

溪口村，旧称"双溪"，因大同溪和清潭溪在此交汇而得名。村中翁氏宗祠仪门楹联"清泉流方远，双溪世泽长"所言的清泉，即是村前清流，又含翁氏是青泉派的后裔之意；而双溪，则是溪口在唐朝时的村名。溪口又称"青山"，民国《寿昌县志》载"青山在县西十里，逶迤幽寂。唐聘君翁洮隐居于此。"可知翁氏是溪口村较早的居民。村民以为，晚唐诗人翁洮，是他们的始祖。

溪口山环水抱，环境优雅。三国黄武年间，为新昌县六都二图溪口庄，历史悠久。溪口村留下了大量的历史建筑，但因自然灾害、乱兵战火等原因，大部分历史建筑被毁。现今，村中仍有青山祖庙、万福禅寺、翁氏宗祠、杨氏宗祠，以及童氏、杨氏、凌氏民居等古建筑。

双溪汇流

翁氏宗祠始建于明成化年间。《翁氏宗祠重修碑》载，其址坐北朝南，位于村中心下仓自然村，南来北往，十分便利。宗祠正堂三间两进半，两侧厢房，四花马头墙。后进为楼，置有神龛，供奉祭祀所用。前进中堂横梁悬有"孝友堂"匾额，以表翁氏族人以孝为先、以和为善的优良传统。上梁悬有民国首任浙江省省长夏超和苏浙两省督军孙传芳合赠"勤慎从公"匾额。正门门楣"翁氏宗祠"为翁氏族人、清代廪生文澜手迹。正门两侧书"村号双溪紫水潆洄钟秀远；里名百胜金峰排列毓灵长"对联。厅内左右圆门上方书"清风""明月"墨字互为映照，大有清风徐来、明月高照之意境。门前旗杆一对赫然而立，宗族活动聚汇于旗下。祠前广场，一亩见许，今为村民休憩娱乐之地。

翁氏老宅

民国《寿昌县志》载："万福寺在县西六都溪口，唐大历中建，有石佛从地涌出，今犹存。" 万福寺旧称石福寺，原有寺僧百余人，有天王殿、大雄宝殿、观音殿、钟鼓楼、藏经楼等 56 间，寺田 30 余亩，香客盈门，香火旺盛，原为寿昌县最大寺宇。寺内有清乾隆年间建造的大雄宝殿一幢、寮房三间、释迦牟尼头像石雕一尊、古井一口、明崇祯六年（1633）七宝如来石柱一尊、清康熙和乾隆年间碑记等古迹数处。

万福寺于二十世纪六十年代遭破坏，二十世纪九十年代初于原址重新修建。现正门上方匾额"万福寺"，为全国政协原副主席、中国佛教协会原会长赵朴初手迹。

翁氏宗祠一侧的凌氏民居，是一幢三间两层两过厢砖木结构的徽派建筑。石门框，青石天井，宽敞明亮。门前的巷弄路面由卵石铺就，墙上爬满藤蔓。主人姓凌，名大正，祖居安徽歙县沙溪村。清同治年间，皖南地区流行血吸虫病，凌家避灾经商至寿昌县，落脚溪口镇源开办日杂店，至清末移居溪口继续经商，繁衍生息。

村中翁泰羲故居，是一组面积较大的古建筑群，粉墙黛瓦承载了斑斓的历史痕迹，建筑内部横梁、梁托、雀替、花窗，皆为镂空精雕细刻。但因年久，局部已呈破败，目前正在修缮中。"这幢房子原为村中秀才的故居，翁氏祠堂里有他的画像。我老家是金华东阳的，光绪年间，我爷爷花了 600 大洋买下了这幢屋子，之后用了 30 大洋摆酒席请客。我二伯和三伯就生在这间房子里。村中的杨家祠堂是我爷爷38岁那年带着一帮徒弟修造的。"翁氏老宅里现有耄耋老人陆氏夫妇居于此。老人回忆起祖上往事，双眼闪着光芒。

凌氏民居

溪口人杰地灵，宗祠里供奉村里贤达的画像。

翁洮，字子平，唐光启三年（887）登进士第，官拜礼部主客员外郎。他退居不仕，同乡、建州刺史李频上书推荐，称其"隐居求志，礼宜征用"。僖宗纳其言，遣使征聘，并命睦州守臣催促就道，又别遣使往建州褒赐李频，以广贤路。翁洮坚辞不赴，作《枯木诗》以复诏：

枯木傍溪崖，由来岁月赊。

有根盘水石，无叶接烟霞。

二月苔为色，三冬雪作花。

不因星使至，谁识是灵槎。

僖宗因此也未强之，遣使赐以曲江鱼，以示关怀。

翁洮善诗，录入《全唐诗》十三首。

翁泰羲（生卒年不详），字文焕，号炳荣，邑庠生，榜名凤冈，亦称"凤冈先生"。光绪二十六年（1900），周边地区土匪作乱，邻县惊慌，唯其集农民守望相助，架台巡缉。因其有功，奖誉五品翎顶。民国二十七年（1938），浙江省政府委员兼第三区行政督察委员、保安司令贺扬灵赠匾额"箸手立春"。民国二十九年（1940），寿昌县县长徐雄飞赠匾额"功同良相"。这些匾额，今天依然悬挂于翁氏宗祠横梁之上。

万福寺

翁凤岐（生卒年不详），字瑞祥，清光绪年间人士，武庠生。光绪二十六年（1900），因保卫地方有功，寿昌县令授其"守御有方"匾。民国二年（1913），又因保卫家乡有功，被授予"二等名誉"徽章。翁凤岐盛年时，正值军阀混乱、民不聊生的时期，然而民间婚丧红白喜事极其奢靡，事主苦不堪言。他以为，村里百姓殷实门第颇少，如此劳民伤财之陋习，理当摒除。村民群起响应，因此在溪口村丧事不摆宴席的传统至今仍传续。民国三年（1914），大旱，村民因灌溉用水纠纷迭起，翁凤岐亲临田头处理矛盾，无论贫富强弱，一视同仁。他极富爱心，常引导殷实人家，好施从善。每逢年关，召集村中富户解囊相助。他关心百姓疾苦，为贫苦人家排忧解难，深受村民爱戴。

翁豫穌（生卒年不详），字炳文，号怀清，榜名文澜。民国元年（1912），寿昌县知事委任其为溪口学校校长。民国十一年（1922），寿昌县县长委任其为自治委员。翁豫稣满腹经纶，作有溪口八景诗《项阪春耕》《草堂夜读》《双溪晚钓》《古寺晨钟》《城山观塔》《紫潭印月》《东山牧唱》《西坞樵归》留传于世。

徐友恭（1903—？），幼年从学于私塾，兴趣广泛，尤以书画出类拔萃，名声享誉寿昌、淳安和徽州地区。他为人谦卑和气，无名利之欲，文化素养颇深。民国初期，徐友恭担任溪口小学校长，治学严谨，教导有方，膝下男女皆学业有成，为村人敬仰。

吴北海，14 岁的"小鬼头"当村长。

民国二十四年（1935）除夕夜，小北海降生。从小体弱多病的他，常年啼哭不止。村里老人说，孩子难养，索性"贱养"。于是，父母将小北海扔在牛栏旁，弃之茅坑边。他们虽心痛，但是很无奈。小北海活了下来，可是个头很瘦小。

民国三十八年（1949）春，人民解放军邓排长需找人写标语，农会干部推荐了"有文化"的小北海。小北海执笔蘸墨，落毫有力，邓排长在一旁看得入神，同时也相中了这位个头矮小的"小鬼头"。溪口村新政府成立，14 岁的吴北海当选溪口村副村长。

吴北海 15 岁那年，被调任大同区区公所文书兼团区委青年干事，后任寿昌镇镇长、建德县县长、临安县县长，政协建德县主席，至退休。

（胡建文）

神采叙潘村

　　潘村村，位于建德市大同镇西偏西北，距镇政府驻地 3.8 千米。东至劳村村，南与寻芳村隔溪相望，西毗李家镇诸家，北至大同村洞山。村委会驻潘村溪自然村，辖潘村溪、田布山脚、油麻地、翁底、溪边、桥头、坪山、哈山、毛家、万家、庙山下 11 个自然村。全村 619 户、2134 人。村域面积 4.72 平方千米，其中耕地面积 96.33 公顷、山林面积 213.33 公顷。主要出产稻谷、柑橘、茶叶等。

潘村村

一

　　潘村溪，以潘姓命名，简称"潘村"。如今这座村子里虽无潘姓，但历史上确实有潘姓宗族在此居住。据相关史料载，元末明初，烽烟四起，寿昌一带战火纷飞，百姓流离失所，纷纷择居地以避战乱。潘姓宗族经过明清两朝数百年繁衍生息，业已成为一个聚族而居的大村落，故名"潘村"。

到了清咸丰年间，太平军骚扰、抢掠，潘村人口折损过半。"船破偏遇打头风"，到了清光绪六年（1880），连降暴雨，蛟溪山洪暴涨，潘村临溪地洼，村庄的所有房屋被洪水冲毁，潘姓人失去了家园，不得不迁往周边几个村子。

传说，潘家有位大财主，娶了李家的新娘。李家是个家财万贯的富豪，为新娘铺设了一里地的红地毯，并在地毯上撒满了碎银。而潘家也不甘示弱，也铺了一里地的红地毯，并在上面撒上了稻谷，称之为黄金铺地。当新娘坐着轿子出嫁时，先是听到古怪的声音，便问道："这是啥声音？"护轿的人告诉她："这叫白银铺地，祝愿你银子花不光。"新娘子虽觉不妥，但转念一想，银子可收回，也没作声。可过了一会儿又听到异样的声音。护轿人告诉她："这是稻谷铺路，表示黄金铺地，祝愿你终身不愁铜钱和银子。"新娘甚感不悦，这稻谷遭此践踏，这不是糟践粮食吗？于是要求下轿，并要求婆家把稻谷收拾干净再走。

天色将晚，乌云密布，一场暴雨倾盆而下，新娘子闷闷不乐地坐在轿中。这时，一只喜鹊突然飞入轿帘，将新娘头上的一支金钗叼走了。新娘子一时心急，也顾不得礼数，便冒雨追赶着喜鹊向前跑去，刚追到潘村与寻芳地界时，突然听到一声巨响，山崩地裂，浊浪滔天，山洪席卷而来。刹那间，整个潘村没于山洪。

这是民间版本的"潘村无潘姓"的原因，虽有戏说的成分，却旨在告诫后人"要珍惜粮食、不要比富斗狠"。

二

现在潘村溪域内，以翁、周等姓为主姓。

翁姓也是潘村村较早的居民之一。潘村有个翁底自然村，明末清初，有翁姓从航川（今航头镇）迁此入住，因地处将军山脚底，故称翁底。翁姓略迟于潘姓居于此。

根据《翁氏宗谱》载，翁姓始迁祖翁仲升乃寿昌、龙游翁氏始祖，唐末诗人翁洮第十一世孙，约在元至正年间"由航川游岘岭而来至西隅，见四灵之秀，凤山之麓潘村山环水抱，土厚风淳，遂卜居焉"，成为潘村青山翁氏一世祖。

周姓，原居地遂安（今淳安境内），大约在太平天国运动后，潘姓离开潘村、严州府实施《严属垦荒章程》时期，迁入潘村安居。《周氏宗谱》中有"八景诗词"，其中一阕《西江月·潘畈春耕》云：

翁氏民居

万顷千畴美畈，农人春及犁枷。前朝潘姓此居家，因赐佳名弗假。

既获清泉灌注，又逢布谷交加。披蓑戴笠兴弥赊，尔我勤耕不罢。

其中"前朝潘姓此居家"之句，大致可以推断周姓来此的时间，应该在清光绪六年（1880）之后。

翁、周等姓迁入潘姓家园后，在原来的废墟上重新构屋、建村，经过一百多年的繁衍生息，后也渐成规模。他们建祠修谱，如今翁底村的"光裕堂"和周氏宗祠犹存。

三

潘村村另外几个小村坊，颇有历史渊源：

坪山，因其坐落于飞凤山与马山之间、山顶较为平坦而名。明代已有人落户。但大多数是太平天国运动之后移居而来的。旧时此处人烟稀少，实为放牧牛羊之野岗，故而周氏、翁氏宗谱都将此处列为"八景之一"的"平冈牧唱"，《翁氏宗谱》中有诗云：

芒鞋试遍踏山阿，最爱平冈野兴多。

底事闲游吟得得，者番牧唱听呵呵。

周氏宗祠

斜阳影里声遍彻，短笛腔中响更和。

一带归来烟色紫，明朝料理又披蓑。

　　庙山下，有一座始建于隋朝的"回龙庙"。"回龙"即"回龙望祖"，主要指地势回转，如小龙回首。

回龙庙

　　传说母龙生九子，前八龙出世后便腾飞而去了，当九龙出生时，母龙持刀欲斩之，九龙逃离不及，被母龙斩断了尾巴。九龙非但没有迁怒母龙，反而回过头来微笑着望了望母龙而去。

　　后来，母龙老了，这条断尾九龙出现在母龙面前，问母龙"希望烧干柴还是湿柴"。母龙想了想回道："湿柴吧。"因而，清明前后，寿昌一带会有一场暴风雨，折枝吹叶，但不至于毁坏房屋。村民们说，如果母龙说是"干柴"，那可能就是掀房倒屋了。

（周容羽）

永平村

久山护永平

　　永平村，位于建德市大同镇东，距镇政府驻地2千米。东至航川村，南至三村村，西至大同村，北至高桥村。村委会驻久山湖自然村，辖久山湖、夏家、屋基、久山脚、合山下、南珠、高家、项家、叶富坪、翁家、石岭、岘塘口、岘塘里、羊坞里14个自然村。全村591户、1944人。村域面积5.89平方千米，其中耕地面积53.53公顷、山林面积207公顷。主要出产稻谷、茶叶、蚕桑、原木等。永平村是浙江省善治示范村、浙江省民主法治村、浙江省AAA景区村、浙江省一村万树示范村、杭州市田园示范村。

永平久山

　　交溪自西向东，进入大同镇，而后沿着大同镇北的山脚继续东进，流经大同镇东北方向时，被一座山挡住了去路，只好在山脚拐了个弯，转而向南，与自南而来的上马溪汇合。这一汇，汇出了大同这个地名。据久山湖《郑氏宗谱》记载："……以居之南汇众流，曰大同……"当然，也有人说，大同之名，取"天下大同"之意。两种说法，各有其理。

这座迫使交溪拐弯的山其实不高也不大，它被交溪常年冲击，迎溪的一面峭壁森然，壁岩之上多古树枯藤。岩下有深潭，潭水清澈。绝壁之下，微风鼓浪，水石相搏，如鸣佩环。当地人把这口潭叫作湖。然而，一到雨季，这个湖就不像个湖了，而像个浊汤翻滚的大石镬。边上的村庄和良田因此遭殃。为防水患，附近村民用一道又高又厚的石堰把湖外的水一直拦至离村一百多米以外，这样一来，交溪之水危害不到村庄，溪与湖之间还多出了一片良田。

山的另一面，山势稍平缓，植被丰茂，两道山梁自山顶分而直下。从远处看，这两道山梁，加上山顶的一块山体，形成一个大大的"久"字，所以，此山被人称为久山，山下的湖也自然被称作久山湖。

明朝后期，一支郑姓族人从寿邑高桥迁到久山湖边居住。

郑氏老宅门楣

高桥郑家是寿昌县的名门望族，也是西乡四大家族（李、叶、胡、郑）之一。在科举史上，西乡郑家人才辈出。村里人说，高桥郑家历史上曾出过十八个进士。前几年，笔者在点校民国《寿昌县志》时，确实发现高桥郑氏时有进士高中，有没有十八个，并未做过统计。

久山湖郑氏自高桥分迁而来，一直与高桥郑氏保持着密切的联系，但凡有大型的活动，比如祭祖等，都在高桥的郑氏总祠堂举行。

后来，由于人口增多，有部分郑氏迁到交溪的南岸，也就是现在大同小学一带。为了方便，这些分迁出去的郑氏都各自建了自己的分祠，修编了各自的分谱。久山湖郑氏分祠建在久山之下，面朝交溪。太平天国运动期间，高桥的郑氏，连同那座郑氏总祠堂全部被毁，田地也被后来从外地迁来的移民接管经营。

《郑氏宗谱》中有一篇《翁太姻世荣先生余生纪略》讲，郑家有一位叫郑世荣的人被太平军抓走又逃回的故事。郑世荣 20 岁，太平军进村，母亲被伤，自己被抓走。先是到江西建昌，后又到福建漳州，最后流落到广东潮州。后经当地人指点，说潮州的太守是浙江人，姓寿，字云南。郑世荣就来到府衙，诉说着一路上的遭遇，哭倒在地。寿云南听后，深为同情，就收留了他。后来，让他跟随自己一同回到浙江绍兴。两个月后，郑世荣才辗转回到久山湖，见"河山如故，家室毫无，由今思昔，呜咽不堪"，于是挥泪作诗四首：

其一

长毛[1]挥刃潜搜日，慈母牵衣泣别时。

万里家乡何处去，一身原系一宗支。

注：①长毛：旧时对太平军的蔑称。

其二

江西福建并潮州，奔走天涯不自由。

被杀几番还未死，刀痕点点数从头。

其三

廿岁崎岖返故乡，而今挥泪说洪杨。

一家骨肉无从觅，孤雁哀啼欲断肠。

其四

衰年说着泪常弹，几度虫沙不忍看。

抵死高情忘不了，恩人一个寿云南。

久山湖的郑氏宗祠在二十世纪六十年代被毁，今仅存废墟，及一些石础、石板等构件。从村里尚存的少量陈旧的民居，以及村口的池塘和池塘边上的两棵古树，仍能看出这个村坊的古老。

要说古老，久山湖真的太古老了，早在四五千年前就有人类的活动。

二十世纪七十年代末，村民郑秀在屋后山上整理菜地时，挖出三四块稀奇古怪的石块，这些石块和普通石块不一样，好像被人打磨过。他把这些石块拿给区文化员看，区文化员又拿到县文管会。县文管会的工作人员认为，这是古人用过的石器，是文物，于是交待郑秀，要保护好现场。

1985年，村里要在屋后山上建麦芽厂，基建时又挖出一批石器，有带孔石斧、穿孔铲、石锛、石镞、石鱼网坠和玉簪，还有黑陶豆、灰陶豆、碗、陶盂等器物。这批石器和陶器已有较高的工艺水平。

久山湖遗址

同年 10 月，久山湖遗址被公布为建德县文物保护单位。

1989 年 11 月，建德县文物办在杭州市考古所的指导下，对久山湖新石器遗址进行抢救性发掘，出土文物 30 余件。经专家鉴定，属良渚文化同一时期，距今 5300—4000 年。

久山与对岸的合山分别叫象山和狮山，这两座山形成大同的第一个水口。相传以前有人坐着轿子从衢州方向过来，要到寿昌方向去。当他来到大同，看到前面的山势，大声惊呼："此等地方必出大人！"让轿夫把轿子停下，下轿步行，以示恭敬。

上马溪和交溪在久山之下会合成寿昌江后，转而往南冲到合山之下，在合山的阻挡下，又转回到对面的石岭，把石岭脚冲刷得峭壁森然，致使出入大同的道路不得不沿山而凿，并形成一道高约十米的岭，石岭之名由此而来。直到开通 320 国道，此岭才被铲平。但岭下的一个小村因岭而名，叫石岭。这个村一直是叶姓人的聚居地，当年村中还建有一座叶氏宗祠，不过现在已经拆除，只有一棵树干上布满孔洞的古樟还能说明村子的古老。

建于清嘉庆年间的西坑桥

寿昌江水在石岭脚下拐弯，绕过石岭村，又向南面的仰天山直扑而去。仰天山因"上有仰天池"（民国《寿昌县志》）而得名。山下有一村，名富楼。因整个村庄地势呈楼梯状，且土地肥沃，历来较为富庶，故名富楼。居民大多是在清朝中后期之后从外地迁入的。

仰天山山势巍峨，山上古木森森，是富楼村的背靠。据说山上原有一座很大的坟墓。由于当地人误把仰天池叫成仰天子，自然把这座坟叫作天子坟。坟建得非常豪华，墓前有石人石马，可惜于二十世纪六十年代被夷为平地，墓前陈列物件荡然无存。

仰天山上悬崖林立，其中有一块悬崖背东面西，呈垂直之势。每天早上，太阳从悬崖的背后升起，越过山冈，当太阳移到悬崖顶端时，光线从崖壁之顶直射崖底，此时，在田间干活的人就可以回家吃饭了。这块悬崖能帮助计时，所以富楼人把它叫作自鸣钟。

仰天山的北端有一道山脊自高而低，一直延伸到寿昌江边，形如鼻。这个"象鼻"在江边圆圆地卷成一个小圈，江水也随之形成一个圆圆的弯道。在拐弯处，有一个小村依江而建，村子呈半圆形。村地处江南的沙渚之上，村名就叫南渚，后被讹称南珠。在"象鼻"的对面，有一山因"山势重凸，形如伏地狮子"（民国《寿昌县志》），古称伏狮山，也叫岘岭。自古以来，大同和寿昌之间的古道就从这座岭上通过。岭上原有一寺一亭，亭里常年有人施茶，往来客人路过此地，都可免费喝上一口茶。此山临江的一面高高耸起，形似狮子头。明朝年间，胡村源的胡同文曾在这里苦读，后考中进士。

（沈伟富）

田畈村村

桃源田畈村

　　田畈村村，位于建德市航头镇西北偏西，距镇政府驻地7.8千米。东与东村村相隔，南至东村村，西至大同镇枫树岭村，北至石屏村。村庄位于三面环山的田畈中，故名。村委会驻蒋家畈自然村，辖蒋家畈、诸间桥、田畈、坯壤里、郑里源、前山、黄塘山脚7个自然村。全村383户、1226人。村域面积5.68平方千米，其中耕地面积71.13公顷、山林面积430.53公顷。主要出产稻谷、原木、茶叶、水果等。田畈村村是浙江省健康村、浙江省新时代美丽乡村精品村。

田畈村村

一

　　田畈村村的主畈叫"蒋家畈"，太平天国运动期间，原居民逃的逃、死的死，留下了一大畈荒凉的土地。清同治初年，有个从江西逃难而来的蒋姓人，见此处有大量的荒芜土地，于是定居此地，故叫作"蒋家畈"。但蒋家人丁不旺，现今田畈村村已没有蒋姓人了。

诸间桥自然村，由桥而名。旧时因曹溪相隔，交通和农业生产极为不便。为了解决这一问题，全村乡亲出力出资齐心协力搭建了一座木桥。因从寺塅头请来监督建桥诸事的师傅姓朱，桥建好后，村民就把这座木桥称为"朱监桥"。时间久了就讹传为"诸间桥"。

张氏老宅

龙门岭后山有一处悬崖壁立，奇石嶙峋，两岸险峻，中间有一条小溪潺潺而过，形似传说中的龙门，故称为"龙门岭"。龙门岭外则是郑里源自然村，这一带以郑姓、吕姓为主。

二

在农耕时代，田畈村村无疑是一个适宜居住的地方，既有从石屏到寿昌的必经之路的便利，又有相对独立的空间，东、西两面都有山岭相隔，南、北两面都是青山。只有熟悉的人才能找到长岗垄这条通往白岭的小道。这里，近乎是一个桃花源式的村庄。

据说，最早到这儿居住的是黄姓，也有说是郑姓，但目前有明确史料记载的是过姓。根据《过氏宗谱》记载，明景泰年间，一位来自江西临川的读书人来到寿昌任教谕，他就是过氏的始迁祖，名叫过炅。

临川是古代中国的"才子之乡"，历史上，晏殊、陆九渊、王安石、汤显祖等文学家，都在那里留下了彪炳千秋的篇章，过炅正是在这样的环境中成长起来的。他来到寿昌之后，整肃学风，引入临川的训导方式，经常深入乡村，寻访可造之才，如果家庭贫困，则以自己的俸禄接济他们完成学业。他的后人在田畈购田置产，便留在了这儿。过氏重视耕读传家，尊孔读经，历代都以教书为业，一直流传至今，是当地的书香门第。

老禁山太平天国时期的屋基

三

民国时期，村里有一位教书先生，叫过竟达。此人能说会道，为人仗义，不仅与周边村民关系融洽，而且跟寿昌县衙里的一些官员也很熟悉。村民如果有难解的问题，都会找过先生帮忙解决。

民国三十三年（1944），林希岳第二次到寿昌任县长，在此期间，林县长的哥哥，却带头贩卖鸦片，县政府相关部门顾忌县长哥哥参与其中，睁一只眼闭一只眼，导致寿昌境内吸毒贩毒加剧。寿昌士绅屡次要求县政府加强缉毒，却无效果。

民国三十四年（1945），过竟达知道此事后，便与寿昌士绅联名，直接将控告信递交到省政府，要求给寿昌百姓一个交代。省政府很快答复，军警出手，雷霆发威，林县长哥哥及一批贩毒吸毒人员得到应有的处罚。寿昌百姓拍手称快，自发将过竟达等士绅用轿子抬着上街欢呼。

方仙庙

四

田畈村，原有仙翁庙、圣武殿和方仙庙等建筑，惜全毁于二十世纪六七十年代。

值得一提的是方仙庙。民国《寿昌县志》载："方仙庙，在县西北十都外图郑里源，光绪丙子年（1876）由众募建。"这位方仙，确有其人。方仙的正式名字谁也弄不清楚，只知道他是从外地云游而来的老郎中。

相传，清咸丰末年同治初年，在寿昌境内发生大规模的瘟疫。就在大家惊慌失措时，老郎中带着几个强壮年轻人，先用石灰在村中进行全面消杀，又一起上山挖采中草药配蜈蚣泡药酒。方仙亲自配方、煎药，分给村民服用，不久瘟疫得到控制，人们称其为"方仙"。

村民为感谢他的救命之恩，挽留他在村里居住，一家一户轮流供养。直至光绪初年，老郎中无疾而终，村民募资为他修建了这座方仙庙。也许方仙庙周围阴暗潮湿，庙前庙后常有蜈蚣出现，因此，当地百姓又称方仙庙为"蜈蚣庙"。

（李新富）

沧桑话东村

东村村，位于建德市航头镇西北偏西，距镇政府驻地 4.3 千米。东至罗源村，西南至大同镇胡村源村，西至田畈村村，北至罗源村。村委会驻东村自然村，辖东村、高升桥、秤钩湾、后山、下湖、平地岗、饶家、上胡家、姜家、方家、后村、花园里 12 个自然村。全村 565 户、1935 人。村域面积 9.93 平方千米，其中耕地面积 108.93 公顷、山林面积 772.93 公顷。主要出产稻谷、原木、茶叶、苗木等。

东村村/村委会　提供

一

关于村名的来历，《建德市地名志》载："东村村庄位于狮子山东面，故名。"最早的村名叫什么，已无明确记载。但按民国《建德县志》记载，现村域在"清雍正六年（1728）属胡村庄，光绪八年（1730）属十都外图"，而十都（石屏区）外图包括田畈村、高坝头、郑里源、横塘山、高墙桥、后山、秤钩湾、东村、胡村源、长岗垄、白岭、墩上、汪家基、下吴、横坞里、吕家、枫树底、下墙园、田坂里、孟岗、三义源等自然村。

如果以石屏为中心，沿途有田畈村、高坝头、郑里源、横塘山、高墙桥、后山、秤钩湾、东村。而在旧时，石屏向东走，只有二条路，一条是从赤岭往西华村方向，但为山路，沿曹溪东下，辖区最东南面是东村。而胡村源、长岗垄等村，都不在曹溪线上而在西南方向。因而，东村村应当是石屏区的最东面，故名东村。

二

东村村，历史悠久，人文丰富。曹溪流经此处，东折成弯，形似秤钩，故名"秤钩湾"，这里有座山，叫洋池岗。在洋池岗遗址，根据考古发现，这里分布着红陶文化遗物，有砺石类和磨石类的石，还有罐、钵等陶器，有明显的纹饰。说明在距今四五千年前，就有人类活动。考古学将其时代定为良渚文化晚期，属于新石器时期晚期。

洋池岗遗址

"人似秋鸿来有信，事如春梦了无痕。"史海茫茫，古人不知去向，现在住在这个村子里的郑姓族人，是有据可查的最早在此居住的姓氏之一。

据民国《寿昌县志》载，郑大署，十都东村人。通晓《春秋》，文采丰富，辞藻华丽，宁宗朝举选进士……为南宋咸淳十年（1274）甲戌科王泽龙榜。后被特奏名授太子伴读，累迁秘书省校书郎。据此推算，在南宋时期，郑氏已是东村村的名门望族了。

胡姓，是东村村的大姓，也是较早定居于此的姓氏。据《济阳胡氏家谱》载：始迁祖为胡志和（1384—1464），名温，号逸翁。据此可知，胡姓于明代初期就已经在此繁衍生息了。

东村村还有两个因胡姓聚族而居的自然村，一个叫上胡，一个叫下湖。明嘉靖四十四年（1565），附近又出了一位进士，叫胡同文（1539—1598）。他居住的村庄称胡村（今胡村源村），后有一部分迁出另建村庄，因位置靠胡村（源）下面，故称"下胡"，后讹写成"下湖"。

三

潺潺不绝的曹溪流水把村庄分隔成两半，古人将这段溪流称为东溪。为方便两岸往来，旧时人们在东溪上建了一座木桥，因周边栽有梅花，故取名为梅桥。《济阳胡氏家谱》将其纳入《八景诗》之"梅桥鹤影"：

> 谁把山梁号曰梅，为夸有鹤与跟随。
>
> 九皋声彻云霄外，六翮影摇涧水隈。
>
> 雪霁朱葩九馥郁，月明缟羽倍稀奇。
>
> 问渠何所为轻重，此羕林遁人不知。

过了梅桥，沿溪岸边有几个以姓命名的自然村，如方家、姜家、下湖等。

方家，是其中较大的自然村。虽名叫方家，可如今却并没有方姓人居住。原因大约与太平天国运动有关。据民国《济阳胡氏家谱·重修新序》载："咸丰辛酉年（1861）四月三日，西（粤）匪陷城，扰乱寿境，余族之老者壮者少者，俱遭大劫。斯时也，田园荒芜，房屋无存，柴桂米珠，苦不胜诉。睹此情景，实堪痛恨！"

大约在清咸丰末年，几户方姓家为避战乱，从江西逃到了此地定居。村民就称这里为方家。几年后，太平军又从江西打到了浙江，方姓人死的死、逃的逃，这里也就仅剩下"方家"的地名了。

四

民国《寿昌县志》载："白云寺在县西北十都外图。明景泰四年（1453），胡志和游凤凰岩，见其山景幽雅清奇，二水环绕，四面屏嶂，即于此立庙，匾曰'白云寺'。"
胡志和有诗赞誉白云寺：

> 万仞云岩天琢成，腾霄飞凤壮奇形。
>
> 晴光掩映如琼白，淡影悠扬若絮轻。
>
> 玉石稳栖联瑞霭，烟霞特出显其灵。
>
> 凭谁历数人间景，好处无过此翠屏。

白云寺

白云寺坐落在凤凰岩青崖幽谷间，胡志和《明景泰从无到有癸酉建白云祠堂记》誉其"四山拱翠，一水环青，林壑呈奇"，可见泉水潺流，鸟鸣花妍；风光旖旎，景色宜人。

《济阳胡氏家谱》载，胡志和，东村人，出身于本邑胡氏望族，自幼喜好读书，少年又喜习武，先后任北京五军都督府前卫，中军都督府、福建省泉州府知府，敕封亚中大夫。

胡志和是有名的孝子，他的母亲身患重病求遍良医犹不见效。他亲奉汤药，服侍勤勉，长年不怠倦。之后母亲被一位身穿白衣的僧人所救。

　　胡志和想报恩还愿，问询僧人的来历。僧人回道："我是对面凤凰山寺中僧人。"言罢，化作了一缕白云飘向远方。胡志和方省自己遇见了高僧。于是一路寻去，上了凤凰台，不见有寺庙，更不见那高僧。却见此处山风习习，云雾缭绕，山谷两水环绕，四面屏嶂，幽雅清奇，风景独好。此时，天空中突然出现一朵莲花白云。胡志和恍然大悟："哦，原来是高僧指点迷津，让我广种福田呀！" 决定在此修建一座寺院。寺院落成，他想起了那似一缕白云的高僧，便取名"白云寺"。

村公园

（李新富）

罗源村

民风润罗源

罗源村，位于建德市航头镇西北偏北，距镇政府驻地 4.4 千米。东至寿昌镇余洪村，南至东村村，西至田畈村村，北至寿昌镇西华村。村委会驻三家头自然村，辖三家头、石口源、富荣坑、高官桥、石塘、石岭脚、罗坞里、排下、下坊、后岗山、董家、蔡郎坝 12 个自然村。全村 425 户、1481 人。村域面积 7.05 平方千米，其中耕地面积 59.47 公顷、山林面积 556.73 公顷。主要出产稻谷、蚕桑、茶叶等。罗源村是浙江省新时代美丽乡村精品村、杭州市民主法治村。

罗源村

一

关于罗源村名的来历，有几种说法：一是，缘于村南山上有一座笋坪庙而得名；二是，村中那座孤山，像是一只倒扣着的"铜锣"，故而名之；三是按《建德市地名志》的说法，罗源是以罗姓最早聚居于此山谷而得名的。1961年，分为罗源、罗坑、罗坞三个大队，后来"三罗并一罗"，因而在寿昌人口中，称为"罗坞坑"。从这一点看，尽管现有资料表明最早来此居住的是董姓，村名以罗姓命名的说法确实更为贴近。

武峰桥

二

罗源，北倚凤凰山。躺在牯牛岭怀中的凤凰山，呈半圆形向南张开双臂，似乎在欢迎远道而来的客人。源于牯牛岭的溪水从凤凰山东西两侧峡谷中流出，形成两条小溪：一条峡谷较深且长，峡谷内悬崖峭壁，巨石林立，溪水从峡石缝隙间挤出。就在峡谷口的悬崖峭壁之间，有一个自然村，名石口源。这里也是通往淳安的古道，来往其间的人颇多。另一侧峡谷稍浅，水流量较小，原本并无人居住。据说是樵夫上山砍柴，偶然间发现谷内有许多木芙蓉。后来，才有人到此建房居住，渐成一个小村落，命名为"芙蓉坑"。也许是想讨个吉利，后改称为"富荣坑"。这两股溪水在凤凰山前交汇，缓缓往南流与曹溪相汇。

因曹溪水流量大，源内的水流量小，干枯季节，合流而东，相安无事，但到了水涝时节，则造成曹溪水倒灌，罗源村就易为泽国。这就是修筑蔡郎坝之缘由。以前这里有座蔡郎庙，因而，接近曹溪这一段溪流，民间又称其为蔡溪。《黄氏宗谱》中有一首《蔡溪垂钓》，写出了此处的风光：

秋水长天一碧空，轻舟回溯蔡溪东。

扣歌每向斜阳外，垂钓偏宜细雨中。

名利情怀捐且尽，烟波风味领无穷。

落霞孤鹜齐飞去，花影婆娑月半弓。

黄氏宗祠

三

宁姓，是村中的大姓，由江西迁入，经过几代的发展，成为罗源村的大姓。

传说，有一位江西籍的年轻人到寿昌经商。有一次他到罗源村里收茶叶，刚进村，饥渴难耐，便向村民讨口茶水。可村里几乎所有人都上山采茶或下地干活了。恰巧遇见了一位姑娘，那姑娘得知情况后，立即给他端上了一碗老茶泡的凉水，还为他烧了一碗新麦手拉面，不仅让这位外乡商人解了渴、填饱肚子，还感受到了姑娘的好客和热情。从此，这位年轻人就时常来这边做生意，一来二去，两人感情升温。后来姑娘嫁与宁姓江西商人为妻。夫妻恩爱，很快就添了个男丁，活泼可爱。可好景不长，那位姓宁的商人在外做生意时，不幸遇害身亡。

失去顶梁柱后，母子俩只能带着一点遗产，回到了罗源娘家。孩子给舅舅放牛，母亲为人做针线，艰辛地过着日子。过了几年，母子俩决定另建屋单过。而这位宁姓孩子就成了罗源宁姓的始迁祖。

此后，宁家将这位母亲的热情好客家风代代相传，无意间给宁家带来了好运。

清咸丰年间，烽烟四起。这天村里来了位不速之客，称自己是做生意的，因为天黑了，肚子也饿了，想讨口饭吃。村里其他人唯恐避之不及，只有宁家给他烧了一碗糠菜，安排他住了一晚。那人临走时，给了宁家一块木牌，上面写着"广安居"三个字，并说："如果乱兵马了，你把这牌子挂在门上，可保平安。"宁家看看那字还挺吉利的，也就照做了。不久，太平军攻入寿昌，流窜于各乡村。罗源也遭遇烧杀抢掠，人口损折过半，唯有宁家未受骚扰。后来才知道，那个商人模样的人原来是太平军的探子。

黄姓，也是目前村里的大姓。太平天国运动结束后，寿昌境内人口损失过半，田园荒芜，满目疮痍。从江西逃荒而来的一个叫黄招生的年轻人，在这儿安下身来，之后娶了宁姓女子为妻，生了十一个儿子，开枝散叶，渐渐成为罗源人丁兴旺的家族。

新中国成立后，黄家曾经出了一个黄顺妹。因是两次送子参军的光荣军属，多次被评为县"军属模范"、省妇联"妇女红旗手"，光荣出席全国烈（军）属代表大会。

甘姓，也是咸丰年间从江西逃难而来定居于此的。甘氏族人中有一位叫甘澍的中医师，师从浙江名医裘吉生，擅长内科、疑难杂症，解除病人疾苦，挽救生命无数。寿昌人将其与叶永清、何邑周、洪绍元并称为"四大名医"，在寿昌境内享有盛誉。

清代石板桥

四

狮子寓意吉祥。青狮舞，是罗源村代代相传、喜闻乐见的活动项目。

当地有一座狮子山，林茂水丰，护佑着村民，但也会暴发洪水，淹没田地房屋。为了祈求平安，从清朝开始组织青狮会，代代相传至今。罗源青狮舞已列入建德市非物质文化遗产目录。

青狮舞有别于其他舞狮之处：一是狮毛为青色，别于其他采用杂色。二是舞狮与武术巧妙相结合，在发展过程中，曾得到何邑周等拳家亲授，将拳术、刀枪、铜棍等功夫融合其中，具有防身健身功能。三是模拟青狮驱赶鸟兽动作：将狮爪扑击、掌劈，化为刀、叉、斧、铜等武术动作；将狮尾横扫拟化为齐眉扫棍和长枪；追逐鸟兽拟为跳跃，绣球翻滚；扑击大树拟化为挂壁、盘柱、挂台等动作。表演时，青狮凌空飞舞、挂台亮相。四是创造性地设计了"小猴子"在"狮子"身上拽尾巴、摸狮头、翻筋斗、捉虱子等动作，上下蹿跳，深得观众喜爱。

（李新富）

人文谱航景

　　航景村，位于建德市航头镇西北，距镇政府驻地 1.7 千米。东至黄木岗村，南至航川村，西至东村村，北至罗源村。村委会驻庙口张自然村，辖湖塘底、东庙山、蔡郎坝口、庙口张、竭头 5 个自然村。全村 409 户、1531 人。村域面积 2.31 平方千米，其中耕地面积 82.53 公顷、山林面积 160.87 公顷。主要出产稻谷、柑橘、蚕桑等。航景村是浙江省健康村。

航景村

一

　　航景村由庙口张、竭头两个建制村合并而成。之所以取名为"航景"，说法有二：

一是新建的杭（州）新（安江）景（德镇）高速公路横贯村中，谐音取"航景"；二是据《建德市地名志》所载，"此地景色优美，故名航景"。

庙口张，原先有建于宋代的镇东庙。明代，张姓从江西迁来，在镇东庙前建屋定居，渐渐形成村落。后来，人们就将这里叫作"庙口张"。

塥头，最早叫作"芦滩"，因为曹溪流经村庄，古代百姓为了防洪、灌溉，于溪中筑塥截水。村边有一条横溪而筑的塥（即现代的堤坝。当地方言称为"塥"，音同"合"，后为方便书写，改"塥"为"合"），村庄正对着那条塥的头部，故而称为"塥头"。此塥建于何时，今已失考。

原移民房

二

翁姓，是塥头村的主要姓氏，与寿昌翁氏源自一脉，晚唐由翁明、翁洮叔侄俩分辟清泉翁、青山翁二个分支。而塥头的翁氏是尊翁明为祖的"清泉翁"。翁氏大约于宋代定居于此。翁家一直奉行耕读传家，注重读书，人才辈出。翁旦，就是其中杰出的人物。

民国《寿昌县志》记载，翁旦（生卒年不详），字振周。自幼苦读，精通经史典籍，熟悉文韬武略。清顺治乙未年（1655）中武进士。后任广西三里城（现广西壮族自治区贵港市覃塘区）守备。恰逢地方叛乱，朝廷派翁旦前往平叛，他一马当先，奋力厮杀，叛军后退，翁旦追击，陷入包围圈。几经拼死突围而不得。翁旦自知难以脱身，但决不投降，于是对身边将士说："我深受朝廷重恩，只有捐躯以报皇恩，又怎么可以受草寇侮辱！"说完便拔刀自裁。后来，朝廷颁一牌匾，以示褒奖。

张氏祠堂

三

蔡郎坝，旧时曹溪上最大的一条堰坝，它从庙口张一直蜿蜒到寿昌的十八桥、西门村，灌溉着几千亩良田，润泽一方百姓。

蔡郎坝口，一个小自然村，仅有 20 户人家。但蔡郎坝名气响得很，从古到今，一直为人们津津乐道。民国《寿昌县志》载："蔡郎庙在县西北十一都，神生有德于乡星，殁而降临，人为立庙，号蔡郎神。宋崇宁二年（1103），访求灵迹，郡上其名于朝，封蔡郎府君。"

可见，这位蔡郎神，确是真实存在过的。因他做了一件功在当代、恩泽千秋的好事，被当地百姓推上神坛。

传说北宋年间，塌头有个石匠，姓蔡，人称蔡郎。他凭借一技之长，常年在石井山开采青石板，为乡亲打制石臼、石磨、石板等。靠手艺赚钱，以手艺与乡亲换粮度日。

北宋末年，连年天旱，土地干裂，庄稼枯死，颗粒无收，蔡郎的生意一落千丈，不仅赚不到钱，有钱也没处可换粮，眼看着日子过不下去了，怎么办？

看着乡亲连年饱受干旱水涝之苦，蔡郎想起了大禹治水，就想在曹溪上筑一条堰坝，既可蓄水，又可防洪，为百姓造福。他把自己原本用来娶媳妇的积蓄，还有剩余的一些石材，鼓动乡亲一起修筑堰坝。在蔡郎的带领下，全村奋力了一年时间，一条崭新的堰坝和十几里长的水渠建成了。百姓看到清澈的漕溪水流进自家稻田，个个欣喜万分。但是蔡郎却因劳累过度，不幸英年辞世。后人感激他的恩德，便把此坝叫作"蔡郎坝"，并为他建造了一座蔡郎庙。

四

塌头自然村，人文历史深厚，具有浓厚的儒家传统。作为当年的大户人家郑家和翁家，都以严格遵守儒道为准则。清末至民国初期，塌头村出了一位侍奉公婆的贞妇郑氏。

民国《寿昌县志》载，郑氏，塌头村人。15 岁时嫁与本村翁连寿为妻。平时不施朱敷粉，不穿金戴银，夫妻恩爱，相夫教子，专心侍奉公婆。郑氏与村舍邻里关系融洽，村里人都以"翁门贤妇"称呼她。清咸丰年间，太平军攻入寿昌，她的丈夫翁连寿被太平军抓走，这年郑氏 29 岁。丈夫被抓走后，从此再无音讯。战乱之后，寿昌人口损失过半，农村出现"万户萧疏鬼唱歌"的荒凉景象。可郑氏却守柏舟之节，细心教养子女、服侍公婆。可过了几年，儿子不幸染病夭折，郑氏的日子过得更加孤苦。但她却依旧苦守贞操，72 岁那年去世，整整孤守四十三年。

民国九年（1920），寿昌县县长曹文燮得知情况后，将此事上书给当时的民国大总统徐世昌。徐世昌为其感动，特意书写了"志洁行芳"四个大字，制成匾额以示褒奖。

（李新富）

千源村

风云话千源

　　千源村，位于建德市航头镇南，距镇政府驻地 8 千米。东至白岭坑水库，南至大店口村，西至大同镇永盛村，北至乌龙村。村委会驻千家自然村，辖千家、凉亭边、朱塘源、山后垄、上角源、下角源、大庙边、武山上、武山下、菜坞、山岗背、东垄、小塘源、江山坪、前村畈、里坞 16 个自然村。全村 512 户、1850 人。村域面积 6.5 平方千米，其中耕地面积 73.07 公顷、山林面积 714.33 公顷。主要出产稻谷、茶叶、蚕桑等。千源村是浙江省新时代美丽乡村精品村。

千源村

一

　　千源村，2007 年 7 月由原来的千家村与小塘源村撤并后更名为"千源"。

　　千家村，位于白石山与白石岩西面共同形成的山源口，村庄东依青山，村后有一溪谷，山青谷翠，景色优美，早年称"溪谷村"。因当地方言"溪谷"的发音与"千家"音接近，后传为"千家村"。

据村中老人说，很早以前，有数户姓千的人家在此居住，所以叫作千家村。后来，因人口凋敝，渐渐就没了千姓，但"千家村"村名依然使用。

八鼓山远眺

二

千源村风景秀丽，田地肥沃，早有人口居住，现今有记载的较早住民是邹氏。据《南丰茶溪邹氏家谱》载，清嘉庆年间，邹太文（1755—1827）从江西南丰来到寿昌山峰，生有两男两女，两男其一称邹昌发（1780—1861），字踊山，其二称邹昌宗（1786—1860），字怀山。邹氏后人于道光年间移民至寿昌县五都牡山上（今大店口一带）。太平天国运动期间，邹家只留下了一个老太太和两个孩子。大约在同治年间，邹家老太太带着两孩子来到千家，搭了个茅棚，开垦几亩山地，靠山上种植番薯、玉米、毛豆维持生活。经过一百多年的繁衍，成了当地大姓之一。

三

小塘源自然村与千家自然村以 320 国道和杭（州）新（安江）景（德镇）高速公路相隔。村子三面环山，入口很小，但往里走，便进入了一个完全不一样的世界。

关于小塘源这个村名的来历，一直有很多说法。有人说，是因为村里有一口水塘故得名。也有人说，最早住在这里的是萧姓，他们挖了一口水塘，用于饮水、洗涤和防火，称这口水塘为"萧塘"，渐渐地这个村便被称为"萧塘源"了。随着时间的流逝，萧姓在村里渐渐消失，周姓随后迁入此地，后以谐音成"小塘源"。周姓家族曾在这里修有一座周氏祠堂，今不存。如今小塘源村民以饶姓为主。

四

村里还有十多个自然村，分散在各个山谷角落，村名依山借势而取，颇有特色。

大庙边自然村，原本是一个大坞，无人居住，当时这里只有一座平水庙。据民国《寿昌县志》载：平水庙"在县西航头，奉夏后氏大禹，名曰'通天平水神禹王庙'"。清咸丰年间，此庙被毁，光绪年间重建。1969年，改建成为大会堂，村民便在附近择地建房，渐成村落，遂名大庙边。如今这里成了千源村文化礼堂。村民中无人知晓平水庙建于何时，但旧时建造此庙的目的很明确：这一带处于坞口，常山洪暴发，淹没田地和民房，人们期望借大禹治理水患，护佑当地风调雨顺，农业丰收。

凉亭边自然村，因此地曾建有凉亭而得名。旧时，此处为寿昌县五都、六都之间的通道。乐善好施的村民在凉亭中摆上茶水和草鞋，方便行人。渐渐地，这里也热闹了起来，唐姓、徐姓及周围边庄户就在这附近建屋定居，形成村落。

西溪穿村过

村边有一座山，叫作"武山"，也称"麻山"。这里有两个自然村，坐落在武山半山腰的，称为"武山上"，而坐落在武山北麓的叫"武山下"。

小塘源后山有一山谷，形似一只水牛角，其上下首各有一村，分别称为上角源、下角源。

江山坪自然村，位于大坪上。太平天国运动之后，一批江山移民迁入，开垦土地、建屋筑室，渐而成村，被称为"江山坪"。

前村畈自然村，因地处千家村前、与千家村相邻而得名。

朱塘源自然村，也是太平天国运动之后，几户朱姓的人家居住于这个山谷中。为了生活饮水、洗涤方便，在屋舍前挖了一口池塘，故名朱塘源。

五

千源村，地处平坦之沃野，经过岁月涤荡，如今已无法找到历史遗留下的古建筑，村中仅有一座三更桥，是一抹古老的记忆。

三更桥

三更桥，仅一米多长，几乎一个大步就能跨越，但又确确实实是架在小溪之上的一座单拱石拱桥。

旧时，三更桥下的小溪是引水入畈进村的小溪流，水势较大，故而必须建桥；又因木桥易腐易被洪水冲走，故而采用石拱结构。旧时野外没有路灯，路狭难行，夜间尤其是半夜三更行路容易失足落水。据说清时，每当雨水季节，经常有人因为过桥而落水。某次当地一个生意人回乡，到了这里已是三更半了，因木桥已腐，正当他走上木桥时，只听"哗啦"一声，他连同木桥一同跌落水沟。他吓得不轻，挣扎着上了岸，于是出资将原来的木桥改建成石拱桥，并将此桥取名为"三更桥"，旨在提醒人们黑夜出行时更需注意安全。

（周容羽）

乌龙村

移民隐乌龙

乌龙村，位于建德市航头镇南，距镇政府驻地 4.6 千米。由原乌龙、吊钩岭两村合并而成。东至航头村，南至千源村，西至大同镇永盛村，北至航头村。村以驻地得名。村委会驻乌龙庙自然村，辖乌龙庙、对面蓬、樟树坞、白岭坑、李家、黄岭脚、杨梅坞、徐家、叶家、吊钩岭、新坝头、湖塘底 12 个自然村，全村 400 户、1523 人。村域面积 11.65 平方千米，其中耕地面积 49.73 公顷、山林面积 770.4 公顷。主要出产稻谷、茶叶、蚕桑等。乌龙村是浙江省健康村。

乌龙村

一

乌龙村，原称"乌龙庙村"，民国《寿昌县志》载："乌龙庙……为建德乌龙山分祠。

　　大坞分祠，清乾隆三十二年里人捐资建，庙前通寿、兰大路。"乌龙庙香火鼎盛，香客络绎不绝。住户依庙而建，渐而成村，故名"乌龙庙村"。后来，乌龙庙被太平军焚毁，直至光绪年间由当地百姓捐资在原地复建。新中国成立后，作为乌龙村小学的校舍，至二十世纪八十年代被拆除。

二

　　乌龙村东面有一座叫白岭的山，因盛产一种白色的石头而得名。山间有一个石洞，俗称"白石洞"。据说明清时期，有几个僧人据此为庙，供奉几尊佛像，香火旺盛，香客如织，悠然地过着"青灯黄卷，晨钟暮鼓"的生活。后因战事被毁。前些年，一些善男信女在石洞外依山构筑了一座庙，取名为"白石岩"。庙旁的岩石上建有一座亭，供香客或游览者观景、休息。

白岭坑水库

白岭山

白石岩下是一道又大又深的坞，当地人将"坞"称作"坑"，因而被当地百姓称为白岭坑。这里有一座白岭坑水库，1964年11月动工，1967年5月建成，是当时整个寿昌范围内最大的水库。库水发源于天池山西坡。坝高32米，长111.2米，为浆砌块石重力坝。库容量在500万立方米以上，可灌溉航头、寿昌等地20000多亩农田。现在已是整个航头镇的饮用水水源地，又是备受青睐的户外攀岩、旅游览胜的好去处。

对面蓬，是白岭坑水库外的一个小村庄。相传太平天国运动时，白岭坑外人口被杀的杀、逃的逃，只留下了一片荒芜的田地。之后，严州知府戴槃发布了《严属垦荒章程》，一批江西广丰、南丰及福建的人迁到白岭坑外，开始开垦荒芜的田地。又有从福建而来的刘姓，见此平整的土地已被人开垦，于是就在对面的山脚搭了几间茅棚，开垦余下的少量土地，因此这里就被人们称作"对面棚"。后来，渐渐成为一个小村落，村名后来被人写成"对面蓬"，沿用至今。

稻香乌龙村

三

乌龙村是一个名副其实的移民村。

现今的乌龙村村民，大多是太平天国运动后迁于此居住的村民后代，其中廖姓是最早来到这里客居的居民。

据《汀杭古田廖氏大宗谱》记载：清同治五年（1866），原本从福建迁移到江山县的一妇人，因为丈夫廖万贵病故，夫丧子幼，生活无着，就带着廖天盛（又名添盛）等两个幼子，从江山县塘源口乡迁移到了严州府寿昌县白岭坑，在这里搭了间茅棚，开垦了几亩田，定居了下来。后来，天盛兄弟各生了六子，渐渐成为乌龙村较为旺盛的家族之一。依此推断，乌龙村已有150多年的历史。

童姓，也是太平天国运动之后来到乌龙村定居的。据《童氏宗谱》载：江西广丰童氏，先前迁兰溪县女埠，后由童文瑞在太平天国运动之后，迁白岭坑。

此外，朱姓，来自江西南丰；罗姓，来自福建；任姓则从淳安茶园镇移民而来。

（李新富）

黄木岗村

黄木岗传奇

　　黄木岗村，位于建德市航头镇北，距镇政府驻地1.5千米。由原黄木岗、八亩丘两村合并而成。东至寿昌镇卜家蓬村，南至溪沿村，西至东村村、航景村，北至寿昌镇卜家蓬村。村委会驻黄木岗自然村，辖黄木岗、盈川、后堆、八亩丘、姜垄、麻坪庙6个自然村。全村365户、1271人。村域面积2.61平方千米，其中耕地面积53.4公顷、山林面积110.53公顷。主要出产稻谷、蔬菜、水果等。黄木岗村是浙江省新时代美丽乡村精品村。

黄木岗村

一

　　黄木岗村，地处较为贫瘠的低丘缓坡地带，山岗上都是黄泥。在宋代，称为"黄漠西山"，除了成片的松树外，还有几棵黄檀树，坚硬直挺而高入云霄，故取名为"黄木岗"。

当地流传着一个感人的故事：

很久以前，有一女从石屏嫁到寿昌翁姓家当媳妇。可丈夫不幸早逝，没有留下子息，却留下了一笔不小的财富。寿昌城里垂涎她美貌、羡慕她贤惠的人不少，但她守节不嫁，勤劳俭朴。年老时，她看到从寿昌经溪沿到石屏的官道已修成了石板路，但路途稍远。如抄小道，势必经过宋公桥头至庙口张这段黄土路。临终前她吩咐族人，变卖家中财产，所得钱财，除了必要的开支外，全部捐出，用于修建这段黄泥路。

铺桥修路，是古代富贵人家行善的一种方式。翁氏家族遵照她的遗嘱，各房齐心协力捐资，共同修筑这段黄泥路，还在上七里下八里处各修了一座凉亭，供人乘凉歇息。

修路的石料都是从寿昌石井山开采的。石匠师傅把巨大的岩石精心凿成光滑平坦的路面石板，每块石板宽一尺，厚半尺，长四尺余。为节省成本，师傅们在石板两侧用大小不一的鹅卵石镶嵌成约一米宽的路面，整洁美观。

工匠们抬石板铺路时，总会齐声吆喝劳动号子"黄泥路啊，慢慢扛啊！"以助力。因为寿昌土话"慢慢"与"木木"、"扛"与"岗"音相近，久而久之，就成了"黄木岗"。这也是对"黄木岗"名称来由的另一种诠释。

二

八亩丘自然村，地势平坦，有一块面积八亩的田地，所以称为"八亩丘村"。二十世纪七十年代，改"八亩丘"为"立公大队"。

八亩丘，由最早居住在黄木岗村的翁家开垦并拥有。但在清咸丰、同治年间，由于战乱，人口锐减，村落萧疏，这片土地也随之渐渐荒芜。

为填补严州境内人口稀缺、改善土地荒芜现状，清同治四年（1865），严州知府戴槃招徕外地农民前来垦荒耕种。从江西来的几户农民到此落脚，渐渐成了八亩丘的村民。

麻坪庙自然村，以当地同名庙宇而名。麻平庙，人称"马坪庙"。据民国《寿昌县志》载："麻平庙，在县西十一都二图。清嘉庆中叶，里人徐志通等发起创造。"由此可见，这个自然村要比八亩丘更早些。

麻坪庙早已被毁，但作为马坪庙的这片土地，却经历了几度变迁。

新中国成立后，作为寿昌县的劳改农场，专门用来关押、改造服刑人员。1958年，寿昌县与建德县合并之后，也成为劳教场所。1968年之后，县里将这片土地划归寿昌中学，作为校办农场，供学生学工、学农；之后，又作为寿昌中学的分部，初入高中的学生必须先在这里边学文化边学农一至一年半，贯彻当时"学工学农"的教育方针。1979年4月，经建德县革委会批准，并经省革委会批准，在寿昌区马坪庙开设建德县工业技术学校。1999年8月，学校整体搬迁到寿昌镇。之后，建德市政府将这片土地划拨给了建德千岛湖通用机场。

2006年3月，建德千岛湖通用机场建设完工，拥有一条长为500米、宽为21米的跑道，飞行区等级为1B级。建有可停放10架航空器的停机坪、停放10至15架航空器的停机库以及相应的联络道，整个飞行区占地面积300亩左右。

从此，这片荒凉偏僻的土地，插上了腾飞的翅膀，谱写出一篇传奇。

通用机场航站楼

三

翁姓是最早来到黄木岗的居民，从宋代开始就在此定居。翁姓在寿昌分二支：一是以翁明为祖的清泉翁；二是以翁洮为祖的青山翁。黄木岗的翁氏自认是"清泉翁"。

翁明（生卒年不详），字清泉，山东青州人。唐朝时以孝廉授宣议郎任寿昌广文。

据民国《寿昌县志》载："其兄文四遗服（腹）子翁洮，嫂又继殁。明携育官署，教养备至。洮成进士，授主客员外郎，遂迁邑城南而家焉，至今寿称巨族。"翁洮终获功名，后自寿邑析居航川中村，开基青山翁氏。

翁氏在寿昌县内属望族，人口众多，素有"翁半县"之称。

村民安置房

（李新富）

檀村村

烟霞湖塘间

　　檀村村，位于建德市大慈岩镇南，系镇政府所在地。东、南与兰溪市诸葛镇仁塘、万田村为邻，西至双泉村，北至大慈岩村。村委会驻檀村自然村，辖檀村、石子岗、官塘、湖塘、樟宅坞、童宅坞 6 个自然村。全村 855 户、2816 人。村域面积 10.65 平方千米，其中耕地面积 144.87 公顷、山林面积 666.93 公顷。主要出产稻谷、油料、莲子等。檀村村是浙江省健康村、浙江省新时代美丽乡村精品村、檀村村湖塘自然村是第五批中国传统村落。

檀村村湖塘自然村

一

　　檀村，宋时称谭村，后称唐村。

　　南宋淳祐年间，谭履仁由豫章（今江西南昌）牛角岭迁寿昌仁丰乡，名其地为谭村。

之后谭姓逐渐凋零，唐姓迁此而易其名为唐村。

　　源自大慈岩村东樟宅坞山谷的溪流，与大慈岩主峰南坡水流双溪汇合成湖塘溪（亦称湖涯溪），穿村进入兰溪境内的火炉山水库。旧时村多川流，民国初年的檀村又称作"汇川"。至二十世纪八十年代初，据明万历《严州府志》所载，"村中有檀村桥"，再度易名为檀村。

　　湖塘是檀村所属历史很悠久的自然村。

　　《胡氏宗谱》载，九百年前，宋室南迁，胡氏先祖随皇族南下。解甲归田后，于南宋绍兴年间自淳安县梓铜源经兰溪县河西（今兰溪市西溪一带）迁此依山塘而居，故称"胡塘"，之后又因村中多水塘而改称"湖塘"。

樟宅坞敬承堂

　　旧时的湖塘村民宅，散落于湖塘溪两岸盆地。湖塘溪穿村而过，民宅围绕着雍睦堂和敦彝堂这两座宗祠，以湖塘溪为界，分出了上半村与下半村，形如阴阳双鱼太极图。湖塘溪是阴阳双鱼的分界线，两座祠堂如八卦之阴阳鱼眼。村以宗祠镇村，以高耸山丘的白山庙护民。湖塘村的村坊应用了中国传统文化中的太极学说，充分体现了胡氏先人的聪明与才智。

　　湖塘建村已有近九百年的历史。现存的村中民居建筑，以明清时期徽派建筑为基调。村庄的格局风貌和历史环境，随着岁月的流淌虽有不同程度的毁坏，但村中祖先留下的遗迹依然保存尚好。

胡氏民居

二

雍睦堂，位于湖塘村中心，是胡氏族人的总厅，建于清康熙年间。建筑坐东朝西，占地483平方米，由两进主体建筑和两进附屋组成。主体建筑为传统砖木混合结构，硬山式双坡屋面，五花山墙，砖雕门罩，八字门，面阔四柱三间。主体建筑第一进设戏台。八字门上方的梁托雕刻精致，冬瓜梁上饰有蔓草纹。现今主体建筑用于集会和供村民休息，附屋作为居家养老服务中心。

雍睦堂

敦彝堂，湖塘胡氏分祠，建于清雍正末至乾隆初年。建筑坐西朝东，占地485平方米，三进四厢，为传统二层砖木混合结构。第一进设戏台，进深四柱三间。雀替雕刻人物。敦彝堂主要用于集会。第三进作为香火厅，挂橱陈列历代先人灵位牌。

湖塘村的古民居，以传统砖木混合结构、硬山式双坡屋面、马头墙徽派建筑风格的清代建筑为多。以胡姓老宅为主的古民居建筑，均聚集在湖塘村中部。

湖塘村内尚存三座古桥——上桥、趟水桥和太平桥。

上桥，横跨于湖塘溪之上，以位于村中上畈头而得名。西南至东北走向，长 8 米，宽 0.8 米。桥面呈矩形，分为两段，每段均由两块长条石并排铺筑，两孔一墩，为旧时寿（昌）兰（溪）古道通道桥。

趟水桥，亦称塔水桥，横跨在湖塘溪之上，以解决村民趟水过溪建造而得名。东西走向，长 10 米，宽 1 米。桥面条石铺筑，双孔一墩，桥墩迎水面设为分水尖，以减少洪水对桥墩的冲击力。此桥向为村中主通道桥，今已改筑。

太平桥，东西向横跨于湖塘溪上，为湖塘通往兰溪古道的必经之路。桥为单孔石拱桥。南侧即兰溪市火炉山水库。桥面由 9 块条石铺砌而成，长 6 米，宽 2.4 米，高 1.9 米。桥两侧落坡均由条石铺砌。依据地势，两端各设台阶，与溪两岸道路贯通。现今因河道抬升，桥拱大半已被掩埋在河床之下。

太平桥

三

湖塘村中的古树，多为数百年古樟木和古柏木。部分古树在村落营建时同步而植，或者与相应的建筑物建设时同时所栽。

胡氏宗祠内古柏，植于胡姓宗祠初成时，村民形容"湖塘如水，宗祠如舟，古柏为篙"。又认为这棵古柏像是一叶舟帆，亦如"传统耕读传家之笔"。旧时，宗祠外东南侧有一古柏与宗祠内古柏两相呼应而被称为"兄弟柏"。胡氏宗祠旁和白山庙前的古柏、太平庵前和前园溪边的古樟群，以及前园古柏群等古树名木，均在二十世纪五十年代作燃料，或以作他用被砍筏。

湖塘村中古代用水设施至今保存完好。

溪沿古井，初建于胡姓迁入时，已有九百年的历史。溪沿古井傍溪而掘，水源充足。因岁月累加，地面上升，老井圈现已被砌于井面之下。雍睦堂前古井，所掘年代同为胡姓迁入时。两眼古井，虽日渐失去其实用功能，但依然是村中不可或缺的历史要素。

湖塘的山塘遍布村中，如今依然为民所用。

横塘

蓼塘，亦称寥塘，建于明代初年，以蓄水区古时多长蓼草而得名。新塘，建成于明代，以担负新塘下游区域农田的水利灌溉为其基本功能，库容较小，以初建时间迟于其它山塘而得称新塘。东山垄塘，建成于明代初年，以所处位于东山垄得名。川塘，建成于明代初年，以古时三支水流在此汇合而得名，为胡塘始迁祖落脚之地。

此外，湖塘溪中尚存古堰坝两处。

门前堰，初建于唐末五代杨姓迁入川塘山一带落脚之后。大堰，胡姓自川塘山一带下迁之时，筑堰储水，并设水碓，利用水力对粮食进行粗加工，故亦称水碓堰。古人以蹬步过堰，今以简易桥替之。

四

湖塘村的非物质文化遗产影响深远。

其一，七月半子时祭祖。

元末明初，湖塘村胡氏八世祖胡标、胡达两兄弟因族人利益与邻村发生纠纷，招惹官司，为不累及族中后辈而投水自尽。后人在每年七月半子夜祭祀胡标和胡达，以感其恩。但是，这一历史文化遗传现只成了口传。

其二，二月半庙会。

这一民俗活动起源于族人对民间神白山大帝和同姓宗祖胡则的崇拜，以"如在"的形式请接神灵和先祖，实现人神共在，以求护佑族人。

湖塘二月半庙会迎神接先祖，迎的是白山大帝，接的是胡公大帝。壮大的队伍将神灵一前一后接至大厅戏台前，进行祭祀胡公大帝、敬奉白山之神仪式，感恩先祖、神灵同佑村坊百姓，祈求国泰民安、风调雨顺。

迎神接先祖活动的道具繁复，必备銮驾、掌扇、大刀、大伞、灯笼、大锣、腰鼓、蜈蚣旗、"回避肃静"牌等数十余种。

相传，湖塘村庙会始于元末明初，距今已有 600 多年的历史。每三年一次，于农历二月十五日举办。每次庙会，必请戏班子演二天三夜大戏。周边各地百姓慕名而来，村民家家户户热热闹闹宴请亲朋好友前来看大戏，盛况空前。

（胡建文）

三元村

千秋泽三元

三元村，位于建德市大慈岩镇东北，距镇政府驻地 2.5 千米。东与兰溪市永昌街道溪塘村交界，南、西与檀村村相连，北至李村村。村委会驻麻车岗自然村，辖麻车岗、下金刘和漫塘 3 个自然村。全村 520 户、1475 人。村域面积 3.37 平方千米，其中耕地面积 71.8 公顷、山林面积 289.6 公顷。主要出产稻谷、柑橘、蚕桑等。三元村是浙江省第一批省级传统村落，浙江省健康村、浙江省新时代美丽乡村精品村、2016 年列入第四批中国传统村落名录。

三元村

三元村，因麻车岗、下金刘和漫塘三村合并得名。下金刘，因其上首有麻车岗，以前居住着金姓人而谓"下金"。后来刘氏先人迁于此，娶金家女为妻，刘氏渐兴，金氏日衰无裔，刘姓人为纪念金姓祖先在这片土地上开创的基业，遂合金、刘两姓为村名沿用至今。

《碧山刘氏宗谱》有载，下金刘刘氏一族出于处州括苍（今丽水），始祖刘迪（生卒年不详），字吉昌，为三国蜀帝刘备后裔。唐懿宗咸通年间，任婺州（今金华）判司。他的后人爱风水之胜，好山水之美，遂迁乌伤（今金华义乌）城外四十五里双林乡。四世孙刘琦和刘良，见寿南仁丰乡（今大慈岩镇）碧山（亦称大青山）和白山（亦称玉华山）双峰壁立，赞叹不已。他们登临大慈岩一览众山小，甚誉其景。于是筑屋大青山麓，繁衍生息。下金刘村南有座金柏山，错落有致地分出道园山、前山、里岗山等五座小山，形如奔马绵延至水口。水流由西向东蜿蜒而过。村北两山成峡，谓之石塔坳。因坳直指下金刘，于村不利，是故先人建神庙以镇之。坳中原有石亭一座，供过往行人憩息。村东、南、西三方分别有石门塘、井边塘和桂塘等多口风水塘。村中的水塘，一为生活用水，二为防火备用。"一雨池塘水平面，淡磨明镜照檐楹。"盈盈一水，美了村容。

宣教厅

村前原有古道，青砖卵石铺面，今残迹尚存，是兰溪溪塘、徐村垄、黄圩等地的商客进入龙游、寿昌之交通要道，又是本地村民往返于兰溪、永昌的唯一通道。古道为东西走向贯穿于村中，全长两里，面宽五尺。东端有单孔石拱水口桥一座，桥长丈余，面宽五尺，高丈余。

绍芳堂

锡庆堂

德心堂

四世祖刘良精通理学，南宋绍兴四年（1134）进士，封宣教郎。明成化元年（1465），为纪念祖先刘良，下金刘村集全族之力，在村中文笔峰东北方兴建砖木混合的刘氏宗祠。刘氏族人引用《汉书·董仲舒传》所载"正其义，不谋其利；明其道，不计其功"取其"正义明道"之意，称刘氏宗祠为正谊堂，之后易名宣教厅。

宣教厅坐东北朝西南，占地一亩有余。硬山式双坡屋面，三花山墙。正门设十二扇柏木堂门可以同时启合，门前设有石阶三级。排门楼上方为重檐歇山式屋顶，飞檐反宇，翼角高翘。屋脊有双龙戏珠和双鱼跃龙门等砖雕饰物，栩栩如生。中央立有三叉戟，寓意连升三级，高高在上。建筑面宽四柱三间，深三进。第一进为戏台。天井四周为方形石柱，石柱上方之梁托雕有花卉蔓草，形象逼真。门楣悬有匾牌，书"宣教"两字，其势凛凛，一派威风。

德心堂，亦称"花厅"，早年为刘姓族人祭祀、议事、聚会的场所，是下金刘村现存建筑年代较早的古建筑。其建筑构架和工艺手法疑是明式作法。堂内立柱上端安有圆形座斗，将上部横梁的荷载下传至基础。传说中立柱座斗的由来，却是因为匠人的一次失误。

明代以前的柱子上端无座斗。明初，有一木匠为柱子下料不慎错量尺寸，所有的柱料都短了一截。匠人焦急万分，聪明的妻子给他出了个主意，让他在柱子的上端增设一小段座斗，以弥补柱子短缺的高度。匠人依计而行，果然奏效，后来又将座斗加以雕饰，柱子的造型更为美观且节省大料、长料，因此这一做法流传于世。

绍芳堂，坐落于麻车岗自然村，坐北朝南，是村中唐氏家族的宗祠。明嘉靖三十四年（1555），由唐氏族人唐庭暹等八人发起始建。其为传统砖木结构建筑。主体建筑面宽三间三进式。正门门楼四组斗拱挑檐屋面高出左右次间一层。梁托雕刻双狮戏球，上方雕饰人物图案，正面分别刻有"孝""悌"两字。骑门梁两端阴刻龙须纹，中框雕有如意图案。大门两侧设抱鼓石户对，门楣安有原木门挡。正门楹联"钦赐东鲁名垂古；朱点天官世流芳"分列左右。三元村唐氏祖先于明末清初由山东迁此之前为原籍的名门望族，所以门楣上方悬有"东鲁世家"横匾，肃穆庄严。厅堂内原有天官、将士、状元、贡元、进士、新秀等诸多匾额，但皆于二十世纪六十年代被破坏。大门正前方，掘有风水塘一口，名为"前厅塘"。再前便是通衢大道。旧时，任何官员经此，须下轿下马面向大厅作揖以拜方可离去。绍芳堂后面的高坡上，原有一座两进爱敬堂，二十世纪六十年代圮塌后再未建树。

据《东鲁唐氏宗谱》载，麻车岗曾有厅堂12座，楼阁4栋，书院3座，大小庙宇各2座。但因岁月侵蚀或人为破坏，大部分腐朽或坍塌。

据该谱记载，唐朝后期的唐洙为麻车岗唐氏始祖，官仕睦州郡守，退休后留居淳安茶园。唐洙次子唐贤，于宋真宗年间由淳安茶园迁徙兰溪篁屿，是为兰溪始祖。至十一世唐光朝，由篁屿迁兰溪三泉，是为三泉始祖。唐光朝三子，则为麻车岗之始祖。

清乾隆元年（1736），唐言所纂《为宣教公复祭序》道：刘、唐两族，世代交好。刘氏始祖千六公宣教郎登进士，唐姓祖先唐韶担任南陵（今安徽芜湖）知县一职，其子唐良嗣奉命镇守建德府（即严州）。元军至兰溪，唐良嗣率兵抵抗，大战黄盆滩，元军被击退，诏封唐良嗣为江淮闽浙都统，后殉于浙闽交界处仙霞岭。

不久南宋灭亡，元朝大肆搜捕剿杀曾经抵抗过元军的将士以及后人。唐良嗣的儿子唐正因此避难寿昌仁丰乡，刘氏宣教郎的后人、唐言父亲的同学收留了他，唐正从此改姓刘，住下金，"故其祸得免"。

元朝灭亡，朱元璋登基旌表抗元忠勇。明万历年间，唐良嗣的后人得以恢复唐姓以续唐嗣，并迁往上金居住。因唐氏祖先曾居于婺州兰溪三泉村麻车岗，为纪念祖居之地，故将上金改称为麻车岗。

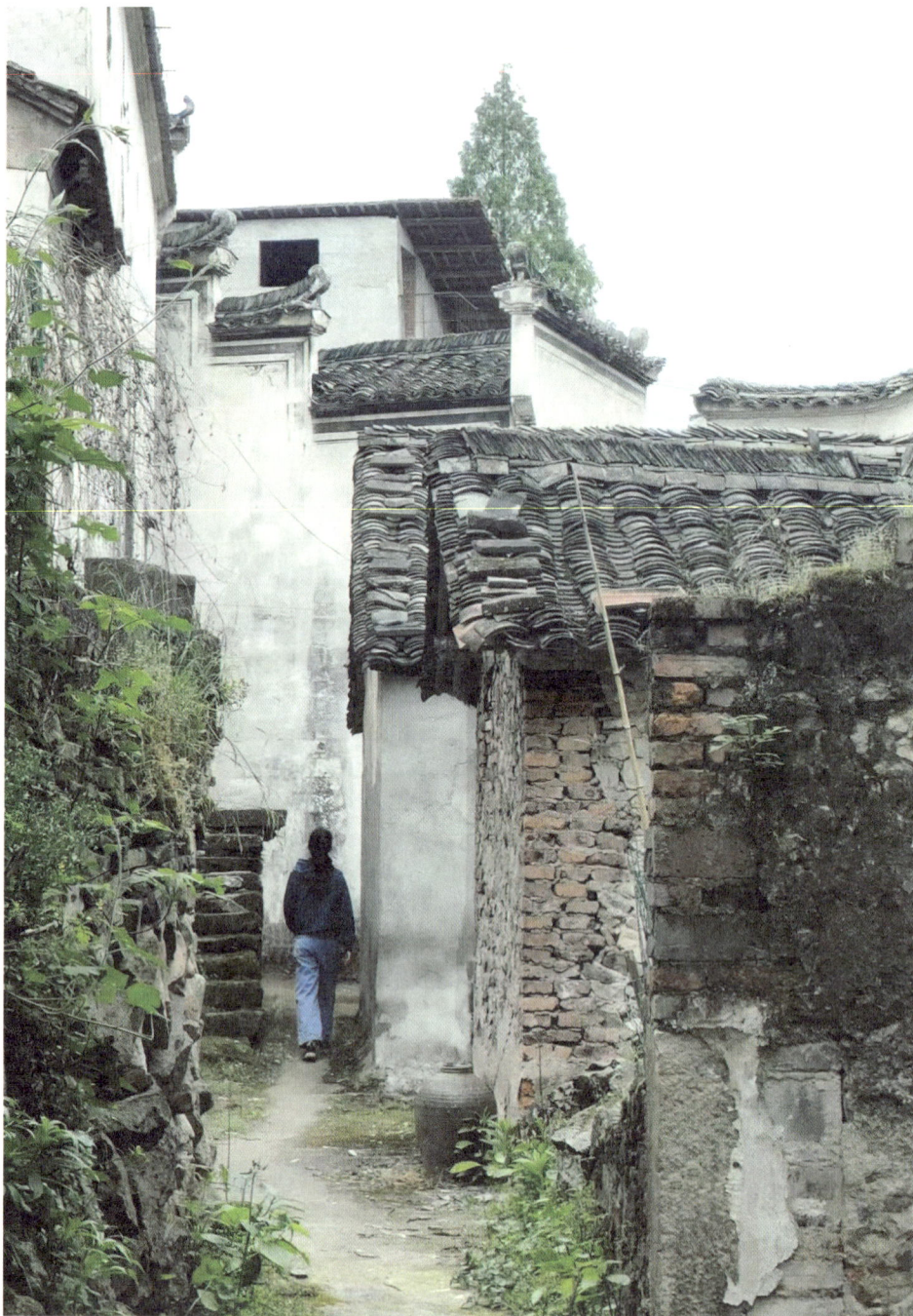

三元小巷

（胡建文）

大慈岩村

慈岩照光辉

　　大慈岩村，位于建德市大慈岩镇北偏东北，距镇政府驻地1.6千米。东、南与檀村村为邻，西与吴山村、寿昌镇乌石村相接，北至大慈岩悬空寺景区。村委会驻大坞自然村，辖大坞、大慈岩脚、排塘3个自然村。全村326户、1085人。村域面积5.37平方千米，其中耕地面积46.27公顷、山林面积311.73公顷。主要出产稻谷、柑橘、蚕桑等，兼营民宿服务业。大慈岩村是浙江省健康村、杭州市爱国卫生先进村、杭州市文明村，大坞自然村是第四批中国传统村落。

大慈岩村

一

　　浙西大慈岩，七百年前，临安莫子渊云游至此，削发为僧，在村后山巅凿石成佛，号曰"大慈"，大慈岩村因此而得名。村东，有国家级风景名胜区——大慈岩悬空寺。

　　悬空寺景区山高水长，或水流蜿蜒曲折，或飞流直下成瀑。半山中，涧流畔，建有梦樵亭一座。相传，古时有一孝子贫穷如洗，梦见一砍柴老翁对他说："这里有金银财宝，开箱锁匙在你家壁上。"孝子醒来，甚感恍惚，于是将此事告知其母。其母听罢，从墙上取下开山锄一把，语重心长地对儿子道："老人是要你勤劳锄地耕种以求致富。"孝子听了母亲教导，日复一日，挖山不止。功夫不负苦心人，果然挖出元宝无数。善良的母亲将元宝分成三份，一份用以修桥铺路，一份送与孤寡老人，另一份留给儿子婆媳妇。后人为感恩母子善举，便将这座亭子命名为"梦樵亭"。

大慈岩清音阁

　　大慈岩岩体是地质构造运动形成的断崖峭壁，经亿万年风化剥蚀，岩石凹凸如蜂窝洞穴。慈岩主峰在光照作用下，形成的光影效果形似一尊佛。金秋披洒，"佛"披袈裟，原来"佛"是一座山，山是一座"佛"。置身慈岩山巅，大有凌风驾世之感，荣辱得失皆忘。若有秋雨飘来，雾霭茫茫，远山隐去，清音阁、摘星楼、慈岩悬廊若隐若现；若有清风掠过，白云飞翔，群山缥缈，影影绰绰，眼前便是仙山琼阁。

大慈岩山巅主体建筑为地藏王大殿，供地藏王菩萨。大殿以洞为宇，依崖而筑，犹若遵从上苍旨意，一半镶嵌在绝壁里，一半跳出山崖外。凭栏而立，足下悬崖恐欲崩；极目骋怀，半山秋色入眼来。飞云亭悬挂壁崖，如凡夫断了欲念遁入空门。寿昌人、明代进士、四川华阳知县毛凤彩有诗云：

拟向慈峰绝顶登，羊肠曲绕磴千层。

大都云月常为窟，惟有猿猱惯得升。

细湿衣衫岚酿雨，长遮天日树垂藤。

试从山半回头看，足底悬崖恐欲崩。

相传，守护大慈岩这方宝地的土地神自叹日夜翻山头、攀峭壁，千辛万苦，依然治理不好此地，于是禀报玉皇大帝，希望能派来一位通天圣者造福于民。玉帝思忖，唯观世音与地藏王能领受。说罢，两位菩萨同时表示愿意去往大慈岩。"你俩同往，谁先及足，由缘而定。"玉帝话音未落，观世音拔地腾云，地藏王潜身遁土向着大慈岩方向极速而去。观世音菩萨端坐宝莲，驾驭仙风，片刻便至大慈岩山顶，正欲按下云头，忽见脚下村坊美不胜收，便向下多看了两眼。正在此间，地藏王轰然而出，一跃落定。大慈大悲观世音见此，自叹不如，号一声"阿弥陀佛！"便拂袖而去回了普陀山。

大慈岩始建于元大德年间，历史遗物方鼎香炉、石雕对狮、香亭、太平缸犹在。二十世纪六十年代，殿宇萧条，六百多年铜钟被推下山去，自是洪钟开裂，撞之声音沙哑。

大慈岩绝顶，有四人环抱粗古银杏参天覆地。据载，此树系元代僧人所植。七百年古银杏，春夏绿色如黛，秋天浑身是金。秋风起，黄叶飘零，落在地上，便满地是"金"。山巅有一汪碧水，名玉华湖，犹如天上掉下的明镜。这个好听的名字源自湖畔有座玉华山。

二

悬空寺景区下的大慈岩村，群山环抱，自然水系贯穿村中，有山之幽，又显水之秀，天工造物，人杰地灵。

大慈岩村《方氏宗谱》载："元若公，居兰溪菰塘，宋徽宗政和五年登进士第，初授福宁府推官，转升刑科给事中，仕至右都御史。"方元若生有三子，名庭言、庭实和

方氏宗祠

方氏民居

庭宝。

　　方庭实（生卒年不详），字国信，号柳亭。南宋绍兴二年（1132）进士，授监察御史。他反对秦桧议和误国，得罪权贵，后归故里，建爱日楼于进士第右侧。某日，与友人同登大慈岩悬空寺览胜，感此处风光诱人，于是生了"逝后葬于斯"之念。方庭实逝后，家人遵其遗愿，葬于大慈岩山下大坞村。

方元若第八世孙方安邦（生卒年不详），字守愚，号友山。南宋宝祐三年（1255）登进士第，拜校正，景定三年（1262）任潮州知州。逝后亦葬于大慈岩大坞村。

方氏后裔敬仰先祖功德，族人商议，遣菰塘方元若第十世孙（名光泽，号芝山），于景炎二年（1277）迁居大慈岩大坞村守祖坟，是为大坞方氏始祖。

三

大坞自然村于2016年列入第四批中国传统村落名录，现今有7000多平方米的古建筑，如方氏宗祠、敦睦堂、敦庆堂、乌龙庙、古驿道、千年古井、青石板桥等，这些文物保存完好。

大慈岩脚自然村坐落在悬空寺景区山脚，该村以叶姓为主姓，至今已繁衍生息十八代，有近550年的历史。清道光年间，居有叶、陈、方三姓近百户三百余人，后遭太平天国运动，村庄大半被毁，陈、方两姓相继绝嗣，只留下叶氏三房四十余口。之后有武义县董氏迁入，至今也有160多年的历史。

金千铁路穿村过

排塘自然村位于大慈岩悬空寺景区以西 1 千米处，330 国道和金（华）千（岛湖）铁路穿村而过。早年村边有座池塘称排塘，是故村以塘而名。因地理环境适宜人居，徽州郑氏最先入住此地，已有五百余年的历史。排塘村在乾隆年间辉煌一时，民国时期相继又有兰溪和缙云徐、刘、李、唐、姚、王姓迁入。新中国成立后，湖塘村胡姓投亲而来，成为最晚迁入的姓氏。

四

大慈岩村历来有晒家谱的习俗。

每年农历六月初六日，村里举行晒家谱活动。这一天，同族家谱的保管人无论远近，都要聚在一起晒家谱，将本年新添人丁、出嫁、已故的人口录入家谱。事毕，同往祠堂，设土鸡、猪肉、豆腐、米饭和酒，燃蜡烛、黄表纸焚香祭拜先祖，然后再往祖坟祭拜，活动方告结束。

舞龙灯，在大慈岩村由来已久。

据族谱记载，村里早在清乾隆年间，就有每年正月十五举行迎清洁灯的活动，以感恩祖德，祈求风调雨顺、幸福美满。村民方有高从小天资聪颖，擅长扎龙灯，他是大慈岩村扎龙灯手艺的传承人，名传方圆数十里。

在很长一段时间里，由于多种原因，舞龙灯活动销声匿迹。近些年来，人们物质生活充裕了，对文化生活的需要日益增长。方有高自告奋勇地揽下了扎龙灯这个棘手的活儿。扎龙灯须先做龙骨，竹编的龙骨形成了，接着，是为"龙"着皮。龙皮以白绵纸糊在龙骨上，然后绘色以饰，再在"龙"下颌挂上飘逸的龙须，在"龙"体内配以蜡烛台，龙灯方才告成。

（胡建文）

陈店村

古韵满陈店

　　陈店村，位于建德市大慈岩镇西南，距镇政府驻地 5.4 千米。东至里叶村，南和西南与衢州龙游县横山镇志棠村、金华兰溪市诸葛镇周村村毗邻，西至狮山村，北至双泉村。村委会驻陈店自然村，辖陈店、叶墩、窑口、梅塘坞、陈岭脚 5 个自然村。全村 506 户、1570 人。村域面积 3.85 平方千米，其中耕地面积 101.73 公顷、山林面积 196 公顷。主要出产稻谷、莲子等。陈店村是浙江省首批省级传统村落、浙江省卫生村。

陈店村

　　　　　　　　　　　　　　　　一

　　陈店村背靠狮山，正对大北山。村子临长溪，水流自北向南又过村西，后又折而向东，绕过村南而去。

　　陈店村自古便是交通要道，当时建德、兰溪、龙游等地的商贾熙来攘往，尤以"牛市"著名。临近春耕，陈店牛市"哞哞"声不绝，交易红火。

约在元朝年间，陈店还只是有着童姓、桂姓零星几户农居的小村子。彼时，有一小货郎名陈道，金华汤溪人氏。陈道久慕陈店商贸繁荣，便担着担子来到此地做买卖。他见陈店村后丘陵缓缓，村前高山如屏，小溪水蜿蜒，人们熙来攘往，认为这个地方聚财旺运又挡灾避煞，宜居宜商，很快租了一间商铺，生意果然大好，没几年，陈道就在当地购房置田。

陈氏老宅

陈姓人口增长很快，没过几代，陈姓便覆盖了整个村坊，"陈店村"村名由此而得。

陈店村的历史，自陈道来此定居伊始，距今已有七百多年的历史。由于村前的小溪发源于村西北的天池山，距源头近，沿途植被又稀疏，雨水一多，溪水就猛涨；连着几个太阳日，溪水又很快干涸。明万历年间，村庄重新规划了村子的基础建设，村人集思广益，在村前挖了一口巨大的池塘，又用沟渠连接小溪，人工调控"放水"和"蓄水"，从而有效地缓解了旱涝的问题。

池塘为椭圆形，呈东西向，卧于陈店村前。有意思的是，陈店人习惯叫它"村前湖"。问湖那得清如许，为有源头活水来。放水后的村前湖水，水道四通八达于村坊田畈，可以灌缨洗衣，可以灌溉消防。令人遗憾的是，"文化大革命"期间，绕村小溪改道，泠泠于离村较远的大北山下。自此，村前湖与小溪脱离，湖水成了一沟死水。

陈店的交通便捷。昔日，为方便往来商旅，村人自建街，把横贯村东西的路面全铺上赭红色石板；又担来鹅卵石，慢慢地，铺就通往里叶和龙游志棠的路。

二

陈店村古韵满村，其中保存尚好的四座祠堂建筑，都是清代大户人家所建。

沿着村委会左侧道路前行，有一座白墙黑瓦的江南建筑，即为花厅。它的正门门槛为石砌，祠内的天井采光足，满目亮堂。现如今，花厅已成为村里再生资源回收点的展厅。

保存最好的是陈氏家族的雍睦堂。家门雍睦，孝友为风，"雍睦"为团结、和谐之意，是对家族子孙的殷殷期盼，是祖训。建于明万历年间的陈氏祠堂，毁于清咸丰年间。之后，陈氏族人聚力在原址上予以重建。新中国成立后，宗祠改为陈店小学，二十世纪八十年代被拆后兴建了一座大会堂。存留的陈氏雍睦堂位于村中心，为清中期建筑。门前石鼓（门当）对峙。堂内设戏台，戏台边上有厢房，便于演出者或装扮，或更换行头。戏台下方，正对大门的天井面积六七平方米，站在天井前，抬头便见金色横匾，匾上大书"雍睦堂"三字，匾下端的左右侧，有小型天井各一。左侧靠着墙壁，建有木扶梯，直通二楼。

上祠堂

雍睦堂历经风雨，颓败后经良工两次大修，重现了旧时的雍容古朴。恢宏的格局，精美的瓦当，粗大有力的梁柱，雕刻细致的撑拱，无不显示着主人当年的实力。梁柱上的飞禽走兽、人物花草雕刻艺术，无不栩栩如生。

第三处古建筑名"上祠堂"，现在已成了陈店村老年协会的会址。白墙黑瓦封山顶，石坎木柱雕梁依然。据说这祠堂的原主为大户之家，然家门不幸，出了个败家子，不但把家里的钱财败光了，还把家里的祖屋，包括这祠堂也卖了。新中国成立之初，这座祠堂归属集体所有。

第四处古建筑名"敦伦堂"，位于叶墩村自然村的村口，祠堂前有一方池塘，池塘边以石栏围之。祠堂乃砖木结构，匾书"敦伦堂"三字悬挂在门楣之上，祠堂石板铺地，布局俨然。除正对大门的天井，左右各一的天井也极有特色，是约一米乘以一米五大小的小天井，站在小天井边，举头，一方小小的天空在你的眼中演绎着风云变幻，岁月悠长。

陈店祠堂除了用以家族祭祀、操办红白喜事之外，也是先人们教育、议事和社交的场所，体现了古村的儒家理论。

陈店村还有一个颇具代表的古建筑，那便是古式骑楼。它横跨在陈店的主街上，木门紧挨着木门，仿佛无声地告诉人们，这里曾是陈店村最繁华的地方。据说，这里曾汇集了肉店、茶馆店、杂货店、客栈等诸多店铺。

陈店村的《陈氏宗谱》，自明中期始修，民国年间断修。修族谱已然成了陈氏族人的念想。如此，陈店村陈氏开始将重修族谱之事提上议程。

三

陈店村至今仍有祈雨的习俗。现存的两座古寺庙，都与祈雨有关。

一座是村东头经重修的"禹皇寺"，端方堂皇，寺内主供大禹，所以称之为庙可能更为妥帖。村民相信大禹会庇佑陈店风调雨顺、五谷丰登、消灾免难、和睦安康。村内的陈姓小娃，凡是长到了一、三、五、七周岁，都会由家长带着去大禹庙向大禹叩头祈福；而到了旱天，村人就会在大禹庙祈求天降甘霖。

祈雨仪式隆重而肃穆：由村中长者精选壮实成年男丁若干，而后，男丁们会抬着一张木椅，木椅上放置一桶，徒步数十里外，前往石屏乡灵栖古洞求雨。灵栖洞是积蓄山川之灵气、沟谷之清泉的喀斯特地貌洞穴。男丁们从洞内取水一桶，用红布包住桶口，重又置在椅上，在鼓瑟声中，抬回并安置在禹皇庙前早已搭好的台子上，然后全村人轮

禹皇寺

流虔诚地礼拜，直至某日天降大雨。据老人讲，抬返期间，椅和桶是不能着地的，这样才灵验。

另一座便是村口的平水庙。这也是为保佑村人的年丰物阜而建的。

四

村口的平水庙前有三棵挨挤着的古樟树，是当年修建平水庙时所植。陈店人把这三棵繁盛似华盖的樟树叫作"连娘三连樟"，也有人把它们比作《三国演义》中的刘备、关羽、张飞。

风雨七百年，古樟高茂，略尽冬春。樟树的传奇有二。

村中老人说，1942年日军进犯陈店村，忽然看到村头矗立的大樟树，队伍立即掉头撤退，其中缘由无人知晓，陈店村得以保全。

二十世纪中叶的某日，有一商人从兰溪徒步出发，途经陈店村时，天已黑，瞅见村口枝叶浓密的樟树，心想："就在树下生火过一夜吧。"火光很亮很暖，疲惫的商人微

七百年古樟树

笑着入梦了，梦中，樟树浴火而摇曳，商人是被阵阵救火的惊呼声闹醒的。商人所燃起的火堆点着了靠得最近的一棵樟树，古樟主干的中心被烧空，成了没有树心的空壳大树。好在有村民经过，见状奋力呼号救火，也得全另两棵未受波及，侥幸得存。而今，那棵被烧空的古樟依然昂扬吐绿，和它的两同伴挺立在村东头，俨然成为陈店村的村标。

（方丰珍）

西华村

西华忆老街

　　西华村，位于建德市寿昌镇北，距镇政府驻地8.7千米。东至童家村，南连周村村与航头镇罗源村，西与航头镇石屏村接壤，北和绿荷塘村毗邻。村委会驻西华自然村，辖西华、横路口、大林源、赛源、上叶、蟹形、项墩头、后墩坪平8个自然村。全村715户、2135人。村域面积7.94平方千米，其中耕地面积90.66公顷、山林面积530.86公顷。主要出产稻谷、茶叶等。

西华村

　　西华村交通便利，是原童家乡政治、经济、文化中心，自古以来是寿昌县十二都的商贸集散地。

　　西华村最令人难以忘怀的是历史悠久的老街笔峰路。笔峰路由东向西，全长不足300

米，最窄处 2.5 米，路面用石块铺就，它建于二十世纪三十年代初。新中国成立之前，笔峰路住有蒋家、周家、王家等几个大家族。其中最有名的是程登清和程振谱的程广泰杂货店，以及翁氏药王店、林家缝衣坊等。

西华老街

遵母嘱，程振谱沿江寻父

清同治十年（1871），家住安徽绩溪的程振谱奉母之命，独自一人徒步沿新安江而下，来到严州府一带寻找外出经商十多年的父亲程登清。在严州府，从西门找到东门，又从南门找到严东关码头，一无所获。一天，一位徽州同乡向他提供了一个重要信息：有人在寿昌县城里见到过他要找的人。程振谱听到这个消息后很兴奋，便约了几个徽州同乡结伴来到寿昌县城沿街寻找。程登清在程振谱年幼时就离家了，程振谱对父亲模样的记忆很模糊，所以寻父的难度很大。

设在寿昌的徽州同乡会有规定，凡是徽州老乡可以在会馆免费吃住两天。两天很快过去了，身上的盘缠所剩无几。于是，程振谱便打算一面干活挣钱，一面继续寻父。

一天傍晚，城西的汪老板带着一个衣冠不整的中年人来到程振谱的面前，对他说："小伙子，这是你要找的程登清。"话音刚落，久别的父子抱头痛哭。原来父亲当年告别娇妻幼子来到严州府为徽商做伙计，省吃俭用积攒了几个钱，来到寿昌准备开店做生意，却遭遇太平天国运动，所有积蓄被抢劫一空。后来程登清在乡下帮人打零工，置了一副货郎担，靠在汪老板处赊些小商品，挑到寿昌北乡十二都等地叫卖，卖完货物后，又从十二都挑一担货物到寿昌城，以此赚几个脚钱以勉强度日子。

讲诚信，树"程广泰"品牌

程登清见到长大成人的儿子很开心，于是也为儿子置办了一副货郎担，父子俩风里来雨里去，做起了货郎担小生意。渐渐地，程振谱也学会了一些做生意的门道。有一天他和父亲说："我们每天只挣几个脚钱太辛苦，我想去寿昌城里当学徒，你从十二都回程带一些桐油、青油卖，这样可以多赚钱。"果不其然，几年后父子俩有了一定的积蓄。清光绪二年（1876），他们在寿昌城中街（现中山路85号）租了一间店面，创办了程广泰杂货店。

西华街老信用社

程广泰杂货店想顾客所想，急顾客所急，服务很周到。他杂货店不经营猪肉生意，一天，有一位顾客来到他们店里要买猪肉，程老板一口应承，问他："你需要什么样的猪肉？要多少？明天早上你尽管来取就是。"第二天一大早，程老板去了寿昌城的大肉摊，按顾客要求买回了五斤猪肉。那如愿以偿的顾客对此赞不绝口，程广泰杂货店诚信的名声口口相传，生意越来越好，业务也越做越大。

光绪二十年（1894），程振谱在十二都买下几十亩良田，并在西华街（现笔峰路50号）建起了徽派三进堂的大宅院，徽州同乡会赠"显星居"匾额以示祝贺。

同年，父子俩又盘下寿昌城中街两大间店面和店后五间老房子，干起了前店后坊，经营糕点生意。

周溪

广经营，招徕八方商号

程振谱的商场如日中天，很是红火，但他从不会看不起穷苦人。十二都有很多人靠卖柴度日，有时候一担柴禾搁在西湖桥上，半天都无人问津。程老板见此，都会热情地招呼他们到家里喝水、吃饭，有时还会买下他们的柴禾。

光绪二十五年（1899），已有五个儿子的程振谱，将他们分成了四个房头。长子程日旭、三子程日新留在寿昌经营大店，次子程日升因未婚随着父亲做帮手，四子程日高、五子程日华常住西华大宅院。程日高在西华街西端（现笔峰路 37 号）盖了三间店面房，也经营杂货店，日华则经营土特产。

程日高在西华街办起杂货店后，翁炳增也在这条街上撑起了翁氏药王店，吴增荣的小五金铺子也开张了，江西来的林久长也置起了一家制衣作坊，程日华豆腐坊、李氏馒头店相继开张，徐元初家具作坊也办得有声有色。由于程氏兄弟在西华街的经营，推动了十二都里洪坑土纸、黄裱纸的产量，下昶、方桥头、胡村、上仓的油坊陆续兴起。尽管十二都当时人口不足一万，但人来人往，商贸活动非常活跃。程家出资在程氏大宅院门口造了一座凉亭，方便来往客人歇脚。

程日高在西华街迎娶项墩头李茂进的女儿为妻，程日华也娶了当地姑娘为妻子。更加扩大了巩固西华这片乡村基础。

华龙路

经磨难，西华商业兴盛

民国三十八年（1949）五月，西华乡人民政府成立，十二都改为童家乡。新中国成立初期，程日华的商店被收为国有，后划归西华供销社所用。西华东段办起了豆腐坊、饮食店。街西洪水德家成了童家信用社，中段翁炳增的药王店并入童家卫生所，林久长的制衣坊比之前扩大了一倍。1958 年，具有三百年历史的周家大祠堂被拆除，在原址办起了西华粮站，结束了童家乡农民往寿昌送公粮的历史。

随着社会生产力不断发展，二十世纪六十年代，农业生产普遍使用化肥农药，原来的供销社营业场所已无法适应新时代农业发展的需求。1966年后，西华街上的供销社生产资料门市部、收购站、童家卫生所等相继搬出。

西华街

二十世纪八十年代初，西华先后办起十几家社办企业，物资交流更加丰富多彩，周溪上造起了八米宽的大石拱桥，华龙路、西华路的商业氛围逐渐形成。

1984年，百货商店基本集中到了西华路与华龙路。营业场地骤然增加了25倍，年营业额翻了数十倍。

近几年来，西华有商业经营户近百家，业务涵盖了建材和生活各个方面。

西华街从二十世纪三十年代开始发展形成的红红火火商业街，将永远铭记在十二都老一辈人的心中……

（潘金水）

大塘边忆古

　　大塘边村，位于建德市寿昌镇西南，距镇政府驻地2千米。东临金桥村，南至330国道，西连城中村，北与山峰村接壤。村委会驻大塘边自然村，辖大塘边、牛角塘、黄家、新泥堆、下徐、山门岭、江山、高台、东山脚、河村10个自然村。全村596户、1880人。村域面积3.99平方千米，其中耕地面积80.07公顷、山林面积198.66公顷。主要出产蔬菜、瓜果。大塘边村是浙江省健康村、浙江省善治示范村。

大塘边村

　　寿昌江曾多次改道，在此地形成冲积洲，并在洲中心形成一处水塘，面积三亩有余。垦田耕种的农民沿水塘建屋而居，渐成村落，大塘边村名由此而来。

　　大塘边的历史，离不开本地人引以为傲的"匹布夫人"故事。然匹布夫人姓甚名谁，无人知晓。只知她出身于安徽绩溪书香门第，自幼跟随父亲念书、习医，识得不少中草药。因貌美而屡遭当地恶棍纠缠，十七八岁时随父母弃家避祸，乘小舟下行来到浙江。途经淳安时遇大风，不幸落水，父母双双罹难，姑娘幸被人救起。在好心人家养好伤后，翻山越岭来到寿昌，为掩饰美貌，刻意扮老，自称"徽州婆"，隐居在螺蛳山上，靠为人施药治病谋生。

相传，唐末黄巢起义失败南撤，官兵追击黄巢溃军至寿昌，因寿昌江流水湍急，原有木桥被拆除而无法过江。徽州婆以白色绑脚布系上石头，投向江中，只听"轰隆"一声，江面上顿时出现一座桥梁，官兵得以过江，顺利剿灭黄巢溃兵。徽州婆却因此不幸被黄巢残兵所杀。唐军统领因不知徽州婆真实名字，只好以"匹布夫人"的名义将其事迹上报京城。皇帝命寿昌县令为匹布夫人建祠祭祀，地址在寿昌茅草坞（现寿昌火车站售票处旧址），称匹布夫人祠。祠堂落成后，每年寿昌近郊百姓前来祭祀，经年不辍。

清康熙年间夫人庙供台石雕

清代老井

明朝末年旱灾严重，粮食歉收，当地百姓拿不出猪头祭祀匹布夫人，一石匠就找了一块上好的石头，凿出石猪头以祭祀。崇祯十三年（1640），寿昌境内遭遇大水，寿昌江又一次改道，将匹布夫人祠连同石猪头冲得荡然无存。

时隔三十年，大塘边村民在金姑峰脚三里亭外找到了石猪头，惊奇之余，就在石猪头现身之处重建匹布夫人庙，石猪头仍然供奉在庙中。根据庙里夫人神像前石香案桌上刻有"康熙甲辰"字样，可知有三百多年的历史。

大塘边顺着金姑山方向的山里，有小村落名"河村"。村子不大，历史上有傅菘之和傅明龙父子先后荣登皇榜，取得功名，一时传为佳话。

夫人庙

　　大塘边村有一处在各地少见的双姓祠堂——"傅叶祠"，即与傅菘之有关。

　　傅菘之出生于南宋宝庆年间，寿昌二都河村人，家有几亩薄田，以务农为生。他天资聪颖，5岁时就会教村里牧童背唐诗，6岁时父亲把他送到私塾就读。10岁那年，私塾先生劝其父说："令郎天资很高，读书过目不忘。还是送到书院去读吧，在我这里，恐怕要误了他的前程。你儿子不是一般人，他才气已经展露出来，只有大的书院才会有出人头地的日子。"

　　傅菘之的父亲因为农田灌溉用水，与某大户结下怨仇被人加害，对方还扬言要斩草除根。此时兵荒马乱，土豪逞强，官衙徒设，有理无处说。傅菘之只能躲进本村的叶姓姐夫家里。幸运的是，傅菘之姐夫非常良善，为避仇家追杀，又把他送到航头青山书院就读。

　　傅菘之经历家庭变故，发愤图强，潜心苦读。二十多岁就考取举人，受到家乡百姓的尊敬，尊称其为"平斋先生"。姐夫还帮他成家。做了父亲以后，他仍然刻苦读书，但多次进京赴考，都落第而归。他一心想着去国子监继续就读，只因缺少费用而未能成行。但每次落榜归来，姐夫都笑脸相迎，设宴为他接风洗尘，鼓励他。

傅菘之为其作有《咏金姑峰》诗一首，以此鼓励自己考取功名的决心：

金姑山上野花红，往进城东第一峰。

溪药香时收艾草，山车行处驾青龙。

大塘边之大塘

天道酬勤，南宋咸淳三年（1267），傅菘之儿子傅明龙赴临安（今杭州）乡试中举。咸淳四年（1268），父子俩同时参加会试。功夫不负有心人，父子双双脱颖而出，进士及第，以优异成绩以"榜眼"作"探花"。"傅明龙，监察御史。"父子俩同登进士，轰动了建德府城，在家乡寿昌更是传为美谈。

之后，傅菘之被授观察推官，因母亲过世，丁忧在家三年。期满，赴任平江府（今苏州）推官。到任后以推官兼观察使负责处理三司事务。平江属于江南水乡富庶之地，物产丰富。他忠慎勤勉，公务繁忙，办事认真，但官也做得非常累。此时南宋皇朝已是名存实亡，他奋斗几十年，政治抱负未能实现，一直悲愤与抑郁。在傅菘之应邀为寿昌济阳胡氏创作《双松楼记》时，借称颂主人家杜鹃峰挺拔的双松，抒发其对栋梁之材的渴求与向往。

傅淞之出仕时年龄偏大，做事认真，勤政为民，终于积劳成疾，病逝在平江任上。

当地的百姓官民无不为之惋惜。

到了明朝末年，大塘边傅、叶两姓已成大家族。傅氏后代准备建祠祭祀先祖，因傅、叶两家为亲戚，在建祠堂之前征求叶氏族长意见，叶氏提出合建祠堂，这一提议正合了傅氏心意。祠堂建成后，傅氏提出叶氏先祖牌位摆放中间，傅氏放两侧，称"叶氏娘舅，傅氏外甥"，以此表示不忘本。这座傅叶合祠，直至1966年被拆除。

大塘边东面金姑山上，原有一座宝塔，名叫金姑塔。此塔是明万历四十一年（1613）寿昌县令张爵应倡建。金姑塔建好后，如一支巨大的毛笔，高高地耸立在寿昌的东门外，每天迎来日出，送走晚霞。清光绪二十七年（1901）夏，金姑塔被雷击中倒塌，至今仅存旧址。

（潘金水）

桂花村旧事

　　桂花村，位于建德市寿昌镇北，距镇政府驻地 2 千米。东至山峰村，南至昌鑫钢铁厂，西、北至三岩村。村委会驻下桂自然村，辖下桂、上桂、瓦岗山、樟山上 4 个自然村。全村 367 户、1179 人。村域面积 1.85 平方千米，其中耕地面积 62.53 公顷、山林面积 43.67 公顷。主要出产稻谷、苗木、水果、板栗等，兼营服务业。桂花村是全国妇联基层组织建设示范村、浙江省卫生村、浙江省绿化示范村、浙江省投资环境优胜单位、杭州市文明村、杭州市文化示范村、杭州市清洁乡村先进单位，村党总支是杭州市先进基层党组织。

桂花村

　　桂花村，旧称郭邑里，明万历《严州府志》载："寿昌县城池旧址在郭邑里，即桂村畈也。屡火，徙县东仁丰乡至白艾里。"又载，桂花村"东临小溪，有七里桥、城隍庙、玟日寺及鼓楼，城壕遗址尚在"。

　　桂花村为寿昌县治的时间，大致是唐玄宗开元末年与天宝初年间，距今已有近1300年的历史。历史变迁，沧海桑田，旧志所载的寿昌县衙踪迹已荡然无存，唯绕村而过的山峰溪上，两座古桥尚在。

山峰溪

建于明嘉靖年间的新桥

新桥，为单孔石拱桥，位于桂花村下桂自然村村南，碑载于明嘉靖四十五年（1566）。东西横跨，桥面呈矩形，卵石铺砌，桥沿石板叠压，落坡略呈喇叭状，拱券呈半圆形。若是溪水静淌，桥拱映水成环，与田园人家相映成辉，宛若丹青画卷。新桥由明代寿昌东门施伯温与其子施廷贯所建。桥旁《新桥碑记》载文如下：

"东门施伯温同男廷贯，因见此处无桥梁，如遇洪水泛滥行人往来阻止，发心已舍资倩工凿石建造桥一座，并砌道路一带，便利往来，立碑为记耳。大明嘉靖岁次丙寅孟冬吉日立。"

这座历史悠久的新桥碑，高 1 米，宽 0.4 米，厚 0.1 米。二十世纪六十年代被村民挪作他用，施姓后人发现追回

明嘉靖年间新桥碑记

重新立于桥头。时任村支书邵柏桂上报文物部门。2010 年，市相关部门将其定为"农村历史建筑"，列入重点保护名单。

新桥横跨山峰溪上 450 多年，经风吹雨打依然坚挺。时至二十一世纪初，村南开发建设航空小镇，新桥停用。施家后人将碑记移至桥北路旁，并建六角石亭新桥亭一座，构架石栏予以保护。石亭柱联"芳草斜阳外；落花流水间"，分列左右。

有"新桥"，必有"老桥"。老桥详情已是失考，"建于宋代"只是民间传说而已，但有桥名"芙蓉"传了下来。

传说当年仙人托梦村里一老妪，说她来生投胎会是一条无尾之牛，若不想如此，就得铺路造桥行善事。老妪梦醒，顿然大悟，思忖岩山脚下自余洪村而下至上桂、下桂村的山峰溪上，竟然没有一座桥梁。下桂原有的芙蓉桥已被洪水冲毁，村人往返于寿昌城里须绕道而行，村民生产生活极为不便。老妪决意捐资在山峰溪原芙蓉桥上游不远处的上桂村，建造一座单孔石拱桥。拱桥建成，因桥面形如乌龟，或是寓意长寿，故唤作乌龟桥。乌龟桥为村民交通往来提供便利，老妪又在距桥百步的路旁建了一座凉亭，供往

来行人避荫歇息。

如今，乌龟桥也因航空小镇的开发建设失去了交通意义。走近这座数百年的老桥，桥身已被绿色的藤蔓所覆盖。"不识'乌龟'真面目，只缘藤蔓缠绕身"。它和新桥一样，静卧一处，留给游人览胜，留给后人凭吊怀古。

桂花村口

上桂村蒋家祠堂的规模很大，共有两人合抱粗大柱子 38 根，柱础体大沉重需数个年轻人才能抬起。前厅地面用青石板铺成。大梁镂空人物和花卉雕刻，栩栩如生。前厅建有小木楼，被隔成两个小房间供族长休息和打理事务。戏台设在前厅，每年正月会请戏班子日夜上演大戏三四天。如遇有钱人家办喜事，也会请来戏班子，热热闹闹演大戏。

祠堂前后共有两个大天井，里进祠堂地面青石板铺就，并设有草垫子供族人跪拜。堂上供有历代先人灵牌。新中国成立前，每逢冬至日，祠堂大门洞开，全族老少依次入内跪拜行礼。男丁每人可以领取大馒头 8 只。这一天，族人相遇不可以直呼名字而只能按辈分称呼，因此就有白胡子老爷爷称抱在怀中的小孩子为"爷爷"之趣事。

抗日战争时期，国民革命军第八十六军某部机关驻蒋家祠堂，因用火不慎，前厅戏台和小木楼部分被焚，幸得驻军扑救及时并予以修复，祠堂得以幸存。

八十六军属部的营房驻扎在距蒋家祠堂不远的小山坡上，山坡上挖有五六里长的战壕，并设有瞭望台和炮台，最高点的炮台遗址今尚存。据说村东北的坟叶堆是八十六军属部的打靶场，二十世纪七十年代，村民挖山造地和挖基造房子，曾掘出弹壳数百斤。

新中国成立后，蒋家祠堂被改成了山峰乡中心小学。二十世纪七十年代初，蒋家祠堂作为上桂村第一生产队和第三生产队的粮食仓库。八十年代初，蒋家祠堂闲置，遭受风雨侵蚀，之后年久失修，于九十年代初被拆除。

在上桂和下桂自然村两村相连的田畈中，曾建有一座坐北朝南的关王庙，庙内供关公老爷像。

旧时，上桂自然村有一习俗，每年正月初一天刚蒙蒙亮时，家长们都会带着小男孩进关王庙焚香拜关公。在返程途中，无论如何都不可以开口说话。村民认为，拜过关老爷后须保持缄默，才是专心，才能保佑家人平安。

关王庙曾为临时学校，又曾作为外来户临时居住点。1954 年，因年久失修而坍塌，现仅存遗址。

（胡建文）

山峰村

寻找青龙塔

山峰村，位于建德市寿昌镇北，距镇政府驻地2.5千米。东至大塘边村，南至东门村，西至桂花村，北至更楼街道于合村。村委会驻后湖自然村，辖后湖、西山上、刘家、莲塘、七里岗、北方源、新屋底、高田畈、山垄底、礼堂边、山峰11个自然村。全村690户、2056人。村域面积4.73平方千米，其中耕地面积88.2公顷、山林面积205.73公顷。主要出产稻谷、茶叶、板栗等。山峰村是全国综合减灾示范村、浙江省卫生村、浙江省健康村、浙江省美丽乡村特色精品村、浙江省AAA级景区村、浙江农村引领型社区、杭州市新农村建设科技示范村、杭州市田园示范社区、杭州市一事一议财政奖补项目建设成效显著村。

山峰村

在寿昌，有很多人知道金姑山与金姑塔。金姑塔，位于山峰村对面的金姑山上。关于"金姑"的传说，在寿昌流传甚广。金姑山下，有一座供奉匹布夫人的寺庙，匹布夫人就是金姑，因此人们又称匹布夫人庙为金姑庙。这座山，这座塔，这座庙，皆用"金姑"名。

据古书记载，寿昌古县，也有南北两座塔，镇守着寿昌江两岸。一座就是山峰村东南面的金姑塔，而另一座，是青龙塔。两塔之间的寿昌江，北上流向七里岗。江水绕着金姑山，绕过高田畈，去与金姑山东面的翠溪汇入淤堨溪，向新安江而去。

山峰村，因南宋咸淳四年（1268）榜眼、寿昌人傅崧之的"住近城东第一峰"句得其名"山峰"，其所称"城东第一峰"就是山峰村隔寿昌江而望的金姑山。

山峰自然村，它的村域面积很小。按《建德市地名志》记载，仅有 49 户、187 人。但说它是古寿昌县的天然博物馆，并不为过。

1979 年，村民在山峰自然村后湖平整屋基时，挖掘出三座古墓，出土了带花纹的青砖三千多块，大小陶罐十余件，青铜鼎一只，青铜剑一把。

1982 年，建德市寿昌镇文化馆工作人员刘大中经实地调查，发现大青砖的侧面皆有"永元十七年三月"字样，字体为小篆，反印阳文。此类有明确纪年的墓砖，在浙江比较少见，"永元"为东汉和帝刘肇年号，永元十七年即公元 105 年。据此，墓葬为东汉墓葬。

汉砖

1987年，建德县文化局报省市文物主管部门批准后，对此汉代墓葬进行抢救性发掘。虽然已有盗掘，但仍出土了一批较为珍贵的随葬品，有土陶器、葱头壶、双耳罐、印纹陶罐、红陶罐、釉陶虎子、铁剑等。其中釉陶虎子，地下藏置一千八百余年，仍然色泽鲜艳，经鉴定为国家一级文物，现收藏于建德市博物馆。

遗憾的是，考古发掘中，未发现有关墓主人的资料和线索，故汉墓主人至今不明。

1972年"8·3"洪水之后，一批农户后靠搬至寿昌江边的小山坡上建房居住。330国道和320国道在这里交叉，交通便利。二十世纪初，这里成为寿昌经济开发区，家纺、金属制品、塑胶业、生物、汽车运输、医药卫生、食品加工企业，都落户在这片区域。正因为这里有很多的文物古迹，不管是建厂、筑路，都须经过文物保护部门划定区域。特别是汉代墓葬群遗址保护区，就在距330国道数十米处。那里出土的汉砖和其他精致的随葬品，呈现了寿昌县古老的文化印记。

站在青龙头的山顶，山峰自然村、山垄底尽收眼底。一条小小的协余溪缓缓地绕着村东，像是村里天然形成的水利工程，滋养着这片农田小园，她和寿昌江一起呵护着山峰村。

高田畈民舍

在山峰村西北方有一口池塘，塘深水清，塘名"后湖"，也用作村名。漂亮的民宅倒映在塘中，夕阳西下时，湖光山色和村庄交相辉映。后湖是建德市大部分文物出土之处。

320 国道改道之前，礼堂边、新屋底、七里岗、刘家的民宅一般坐北朝南，后靠岩山脚下的狮子头山，面向寿昌江。礼堂边，是近代建的大礼堂，人们习惯将此处称作礼堂边。新屋底的地名始于民国末期，汪氏后人在这里建起新屋，就有了这个地名。七里岗是指这里距离寿昌县有七里远故而得名。刘家，是因刘姓后人最早在这里定居而得名。刘家后山的七里岗，现在不再是个山岗，而是一个通途：从 1973 年到 1982 年，建德县政府安排人力、物力、资金，持续 9 年，让寿昌江直通下游淤堨溪；1996 年，实施 320 国道改道工程，1998 年建成通车，七里岗就变成了通途。

因为以上两项工程，寿昌江环绕而过，高田畈自然村形成了一个 U 字形的孤岛。320 国道一侧建起了两座石拱桥，分别连接着 U 字的两边。上游的桥叫刘家桥，从刘家这边连接高田畈，现已改拆旧石拱桥为钢筋混凝土桥，并连接了整个山峰村的绿道；下游的桥称为高田畈村桥，通往村中心。刘家桥头有座七里庙，因为 320 国道改道，现已渐废。

白艾里

山峰村还有一座关皇殿，始建于明崇祯十四年（1641）。协余溪从庙边静静流过。

溪流之上的比干桥，也称至仁桥，桥边有一凉亭名"至仁亭"为证。它是一座古石拱桥，建造年代可能早于关皇殿。

每日晨光从金姑山顶直射下来，透过两棵千年古樟，映照着关皇殿，也映照着比干桥。关于比干桥，还有一首《比干春水》古诗流传：

数园在柏欲凌霄，流水溅比伴寂客。

最好流光是三月，一涝春水涨平桥。

在汉墓群的东面，金姑塔方向，是寿昌人印记中的青龙头。这里正是山峰村与东门村的接壤处。据传，古时这里有一座牌坊立于山峰村口，还有一青龙塘、一古凉亭，一同辉映在寿昌江畔。因青龙头小型电站建设，330国道和320国道改建，这些景观渐渐消失。而青龙塔，只是听说，未有人见过。现在，寿昌江南移，青龙头水电站废止，只留下电站小屋。

不过，经有心人实地踏访，在山峰村与东门村的接壤处，找到了青龙塔遗址，看到了零落在林间的塔砖，消失多年的青龙塔总算有了下落。

（仇裕平）

金桥村

金桥觅古迹

金桥村，位于建德市寿昌镇东偏南，距镇政府驻地 2.5 千米。东至石泉村，南至大慈岩镇白山后村，西至大塘边村，北至陈家村。村委会驻翠坑口自然村，辖桥东、桥西、茶山下、里诸、桥头源、桥下、杨村畈、佃坑 8 个自然村。全村 532 户、1685 人。村域面积 15.65 平方千米，其中耕地面积 60.93 公顷、山林面积 1263.33 公顷。主要出产稻谷、原木、茶叶、板栗等。金桥村是浙江省兴林富民示范村、浙江省新时代美丽乡村精品村。

金千铁路穿金桥

—

金桥里诸自然村历史悠久，是诸葛亮后裔瓜瓞连绵、走向兴盛的始发地。

据里诸《南阳诸葛氏家谱》记载，诸葛亮后裔第十三代孙诸葛仲芳因避黄巢兵乱，迁来艾溪畔之翠溪源。诸葛仲芳是诸葛亮后裔南迁的始祖，其时为唐末。仲芳之子诸葛洌任寿昌县令，诸葛洌之子诸葛青，先后娶妻、妾各一房，生有六子，后因避繁缛役赋，其六子逐一分居，散居在寿昌、兰溪、龙游、山阴四县。经过千百年生息繁衍，里诸现有诸葛亮后裔近 500 人。因村落在翠溪里面，住民又以诸葛氏为主，故称为里诸村。

翠坑口（翠溪源自里诸，翠溪口为翠坑口），亦小溪之名，民国《寿昌县志》载："翠溪，在县东五里，发源岩峒山，与佃坑、朱村所塘诸水，合流抵金姑峰下，入河村潭，汇寿昌溪。"

此地处于一大山坑，多有野生靛青原料生长，故名靛坑。明永乐年间，佃姓居此。因方言"靛""佃"音近，"靛"字难写难认，遂写作佃坑。永乐初年，谭明孙入赘佃钟灵家为婿，后代仍姓佃。至清乾隆初年，复改谭姓，故此坑也称谭坑。

杨村畈，地处岩塘山东北麓，原以此处有一片金竹得名金竹园。又因早年有座经堂庙，亦称经堂庙边。

二

传说唐朝末年农民起义领袖黄巢在占领睦州寿昌县城后，亲领将士数人由寿昌前往兰溪方向，径直攀上里诸山顶，观察地形部署战斗。忽有探马来报，山下官兵无数，重重叠叠把这山包围住了。说话间果真听得官军首领高喊："快快上山捉住黄巢！""擒贼擒王！""捉得黄巢，赏钱十万八；斩得黄巢头，加封万户！"闻此，黄巢的随从人员大惊失色，官兵人多势众，自己兵力单薄，且无粮草，加之干旱，这高山顶上连水都找不到一口，如何抵挡？就在这危急时刻，黄巢圆睁怒目，握紧拳头，仰望苍天，对天祈祷道："为有黄巢的天下，有百姓的日子，苍天有眼，助我一力，解将士干渴燃眉之急！"黄巢边说边提脚着力向地下一蹬。只听得"轰"的一声巨响，脚下露出了一个靴形窟窿，足有三尺深，黄巢提起脚来时，那脚印里突然冒出一股泉水，明亮洁净，清澈见底。

起义军队伍高兴得跳了起来，争着去舀那泉水喝。泉水清凉可口，饮了泉水觉得浑身爽快，精神百倍。黄巢立即下令开始突围，他们捧起山上乱石，"轰隆隆"往下滚去，霎时间，犹如晴天霹雳、冰雹聚至，吓得山下官兵晕头转向。没多久，黄巢杀出了一条血路，突出了重围。里诸山上从此便留下一个靴形的井泉，人们把它叫作黄巢井。

白山庙

翠清亭

三

　　白山庙，相传为五代后梁龙德元年（921）建。光绪《严州府志》载："白山庙神即汉司徒吴雄也，宋崇宁二年（1103），敕封灵应王。方腊寇，庙毁，忠训郎胡祖舜重建……

在东南翠溪。"

民国《寿昌县志》载："白山庙，一在县南仁都李村，庙坐玉华山麓，俗呼玉华山为白山，故名，内供汉吴司徒雄神象……"。

白山庙多次被毁重修。二十世纪八十年代初，翠坑口村（今金桥村）村民集资重塑白山大帝神像，不久又被毁。1993年，翠坑口村村民再次筹资重修白山庙，重塑白山大帝及两位夫人塑像。此后，逐年扩建庙宇、殿堂，增加神像。

诸葛宗祠

白山庙每年举行五次拜神祭祀活动，分别在农历二月十五白山大帝诞辰、二月廿九观世音菩萨诞辰、五月初一大娘娘诞辰、五月十三关公诞辰、八月十五二娘娘诞辰进行。其间，前来拜神祭祀者络绎不绝。每逢农历初一、十五两日，邻近村民也会前来祭拜。

树德堂，即佃坑谭氏祠堂，位于金桥村佃坑自然村，坐北朝南，占地面积约200平方米，内堂供奉谭氏祖先牌位。建于民国十九年（1930），历经岁月摧残，面临坍塌。1985年由谭氏家族出资修缮，2013年列为建德市文物保护建筑，文化部门拨款重新修缮。

翠清亭，位于金桥村翠坑口自然村东北，建于光绪壬辰年（1892）冬月，砖木结构，占地面积约40平方米。

千年古道从翠清亭中通过，是更楼、许村、乐村、陈家、四垄口、小刺源、里诸等十几个村的村民去往寿昌县城的必经之路。在没有公路交通的年代，翠清亭为外出办事、经商、求学、走亲访友的人们提供歇力、避暑、避雨的场所。

据村里老人回忆，此亭是光绪年间寿昌县城一位彭姓乡绅之女嫁于翠坑口叶氏家族后，用自己的陪嫁私房钱资助建成。当时村内妇女将自己所做的草鞋，挂于凉亭柱子上供路人换穿。后人为叶门彭氏立碑以彰其善举，可惜此碑在二十世纪六十年代被毁。而翠清亭经历百年风雨，屋顶面临坍陷，2006 年由村民出资修建。

村中翠溪之上有桥称"洋桥"，为公路桥，建于民国二十一年（1932），三墩五孔。桥梁以直径约 60 厘米的美国松木（当地人称为洋木，故名洋桥）铺于桥墩上；在桥梁上又铺上直径约 15 厘米的杉木；最上面的第三层用厚约 10 厘米、宽约 20 厘米、长约 5 米的美国松木为料铺成两条车行道。

1949 年 5 月，国民党军队溃兵在经过翠坑口时，为阻止人民解放军的追击，放火烧毁了洋桥。当地政府为解决车辆过溪问题，重修此桥。随着时代的发展，木桥已不再适应现代交通运输。1965 年，洋桥被拆除，采用石景山优质石材重建。

（童　燕）

陈家村

宜居陈家村

陈家村，位于建德市寿昌镇东北，距镇政府驻地 2.6 千米。东至石泉村，南至金桥村，西至大塘边村，北至山峰村。村委会驻柏树底自然村，辖柏树底、陈家、小刺源、大垅底、海塘源、四垄口、黄源邵家、下朱 8 个自然村。全村 443 户、1632 人。村域面积 4.94 平方千米，其中耕地面积 47 公顷、山林面积 230 公顷。主要出产水稻、杂粮等。陈家村是浙江省善治示范村、浙江省新时代美丽乡村精品村、浙江省健康村。

陈家村

海塘源

海塘源自然村村头有口水塘，塘大水深，人称海塘，村以塘名。塘水甘甜清冽，游鱼可数，被陈姓族人视为生命之水，倍加保护。据《海塘陈氏家谱》载，海塘源景致优美，前人曾以《千山叠翠》《带水澄清》《徙塘渔唱》《翠岭樵歌》四景诗和《东郭春耕》《西岭樵归》《龙门瀑布》《狮山牧笛》《竹楼玩月》《海塘观鱼》《金峰夕照》《翠溪晚渡》八景诗称颂。

居住在这里的陈氏是从明州（今宁波）而来。相传，元至大元年（1308），海塘陈氏始祖陈轩中举，官授寿昌教谕。任期满，见寿昌山川俊美，实为宜居宝地，即围县东一片丘陵，率族定居。因此处地貌酷似陈轩原籍明州原住地海塘，故命名"海塘源"，以训后世子孙不忘祖籍。

陈家村出土的东汉荷花盖陶甑

陈轩和他的族人在海塘定居下来后，第一件事就是修建宗祠。他亲自选地基，用罗盘定朝向，请来工匠开挖墙基。结果一锄挖下去，一股清泉涌了上来。陈轩以为，这是上天恩赐给陈氏的好兆头，就把这股泉水引向村口，并筑一塘蓄之。这样一来，祠堂有了，水塘也有了，海塘村名再也不是空穴来风了。

由于海塘之水是活水，不仅常年清澈，而且不停地外溢，所以在村外的山口形成一帘长年不断的瀑布，后人有诗赞曰：

龙门高耸欲擎天，瀑布争看万丈悬。

白衬云罗林外泻，青分螺影峡中穿。

裁凭谷口风刀快，染倩岩头草色妍。

洵是匡庐真面目，悠然静立小窗前。

这里所说的龙门，是指瀑布两边的山。南山，耸然而起，高插入云，名驮山。北山，山势蜿蜒，圆净而肥健，宛然一只伏狮。两山夹塘，石壁千仞，形成一道石门，故称龙门。旧时，龙门口筑有一竹楼，为往来行人提供遮风避雨之所。清咸丰年间，竹楼被太平军烧毁，仅留遗址。

龙门山外，是旧时东乡人进出寿昌的要道之一。站在龙门前，俯瞰行人渡翠溪、越春畈，肩担负犁，历历在目。仰望西岭，一峰耸峙，是著名的金姑山。

随着陈氏族人的发展，海塘已不能满足其定居的要求。到了明中叶，有一支陈姓族人迁居到金姑山北面山下，建立起新的村落，这个村就叫作陈家。

经过七百多年的发展，陈姓居民的居住地不断扩大，淤堨等地的陈姓也从这里分出。

金姑山

陈家村山水秀丽，境内古迹众多，尤以金姑塔、海塘、白山庙等最负盛名。金姑山位于寿昌镇东，是陈家村百姓的祖山。金姑山顶峰建有金姑塔。明万历四十一年（1613），县令张爵应筹资修建，清光绪二十七年（1901）毁于雷击。

陈家村背依金姑山，翠溪从村前流过，于村西注入寿昌江，是个两面临水、一面靠山的好地方。地理位置相对独立，在农耕社会，这是一个理想的人居之地。

白山庙

无论世事如何变幻无常，陈家人对正义的追求从未停止过，他们把汉司徒吴雄奉为神明。

吴雄是河南人，出身贫寒，后官至司徒，以公正闻名天下。陈家人在村口建有一座庙，里面供奉的就是汉司徒吴雄，名叫白山庙。

白山庙原址在现大慈岩镇李村村，白山是新叶、李村人对玉华山的别称。金桥村翠坑口也有一座白山庙，当属李村白山庙的分庙。2012年，陈家村村民集资在陈家自然村修建的白山庙又是翠坑口白山庙的分庙。一座白山庙分出几个分庙，实为对正义的追求。

五代后梁龙德元年（921），村民为纪念汉司徒吴雄建庙。千余年来，吴雄为民主持公义、为民献身的精神一直激励着后人。白山庙多次被毁，村民多次整修。

陈家白山庙

柏树底

　　柏树底的村口有四棵老粗的大柏树，最粗的一棵，三个成年人手拉手都围不过来。

　　清咸丰年间，太平军打到航头镇，寿昌衙门里那些官吏都逃到乡下去了。朝廷急从杭州、徽州调了官兵，两军交战，太平军败北，只得分成东南西北四个方向往城外突围。其中东向这一班人马往更楼底方向撤退，准备翻过过浴山和淳安的人马会合。前面的太平军飞快地跑，后面官兵拼命地追，官兵追到柏树底时，太平军的队伍却不见了踪影。官兵搜遍整个村坊，却一个太平军的影子都寻不着，只好怏怏而去。

翠溪穿村过

村民们很纳闷，那么些太平军怎么一下子就不见了呢？就在大家感到奇怪的时候，突然从四棵大柏树上"唰啦啦"地降下了一队人马，原是躲在大柏树上的太平军。

原来，太平军退到柏树下时，见后面官兵即刻赶到，再撤退已来不及了，于是就悄悄地爬上树顶，利用柏树繁茂的枝叶隐蔽了起来。官兵根本没想到，这几棵柏树竟然能掩藏这么多人。

后来，百姓们就把这个村叫作柏树顶。再后来，又改称柏树底。不管是"柏树顶"还是"柏树底"，村民都把它们当作神灵来朝拜。每年正月初一，树下香烛插满，香火旺盛。

（童　燕）

周村村

周村访村寨

　　周村村，位于建德市寿昌镇西北，距镇政府驻地 5.1 千米，由原周村、胡村合并而成。东至余洪村，南至余洪村，西至航头镇罗源村，北至童家村。村委会驻盘山脚自然村，辖盘山脚、百人埠、马前山、里塘源、周村、塘塍底、游家、大庙后、天山源、葫芦岭、后畈、揭家、夏家、庙后、胡村溪 15 个自然村。全村 578 户、1966 人。村域面积 10.19 平方千米，其中耕地面积 81.47 公顷、山林面积 852.07 公顷。主要出产稻谷、原木、茶叶等。

周村村/仇裕平 摄

一

　　据周氏家谱记载，经建德家谱研究会成员辗转淳安、安徽等地考证，周瑜后裔早在三国时期就在此地定居，繁衍后代，"周村"之名由此而来。但是据《建德市地名志》

载，周村建于宋代。因此，从千里岗山脉南麓流经周村的溪流，也被称作周溪。

周村的村落很多，有 15 个自然村，都是依山而建。周村自然村最大，位于通往童家的要塞处。今虽不见周村旧时的豪门大宅，但据村民回忆，周家旧宅内的冬瓜梁内部腐蚀后，小孩子捉迷藏时可藏身其中。通往童家的寿童公路建设时，将村庄一分为二，周宅也因此毁半。周氏祠堂内的上等木料也挪作他用。

在周村东北向不远处，有一地名五路岭，曾经发现一千多年前的陶片。建德市博物馆记载了这里的考古发现，所载地名是五路岭，但五路岭地名的由来无从考证。《建德市地名志》所载地名为葫芦岭，因那里地处一狭道口，酷似葫芦而得名。葫芦岭自然村有条古道，越葫芦岭可取捷径通往协余、桂花村、淤堨等地。早期岭上铺着石头路面。

从周村去往胡村溪自然村，中途有一神仙泉和凉亭，旧址遗迹尚存。神仙泉被大石砌成一与人同高的方形石屋，内有两级向下的台阶，只可容纳一人两手支撑石壁直接对水池喝水，也可用竹勺舀水喝。竹筒做的勺子斜口的，是大家共用，旧时常见。泉水清凉甘甜解渴。现今，神仙泉不再似早先那样，石壁被过往路人摸得油光；凉亭里的长凳，被路人坐得光亮。关于神仙泉与凉亭的传说，则流传至今。

传说，有一对夫妇从外地逃荒到此，选凉亭躲避风雨，渐而定居于此，以砍柴为生。一日，天已落下黑幕，妇人正等着砍柴的丈夫归来，忽然一衣着褴衫老者出现，向她乞讨。妇人十分为难地说："家里只有这一碗粥，是留给砍柴未归的丈夫喝的。"老者说："能有一半粥给我喝也行。"妇人看着老者可怜，分给了他一半。老者呼呼喝毕又乞求道："把另一半也给我喝了吧，你丈夫喝半碗粥也不饱了……"妇人犹豫片刻，又将剩下的半碗粥给了可怜的老者。丈夫砍柴归来，妇人向他解释原委。

次日，妇人去凉亭边的泉眼打水烧锅，竟然烧出了一锅美酒，夫妇惊讶不解。往后日日如此。夫妇俩喜出望外，心想是遇到了神仙。

三年后的某日，又一老乞丐路过这对夫妇家门口，但无论老乞丐如何乞求，夫妇俩连水都不让老乞丐喝上一口。老乞丐走到井边，用手一指，井里浮起三粒糯米粒，消失在茫茫夜色里。从此妇人从泉眼里打来的水，烧出的再也不是酒。

这座凉亭后面的山，也因凉亭而称"凉亭后"。

从凉亭往童家方向走，可到胡村溪，那里保留着一座神仙桥的桥基。桥基是两块自然形成的巨石，巨石上有四个方孔，是旧时架设木桥时凿出，用于打入木桩。

二

　　周村村委所在地叫盘山脚。盘山对面，有一座马前山。马前山下是百人埠自然村。马前山脚有一天然山洞，村里人称之为观音洞。观音洞内并无观音，只有大量的蝙蝠。村里许多人都进去过，但都没有走到尽头。据传，此洞与今余洪村前村畈自然村石塔山上的老鹰洞相连。百人埠，则是因旧时阴阳术士赖包依看了此处地势后言称"此地可发展到百人"，故名。

　　周村的游家、揭家、夏家、何家、方家都依山势而建，住户大多在明清时期陆续迁来。比较富裕的是游家与揭家，都以田地多而富著称。游家的老宅院还有残存，已列入文物保护单位。揭家和周村一样，已无旧宅可瞻。至于夏家、何家、方家的住户，都是近代迁入。

同宝山上同宝寺/仇裕平 摄

　　揭家与周村隔开一个山口。揭兆基是揭家人，1945年前在寿昌县城有多家商铺，在寿昌青田畈有大量的田地。早期跟随中共寿昌地下组织接受先进思想，并加入党组织。他参与策应了旧兰溪县（含建德市）李村的"寿南暴动"，因暴动失败，多人被捕，他遂变卖家产，长期避难异乡，继续寻找党组织。

方姓人家居住在周村最深的山谷里，山谷里有一处深沟，相传是天雷劈开的，因此取名天山源。明万历《寿昌县志》载："里人云，山尖到半天，遂名天山。"

天山源和塘塍底自然村的分界点，是水塘上的一棵古枫树，树龄在 400 年左右，是建德市挂牌保护的古树名木。枫树上方为天山源，下方为塘塍底。古枫树是一处经久不变的风景，它的四季，就是天山源和塘塍底的四季。据老人回忆，自他们记事起，这棵枫树就已这般大。

合神庙/仇裕平 摄

三

周村历史悠久，南宋至明代属至孝乡，清雍正六年（1728）属周村庄，光绪八年（1882）属十二都，民国三十年（1941）属西华乡。1950 年 9 月为周村乡三村村、西华乡四村村。1958 年 9 月为卜家蓬公社周村、胡村生产队。1961 年 7 月为卜家蓬公社周村大队。1983 年 12 月为卜家蓬乡周村村。2007 年 7 月胡村村、周村村合并为周村村，属寿昌镇。

新中国成立后，周村第一任书记为余寿荣，又名"短脚裤"。他家生活最苦。新中国成立时，被选为人民代表，后加入中国共产党，当上了村支书。他因地制宜，合理种植。在"大办食堂"的年代，其他村粮食不够吃，唯独周村有余粮，且支援童家、澄源里、卜家蓬等村。他的弟弟余寿根，现年 93 岁（2022 年），在抗美援朝前线被敌机轰炸埋入土坑，得救后留有脑伤，但他在抓村里农业生产时和哥哥一样强。

周村还有座高山，叫同宝山，连着过浴山，与凉亭后隔一深壑，只可从夏家这边上山。山上风景秀丽，视野开阔。向西北看，千里岗山脉绵延起伏，尽收眼底；向东北看，可观过浴山诸峰。山上有终年不竭的水源，土质疏松，适合种植。山上建有同宝寺，寺以山名。

周村还有一座寺庙，叫合神庙，位于马前山脚。寺院始建于清道光元年（1821），原为三间两进结构，1972 年"8·3"洪水时冲塌，1992 年重建。新中国成立时，周村第一届农民协会诞生于此。

（仇裕平）

后塘村遗泽

　　后塘村，位于建德市更楼街道西南，距街道办事处 1.3 千米。东与石岭村相邻，南与骆村村相连，西至更楼集镇，北与湖岑畈相接。村委会驻后塘自然村，辖后塘、小松皇、后塘新村 3 个自然村。全村 363 户、1076 人。村域面积 2.66 平方千米，其中耕地面积 30.93 公顷、山林面积 155.2 公顷。主要出产水稻、蔬菜、西瓜等。后塘村是浙江省卫生村。

后塘村口

　　后塘村的布局，基本上出自宋朝叶化龙。他为官多年，归乡主持修建宗祠布局村庄，因地制宜地在村前的一座矮山上筑城，在城墙和后山种上苦槠和松树，在城墙的最低处砌筑城门，在城门两边种樟树，使村庄既美丽又隐蔽。

进城门，一眼看到石塔塘，这是村里的防火塘。塘的后面是叶氏家族的祠堂——敦伦堂，前些年重新修建。祠堂最早由叶化龙主持修建，之后历代重修，惜于二十世纪被毁。据说，老祠堂极为壮观华美，各类构件雕刻精致。

叶氏宗祠

后塘，不仅村庄布局精妙，更有深厚的文化底蕴。村庄原来叫厚堂，因谐音易记好懂，且村里确实有塘，二十世纪中叶被称作"后塘"。厚堂，意为仁厚载德之堂。这与春秋时楚国贵族沈诸梁（叶公）繁衍的叶氏有着密不可分的关系。

叶氏是后塘的主姓，也是后塘村甚至整个湖岑的最早开发者，从唐代开始就在此定居落户了。湖岑，初始地在今更楼火车站一带，因为村子在一个小湖畔，东边又有一座岑山，所以叫湖岑，范围包括现在的后塘、湖岑畈、黄泥墩。叶氏发展壮大后，始迁祖叶承超率族人开发此地并且倡导、践行仁德。

开启仁德之风，是从担任西晋将军的叶氏第二十七世孙叶硕发轫。西晋永嘉元年（307），他带领族人迁至寿昌，成为今建德境内叶姓肇基者。唐永泰元年（765），叶氏第四十世孙叶繁（号石林）担任礼部侍郎后，重续睦州叶氏家谱。

其子叶彦潘，唐末赴睦州监察水利。其时睦州常发大水，每隔三五年，新安江、寿昌江流域就会发生严重的水灾。为解决水患，他到任后，立即奔赴各地了解水情，走遍了睦州的山山水水，终于获得了第一手材料。他常常担忧水患给两岸百姓带来的困苦，所到之处尽施仁德，还为百姓奔走上书，尽可能减轻百姓的负担。在他的带动下，睦州各县水利官员，也渐渐呈现仁德风尚。后世宋、元的水利官员对其仁德也都极为推崇。

在他掌管睦州水利之时，其夫人袁氏携子承超、承霸及族人、用人数百人回迁寿昌。四子承超带部分族人、用人来到湖岑择地建房定居，以后堂为中心，开始了叶氏在此地的经济大开发和仁德文化的大发展。到后梁开平三年（909），湖岑已经成为一方仁德之乡，对寿昌一带的人文习俗产生了深远的影响。

叶承超雕像

叶承超作为后堂叶氏的始迁祖，率真严谨又真诚素朴，心里常常装着族人和乡邻百姓，致力于家族乡邻的和睦相处。他分给跟随前来的随从（其中客姓27人）60余人每人田10亩，小屋3间，供其安居乐业，养育子孙。虽然自己家富有，但是他亲自劳作爱惜粮食，还常常教育子孙、族人要勤俭持家、发奋读书，把耕读传家、善良忠厚、仁德待人的传统发扬光大。

叶氏第四十七世孙叶镰，行仁义，性忠勇。其时遇上匪寇祸乱，他组织护乡队，领导抗击匪寇的战斗，英勇杀敌，保护救助地方百姓，有功于国，被授予忠训郎、瑞州军马都监。北宋靖康元年（1126），金兵大举进攻北宋都城汴州（今开封），他与王时雍坚守东门，英勇不屈，终因寡不敌众为国捐躯。后被朝廷以名将追赠忠训公，英名永垂后世。

到了第五十一世，出了个济世神医叶梅卿。他考中进士，担任过进义校尉、抚属舍人。但他不慕富贵，弃官回乡，当起了草头郎中。遇上困难的乡亲近邻，他分文不取，有时还倒贴药钱。村民感恩于他的医术和善行，赞他为功德神医。

叶敦伦堂

第五十七世孙叶斯智，生于明洪武年间。永乐年间回乡隐居，主持修建了当时严州府范围容水量最大的水库——湖岑水库，可以灌溉农田数千亩。后来，他又带领本族和村民，修建了石界塘、山厚塘（也称湖岑塘、天喜塘）两座山塘，造福乡里。

到了嘉靖年间，叶氏第六十三世孙叶璧中进士，科恩贡任广西梧州容县知县。他到任时，连县衙都是草棚搭建的。为了改变这种贫穷落后的状况，他出台了两项措施：一是厉行教化；二是清廉吏治。在厉行教化方面又出台具体的五项举措：爱国保家、耕读传家、勤俭持家、和睦兴家、以"梧"为家。除了最后这条是教化百姓热爱家乡梧州的之外，其余四条全源自叶氏的仁德文化。另外，在清廉吏治方面推出了四项措施：以身作则、访贫问苦、为民做主、不谋私利。他在容县一待就是二十年，使容县成为广西社会清明、百姓安居乐业的一方福地。叶璧也成为百姓爱戴、官民效仿的一代清官。他被封为文林郎，成为当时官场脍炙人口的草堂知县。后塘因为他而有了皇帝赐封的进士牌坊，荣耀一时。

生于清雍正年间的第六十九世孙叶尧，是个乐善好施之人。他拥有万亩良田，是严州府首富。每逢灾年，他都开仓施粥，救济百姓乡里。

叶氏第七十三世孙叶履祥，生于咸丰年间，寿昌县廪贡生。他继承祖业，是东乡的首富。他和祖上一样乐于助人，济困扶贫，远近闻名。凡是厚堂及周边四乡的学童，如果学有所成，他一定会出钱供其继续攻读至成就功名。他曾经出钱建立厚堂私塾，为周边贫困学子提供了一个很好的学习之处。

民国时期，后堂叶氏出了个人物叶二男。他有4000亩良田，还有许多山地，遍及寿昌东乡各个角落，是寿昌东乡最大的财主。但叶二男深受家传仁德文化的熏陶和新思想的影响，对乡邻百姓非常仁慈。据说有的穷苦百姓因为无米下锅，偷偷到他的稻田里捋稻谷。他看见了，没有上前去阻挠制止，而是默默绕道走开。小孩子到他的山上偷柏子，他会去帮他们采，并且叮嘱他们小心跌落。他还热心公益，修路铺桥，是走到哪就做到哪。现山峰村还有一座凉亭是他出钱修建的，梁上还有"厚堂叶二男"等字样。

后堂叶氏不仅要求本族人心存厚德践行仁德，对客姓也有同样要求，甚至还需要仁德投名、特许投名和入住程序。仁德投名的要求是，每个客姓必须先在湖岑（厚堂）一户叶氏人家做长工满三年，且没有不良记录；特许投名的要求是，必须经叶氏宗族认可，符合仁德忠厚之人方可入住湖岑（厚堂）。符合条件后，必须有湖岑（厚堂）当地人担保，由族长召开族人大会，经族人商议同意，择日举行入户仪式，方可在湖岑（厚堂）正式定居。

经过长时间的仁德文化的熏陶和补充，叶氏仁德又形成"以仁立心，以德立世"的祖训和相关的教儿十嘱、勉族十诫；与叶氏学堂相结合，形成了仁德蒙学、仁德少学、仁德大学；与日常待人接物相结合，形成了包括点头礼、执手礼、作揖礼、叩首礼在内的叶氏八礼；还有穷养敬老敬贤等习俗。

后塘人与时俱进，谱写结对敬老的大德新篇章。以愿意服务的村民家为结对敬老托管点，一家最多托管 3 名老人。每个托管之家都有一名经过培训的专业人员，负责托管老人的日常起居照料；并与就近医疗机构达成医护合作关系，确保第一时间安排医疗服务。这种融入家庭生活的结对养老模式，可以让每一名托管老人享受敬老文化熏陶下的夕阳生活。

（鄢　俊）

甘溪村

溯流听甘溪

　　甘溪村，位于建德市更楼街道东，距街道办事处 3.5 千米。东至洪宅村，南至石岭村，西临湖岑畈村，北至新安江街道白沙社区和新蓬村。村委会驻甘溪自然村，辖甘溪、郑家坞 2 个自然村。全村 371 户、1220 人。村域面积 2.29 平方千米，其中耕地面积 39.27 公顷、山林面积 182.47 公顷。主要出产水稻，兼营原木、茶叶等。甘溪村是浙江省首批省级传统村落、浙江省卫生村、浙江省健康村。

甘溪村口

一

　　从路程看，甘溪村无疑是离新安江最近的古村。甘溪不仅是村名，也是村前的溪流名。这条溪流早先叫龙溪。明朝寿昌人洪鼐《龙溪》诗云：

龙溪龙困龙潭底，万顷寒流清且沚。

潜龙潜龙勿深蛰，苍生待汝为甘霖。

　　诗中的龙溪即今天的甘溪。溪水发源于黄峒山。黄峒山的地势较高，水流落差大。尤其在雨天，溪水直冲而下，气势磅礴，形如蛟龙，流经直坞、洪宅、甘溪、湖岑畈村，最后在更楼注入寿昌江。溪流又蜿蜒如龙，百姓便称其为龙溪。黄峒山的草木丰茂，植被良好，能涵养水源，故流量丰沛，水体清澈。

圆觉庵

　　龙溪流域很早就有人居住。若从北宋宣和五年（1123）淳安县威坪人方祐五、方祐六两兄弟来此定居时日算起，甘溪村的历史将近九百年。方氏族人在村口建了水口庙（仙姑殿）之后，便派人从杭州灵隐寺请菩萨。这一次的盛事成就了现今甘溪的大致风貌。据说刚把菩萨请到村口溪边之时，众人合抬的杠断了。他们赶紧把断杠换成新杠再请菩萨，却怎么也抬不起菩萨了，众人认为这里便是菩萨自己选定的地方，遂把已建成的水口庙拆了，在菩萨坐定的地方重新建庙。接着村人又改了龙溪的道，让它绕着庙的北面而过，龙溪也被村人叫作"改溪"。当地方言中，"改""甘"近音，慢慢地，改溪便成了今天的甘溪。

提及甘溪村初具村庄的雏形以及村庄的兴盛，都绕不开方氏的贡献。传说，北宋宣和二年（1120），方腊率众起义，次年兵败后，方腊被朝廷俘获处决，起义军遭镇压。方腊同宗方祐五、方祐六不得不逃入山林，以打猎为生。某个大雪纷飞的冬日寒夜，兄弟俩在龙溪边一片山脚下的空地上生火取暖，翌日离去。第二年兄弟俩再次来到这里，发现灰堆里居然还有火种，便在这堆火的边上搭起草棚居住下来，直到娶妻生子才又在附近择地筑舍，后来，更以溪名命名这个新兴的村庄。

至明朝，甘溪村的村域面积已然匹配不上方氏人口的增长量，族人便开始向甘溪村上游的邓家坞迁居。邓家坞，村民都姓邓。方氏族人慢慢迁居至邓家坞后，邓姓逐渐式微，几近绝嗣。

方氏老宅

方氏老宅内祖先留下的遗迹

二

甘溪村村后的山脚下有座祠堂，名敦睦堂。现存的敦睦堂为二十世纪三十年代重建。祠堂里的戏台颇具特色：其顶部有一个八角形的魁星斗，台前木栏杆上有四只木狮子。

方氏兄弟定居甘溪后，人丁渐繁。后裔新建了一座豪华高大的祠堂敦睦堂，选址处就是方祐五兄弟当年生火的地方。族人认为此地大吉：火堆中的火种经过一年都不灭，暗喻方氏香火延绵不绝。敦睦，意即子孙们会永远和睦相处。

方家有两口大石缸，方祐五、方祐六后人各有一口。

甘溪村村中心有座方氏民居中立堂，坐北朝东南，建于清道光八年（1828）。房主是大财主方有沛（1814—1862）。中立堂其实是一座由主体建筑（三进院落）和附屋建筑（三合院）组成的院落群。主体的前一进现已设置为村文化礼堂的一部分，后进仍旧保留为传统民居格局。民居占地362.3平方米，硬山式双坡屋面，马头墙，石库门。主体建筑有厢房四间，砖雕、木雕、石雕随处可见。石库大门为仿牌楼式砖雕门楼，雕刻有繁琐的蔓草纹、回纹等；牛腿为双面雕，雕刻亭台楼阁、风景人物；柱础带覆盆，六边形，上雕瑞兽。附屋位于主体建筑西南侧，由主楼和两厢房组成。

中立堂院内有古树两棵，分别为罗汉松和圆柏。圆柏的叶长有三种不同的形状，非常奇特。中立堂南北处各有一古池塘，分称为外塘、里塘。

中立堂保护完好，从高处远眺，整座建筑就像是一艘停泊在水中央的船只气势恢宏。

三

明清时期徽商活跃，带动了新安江下游严州府的经济，甘溪就在这段时期达到了辉煌。方有沛就是其中最为著名的财主，其财富令人咂舌：豪宅据村一半，良田拥有万顷。村里有口古井，井上"咸丰元年，方有沛办"字迹历历可辨；更楼至寿昌一带的良田以及新安江白沙、新蓬一带的山头均为其私产。不仅如此，方有沛还垄断了严、婺、衢以及徽州的苎麻市场。苎麻上市，方有沛便收购囤放，待行情高涨时运到杭州售卖。方有沛在白沙设置了麻行和收购储存苎麻的中转站，后来这个地方就称为麻园岭（即新安江街道麻园）。除了苎麻生意，方有沛在杭州、严州城内的店铺还兼营其他产品。他曾向朝廷捐赠白银一万两，咸丰皇帝钦褒其"尚义"双龙戏蟾金匾一块，以表彰方有沛的捐款之功。此匾额曾悬挂在方家祠堂，惜被焚毁。

甘溪一带至今传有方有沛的两段轶事。

某日，方有沛赴杭做了笔大买卖，便与随从游玩西湖。途中，一根金簪掉入湖里，众人打捞许久，未果。方有沛返回甘溪后，有用人将从方家菜地中拾得的一根金簪交给方有沛，方有沛一看，正是他掉落西湖的那根金簪，大感奇怪。方有沛的随从说："这不奇怪，因为老爷您是一个真正的财主，是您的终归是您的，丢不了。"

另一段是说方有沛和随从在寻找掉入西湖的金簪未果之后，来到保俶塔边，遇到了一位算命先生并卜了一卦。算命先生就说了一句话："不要看你是个富贵之人，你死后连棺材都没有。"不久战乱殃及甘溪村，方有沛匆匆逃至黄峒山上避难，随身带的是整袋的金银珠宝，根本未料及太平军会在甘溪滞留那么多的日子。太平军在方家大院里吃喝玩乐，搜刮出无数钱粮，光是金元宝就堆满了十八张八仙桌，而山上的方有沛却饥饿难耐，他想用袋中的财宝跟一起避难的村人换番薯、霉干菜，可是生死关头，谁也不愿将不多的口粮换给他。最后，方有沛竟活活饿死在山上。方家的大部分房屋被烧毁，屋后山坡上的粮仓也化为灰烬。

集贤桥

四

中立堂内留有一块石碑，碑上字迹漫漶。碑文为禁山令，大意是：为保护村庄和农田，严禁在甘溪上游黄峒山一带乱砍滥伐、开垦山林，以保护当地生态环境。立碑时间为清道光十六年（1836），立碑人为严州府建德县知县郑汝襄。

清乾隆年间，长江流域水灾不断，今江西玉山、安徽安庆一带的老百姓（后统称蓬上人）深受其害，为避水患，纷纷逃往浙西一带的高山和荒村野落。甘溪的上游黄峒山便有许多逃难落户的蓬上人。他们在黄峒山上大肆砍伐林木、无节制地拓荒种地，导致黄峒山水土流失严重，尤其是大雨天发生山洪灾害，给下游村民的生命财产带来严重的威胁。清乾隆四十一年（1776），甘溪村两房长老合族协商，定了禁令：严禁乱垦滥伐。

可蓬上人却置若罔闻，甘溪一带的环境破坏日益严重。清道光十六年（1836），甘溪村方荣发等人联名上告至县衙，要求官府出面予以制止。蓬上人请了当时很有名望的兰溪状师应诉，方荣发等败诉不服，再次联名上诉至上一级严州府。知府对方荣发等人的"人与自然唇齿相依"的观点非常赞同，判定蓬上人败诉，并责成建德县衙发告示，严禁村民在甘溪上游黄峒山一带乱砍滥伐、开垦山林，禁示碑和封山令就此产生。这也是甘溪村先人在保护生态环境方面的义举。

（方丰珍）

模范有邓家

　　邓家村，位于建德市更楼街道东偏东南，距街道办事处 9.4 千米。东至大洋镇新源村，南至兰溪市黄店镇下慈坞村，西至桥岭村，北至下涯镇联和村。村委会驻邓家自然村，辖邓家、大坪、新岭 3 个自然村。全村 312 户、1002 人。村域面积 9.74 平方千米，其中耕地面积 41 公顷、山林面积 737 公顷。主要出产水稻、番薯、西瓜、菜籽油等。邓家村是浙江省健康村。1956 年 1 月，毛泽东主席为当年的邓家村作了"合作化模范邓家乡"的重要批示。

邓家村

——

　　距新安江城 23 千米再折而向东，沿山路蜿蜒而上至盛五山下，便是清溪邓氏所居地邓家村。邓氏在明朝因经商而发迹。

邓氏先祖择居选址颇有讲究，历来有"乌石的朝山，麻车岗的来龙，邓家的水口"之说。清溪邓氏所居之地，有水流两次横过村前，第二条横贯水流呈明显的"回头"现象，水流似两道横向的护村河。穿村而过深壑中的溪水，汹涌如河。溪自西北入村，约300米，入水口最宽处约500米，到村口象鼻桥下收窄为20余米，最后汇入兰溪市芝堰水库。这条溪流如同中轴线，将村左右分开。溪左侧有大公庙（明圣庙），距其不远的右侧有一块旱地，据说，旱地上曾经有一座土地庙。这样的布局体现了"左祖右社"的帝王都城的设计原则。村后有山名曰角头山，山势低缓，并与远山相连，其大小高低与故宫的太岁山（景山）相近。村前能遥望案山和朝山。

二

明成化年间，清溪邓世良携儿邓思温运五百石粮食到河南南阳贩卖。当时时讯不达，河南正闹饥荒，父子所运的粮食部分遭抢，爷儿俩一商议，干脆将余下的粮食全散发给灾民。邓思温对灾民说："奉皇上之命赏你们每人十斤。"

不久，爷儿俩再次将与邓世良兄长邓世高一起筹集的五百石粮食运往赈灾。此举深受当地灾民、官府的赞誉，府县上奏朝廷，明宪宗朱见深下旨，封邓世良为七品郎官，赐邓世高为"义民"称谓。成化十年（1474），下旨建"承恩"石牌坊，以示褒奖。

承恩牌坊立于邓氏祖祠仁和堂大门前。牌坊的正背面各刻有"敬天勤""民之宝"字，下刻有"敕浙江严州府建德县民邓世良。国家先务养民急，尔能出备粮米用作赈济，有司以闻，朕甚嘉之。今特赐敕奖谕授七品散官。尔尚益敦仁厚表励风俗，以副朝廷褒美之意。钦哉故敕"文。牌坊于二十世纪六十年代被砸毁，现残碑散乱于村中各处。

仁和堂位于邓氏祖居西面的八亩丘，建于明景泰四年（1453），系邓世高兴筑。初建时布局为两进一天井一围墙，占地500多平方米，坐东朝西。古祠现改建为茶叶加工厂。

三

邓思温在杭州做生意时，适逢阁臣谢迁在杭，杭州知府便将邓氏赈灾义行呈报谢迁，谢迁听后感慨万千，即召邓思温问其愿望，邓思温说："无他，家父只想建座宗祠。"谢迁立即上奏帝并获御笔亲题"禄臻堂"三字。

禄臻堂位于邓家村村北，已多次修缮和扩建，现存建筑呈清代中期建筑风貌。宗祠两进两厢房，坐北朝南，整体占地面积377.34平方米。祠堂天井大如庭院，墙体为传统

龙溪

的两层砖木混合结构。祠堂南面是戏台，北面供奉祖先牌位，祠堂木雕精美。祠堂旁边有一水井，水体清澈。

祠堂建成后，邓世良又出资修筑了从甘岭到邓家下慈坞口的长约 5000 米的溪道石磡、庙宇、桥梁。邓家古桥主要有雍睦桥、狮子桥和象鼻桥。雍睦桥最早是廊桥，正月初一至二十都要在此举行庆典，来自四方的艺人敲锣打鼓、唱道情……桥成之后，虽经多次维修，终在 1965 年因山洪暴发摧垮。

沿邓家村溪道溯流而上，有狮子桥、象鼻桥依次横跨。桥形如名。传说每到夜幕时分，象鼻桥的鼻子就会伸展向狮子桥的大嘴里，呈包围之势，封闭路口，似乎在保护整个村庄。

散落在村中的牌坊构件

四

邓家村至今仍存留的大公庙（明圣庙），是邓氏第三代先祖茂七公所建。庙宇经历了六百余年的刀兵水火，几毁几建。庙中有万历年间进士邓美政撰文、其子举人邓泰陆书写的《重修明圣庙碑记》，只是未及时拓印，碑文字迹模糊，难以全识。现在的大公庙是 1993 年重建的，基本保留了全貌。

元末，朱元璋攻克杭州后，方国珍据境自立，一边与朱虚与委蛇，一边通好元将扩廓帖木儿及陈友谅，期间民生疾苦、盗贼频出。这年，在河南做生意已滞留一年的茂七公率仆从返家，却不想邓氏全村遭遇灭顶之灾。

一千余盗贼先是血洗了洪宅村洪半州府邸，之后黄夜翻山直奔邓家。茂七公的娘子是洪半州的嫡女。当时洪半州的财富遍及严州、处州、衢州、徽州四州的一半之地，洪半州嫁女时有陪嫁丫鬟三十六人、良田一千亩、牛一百八十头，更不用说添妆了。噩耗如雷击！茂七公猛然往门柱上撞去，想一死了之，仆从一把拽住："老爷您不是常说'留得青山在，不愁没柴烧'？您也才五十有二！"茂七公猛然清醒："我不留个后，怎么有脸去见地下的祖宗们哪。"遂打消自杀的念头，料理完全族后事后去兰溪处理生意。

一日，茂七公在兰溪饮茶，得一高人指点："如此灭门，焉得贼子逍遥法外！去衢州告状！"衢州由朱元璋的外甥朱文忠率军辖管着。朱文忠通晓情况后，派了快马侦查并遣三万人马进行拉网式搜捕。盗贼落网，邓氏的损失加倍予以赔偿。为了祭奠冤灵，也为了邓氏子孙祈福，洪武年间，茂七公建造了大公庙。后来，茂七公娶了杭州的段氏，邓氏得以延续。

五

明清以来，邓氏族人一直将生意所得用于造屋和育人。邓氏六百多年的家族史中，文官邓美政、武将邓伯翎最为有名。

邓美政生于明嘉靖三十三年（1554），字尚德，号少溟，邓家村邓氏第十二世祖，天资聪颖，求学勤奋。从邓家盛五山脚至仓塘坞南麓私塾有五里之遥，邓美政无畏风雨，从不懈怠，万历十年（1582）获得全省第八十八的乡试成绩，万历十四年（1586）以第一百三十名的殿试成绩荣登进士第。

邓美政步入仕途，初授湖广承天府推官，直至万历有名的请出尚方剑，先斩后奏斩杀了礼部尚书王天赐之子王大成的案件。王大成强抢民女并剑杀民女之父。邓美政接下拦轿鸣冤的状子，在充分的证据面前，掷地有声地直面罪犯："我宁愿拼掉这顶乌纱，也要为地方除掉你这个恶霸！"万历皇帝准授其为"谏议大夫"，准予告老还乡。

邓美政还乡后，修建了村外的水口庙，在上、下半村又各造了一座木桥和石桥，重修明圣庙并撰写了《重修明圣庙碑记》。此碑至今仍存。因战乱频繁，邓氏原有宗谱谱牒已失传。邓美政历时六年之久，修编了《清溪邓氏宗谱》，为邓氏后人续谱夯实了基础。

合作化模范邓家乡纪念馆

　　邓伯翱生于明万历四十三年（1615），字侯臣，是邓氏第十四世祖。邓伯翱生来力大无穷，其"千斤太公"之名传遍浙西。邓伯翱一生乐于助人，侠义心肠，少时跟从武师习武，大有所成。其时正值明末，明王朝如风雨飘摇，邓伯翱心想："国家兴亡匹夫有责！此时不去投军报国抵御异族，更待何时？"投军几年就立下赫赫战功，勇冠三军，受封恭将，领兵镇守衢州。当时浙江全境大部沦陷，邓伯翱浴血奋战，独守孤城衢州三月，终因内无积粟外无援兵，寡不敌众而兵败。此次战役，邓伯翱拒敌有功，朝廷旌表"一禁干城""史上西蜀姜维再世"。三月兵败后，邓伯翱避而回乡。

　　回乡的邓伯翱成了乡里的保护神：散兵游勇遇之即溃，山林盗贼闻之远遁，乡亲咸沾德泽。至今仍为百姓念叨的是其率乡人力敌从江山岭上窜来的上百个明朝残兵败将劫掠财物的保卫战。邓家百姓至今仍传唱着赞美他的民谣。

（方丰珍）

铜官之岭后

岭后社区，位于建德市政府所在地以西 12 千米处。东以农夫山泉水厂为界，南至寿昌镇童家村澄源自然村，西与淳安县石林镇茶园村相邻，北至千岛湖和新安江水电站大坝。社区服务中心驻岭后自然村，辖岭后、洋田山、下坞底、朱家埠、淡竹岭 5 个自然村。全社区 615 户、1429 人。区域面积 16 平方千米，其中耕地面积 8.5 公顷、山林面积 1006.6 公顷。岭后社区是浙江省法制社区、浙江省 AA 级景区、浙江省气象防灾减灾标准化社区、杭州市充分就业社区。

岭后社区岭后自然村

秦时于此置铜官

岭后，因村落处在铜官岭之后而得名。铜官，一是掌采铜之官名，二是秦时于此置官采铜之山名。岭后历史最悠久的莫过于岭后铜矿。《元丰九域志》载："城西八十里之铜官山，秦时于此置官采铜。"可见，岭后官办铜矿已有两千多年的历史。唐时，又"于此置官采铜"（《晏殊类要》）。"宋熙宁七年（1074），于铜官五宝山置神泉监铸铜钱……"（《新定严州续志》）。因为历史的原因，铜官山采铜业一度停滞。清道光二年（1822），徽商叶仲俊在此开采石灰石。光绪年间，铜官山开采石灰石等矿产多达五种。

1960年初春，经中共浙江省委批准在建德岭后建立岭后炼铜厂，1962年初夏建成投产。开采过程中，曾发现多处古人身背矿石匍匐出坑留下的遗迹，还发现了古人炼铜遗留的残渣。岭后铜矿时开时停，是我国最古老的矿山之一。

为建德经济发展作出过巨大贡献的岭后铜矿，承载着几代建德人的集体记忆。这座"世界上至今尚在继续开采的最古老的铜矿区之一"的老铜矿，于2021年宣告关闭。

原岭后铜矿办公区

中国大坝选坝址

新中国成立伊始，作为经济中心的上海，经常受到国民党飞机的轰炸，上海杨浦和闸北发电站多次被炸毁，工厂、学校、医院、车站、码头以及居民生活用电严重不足。党中央决策在华东地区建造一座大型水力发电站，并将这项工程列入国家"一五"计划。

1954年5月，上海水力发电勘察设计院会同地质部门，借鉴当时苏联专家的有益经验，对技术报告建议的坝址——浙西建德岭后铜官峡谷和罗桐埠峡谷进行大量细致的分析，并成立由国家相关部门成员单位组成的新安江水电站坝址选址委员会。

1955 年 11 月，新安江水电站坝址选址委员会坝址选定会议在铜官乡西铜官村（今岭后社区）地质队会议室举行坝址认证会。新安江开发五人小组认为坝址应该选在罗桐埠（现坝址下游 5 千米处）。出席坝址认证会的苏联地质专家卡伐里列夫等认为，就地形和地质构造条件而言，罗桐埠峡谷和铜官峡谷都可以建高坝，但是大型电站建成后，下游的沧滩将发展成为一座繁华的城市，如果将大坝建在罗桐埠，这座城市发展的地域空间太小，因此他们认为铜官峡谷相比罗桐埠峡谷的建坝条件更优越。于是，最终确定建德铜官峡紫金滩为新安江水力发电站大坝建造地址。

新安江水电站大坝

1957 年 4 月，新安江水电站建设工程动工兴建。是年秋，一期围堰（当年国内最大的围堰）比原计划提前 36 天首战告捷。但是，工程进入最后关键阶段却连遭挫折——多次洪水袭击、山体大面积滑坡，70 米高栈桥坍塌，工程面临重大困难。1959 年 4 月 9 日，周恩来总理亲临大坝工程现场视察，就电站建设协调处理了许多难题，并为新安江水电站挥毫题词："为我国第一座自己设计和自制设备的大型水力发电站的胜利建设而欢呼！"

1960 年 4 月，新安江水电站建设竣工，比原计划提前了一年零三个月。

新安江水电站建成，铜官峡因此被一分为二，即水电站大坝东侧的东铜官和大坝西侧的西铜官。西铜官，现仍为岭后社区和岭后铜矿遗址所在地；而东铜官则没于浩瀚的新安江水库（千岛湖）之下了。

二十世纪九十年代末，新安江水电站大坝上游以东 3 千米的东铜官，相继建成好运岛和情人谷风景区。

好运岛中的情人岛，是一座玲珑剔透、面积约为 0.25 公顷的小岛屿，犹如漂浮在千岛湖上的翡翠珠玑，新安十景"铜谷浮翠"一景因以名之。

情人岛上建有铜谷浮翠亭，这座装点江山的小亭子，是那里最具代表性的建筑物。置身于此极目瞭望：山在水上，水在山中，铜官山峰青翠险峻，湖光山色相映生辉。很少有人知道，历史遗留下来的岭后铜矿古铜井和炼铜滩等，就淹没在这幅大美绝伦的泼墨山水画卷之下。

新安江畔朱家埠

朱家埠，位于新安江水电站大坝下游西岸两里许，因早期有朱姓人居住而得名。

1957 年春，因我国第一座大型水力发电站建设所需，来自全国各地的建设者们携家带口云集建德新安江两岸。朱家埠因距离大坝工地最近，便成了大坝建设者的主要集居地之一。他们的住房排列有序，百货商店、大礼堂、五一俱乐部、灯光球场、五一桥等生活设施一应俱全。原本僻静的朱家埠从此沸腾起来。1960 年春新安江水力发电站建成，这支建设队伍逐渐撤离，沸腾的朱家埠归于宁静。

溯朱家溪而上五里许，青山环抱中，可见稀零土屋散落其间，这是当年生产建设兵团战士的住房。他们在这里上山育林、下田劳作，吃苦耐劳，笑对艰苦岁月，谱写了壮丽的青春诗篇。

岭后有座老码头

新安江水电站大坝上游西侧的岭后村，是离大坝最近的小村落。岭后村东南一里处有座山坞名塘坞。塘坞濒临新安江水库，上游安徽和本省淳安的船只所载的货物，以及下游发往安徽和淳安的货物在此中转，常有行人搭乘货运船只，往返其间。塘坞码头，因此成了安徽与浙西水上交通之要冲。

二十世纪六七十年代，塘坞码头是一座千车辚辚、百帆隐隐的热闹码头。白（建德

朱家埠七坞生产建设兵团知青培训点旧址

白沙）淳（安）公路自塘坞路口连通塘坞码头，是一条简易的砂石土路，时称"一号公路"。终点有七条小路延伸至码头各泊位。塘坞码头西侧是安徽船的泊位，东侧是浙江（主要是淳安）船的泊位。七十年代，金岭铁路在塘坞分支延伸至塘坞码头。自从有了铁路以后，塘坞码头就更加繁忙了。当年的码头搬运工人回忆说："每天都有一百多艘船只停靠在这里。火车上卸下的货物，堆满了码头附近的空地。下游运往安徽的货物主要有煤、大米、盐和各种燃油等。上游运来的货物大量的是木材和杂物。"当年建德县铜官搬运站有五十多名搬运工，塘坞码头装卸货物皆靠他们肩挑背扛。

塘坞码头遗址

塘坞码头原属建德县航运公司管理，建德县铜官航运管理站设于此。1965 年，浙江省航运管理局投资 36 万元修建塘坞码头。1967 年，建德行政区范围内的千岛湖水域航运管理权划归淳安县。

二十世纪八十年代初期，大坝上游的水上运输终因安徽地区的铁路运输事业兴起而告终，岭后塘坞码头从此闲置。

1984 年，建德县新安江旅游公司根据市场需求，筹备开辟千岛湖旅游线。经与建德航运公司商定，将已处于闲置状态的塘坞码头及设施转让改造成旅游专用码头。

1985 年初，新安江旅游公司将明镜一号游船从下游梅城运送至千岛湖，停靠塘坞码

金岭铁路千岛湖站

头。同时，对码头建筑设施和一号公路进行改建。此后，塘坞码头成了当时千岛湖景区重要的旅游码头。

1991年8月，地处罗桐社区的千岛湖隧道和旅游专用码头建成投入使用，塘坞码头逐渐淡出。

（胡建文）

县城发祥地

　　沧滩社区，位于建德市新安江主城区中心。东以翠微路、环城北路、拱新路与府西社区为界，南至新安江水边，西至新建路、望江路与罗桐社区交界，北至翠微路、橘园巷底山体为止。社区服务中心位于菜市路 23 号。区域面积 0.36 平方千米。全社区 4563户、人口 1.1 万余人（其中新安江街道户籍人口 6475 人），占新安江街道（共 11 个社区）常住人口的七分之一强。该区块一向是新安江城区最为繁华的商业区。沧滩社区是全国综合减灾示范社区、浙江省老龄工作规范社区、浙江省充分就业社区、浙江省绿色社区、浙江省科普社区、杭州市文明社区、杭州市"美好家园住宅示范小区"。

沧滩

沧滩与沧后滩

　　沧滩，历史悠久。清康熙、乾隆《建德县志》均有"沧滩渡，在城西七十里"的记载，此后道光、光绪《建德县志》也沿袭这一记载。民国《建德县志》记载，沧滩渡由县人郑育才捐资设置。此渡是建德去往寿昌的重要渡口，一直使用至 1994 年 6 月新安江大桥（彩虹桥）建成通车为止。

"沧滩"来历，虽然有不同说法，但都与新安江有关。

梦幻新安江

老辈人说沧滩的来历，似是纪念从前一位叫"关苍"的郎中。据传，心地仁慈、医术高明的关苍，只身一人在旧时寿昌、建德两县的交界地带老罗桐埠（今庙嘴头与汪家、叶家一带）行医施药。当地住民并不知道关苍原籍何处。所以，无儿无女的关苍去世后，广受恩惠的住民自发筹资购棺将他安葬在其经常去采药的无名山下，并在墓前修建小庙，名关苍庙，四时祭祀。后这座山就叫苍山，因苍山如鱼嘴一般斜向探入寿昌江和新安江的汇水处，山脚的坪地也就叫庙嘴头。寿昌江、新安江均为季节性山溪，溪流易暴涨暴落。河床中的鹅卵石，在山洪暴发季节从上游大量地被冲刷而下，在两江汇合处形成一处狭长的沙石砾滩，因位于苍山东侧，就叫苍滩。日久，人们以其与水有关而望文生义地写成沧滩。

今罗桐花园大酒店至麻园岭西侧的拱新桥区域，乃新安江河床，新安江经紫金峡谷流至罗桐花园大酒店一带，南面受寿昌江顶托，北面受沿山各山谷涧水冲击，两水中间形成一块大洲地，形如蜂窝，西北尖小并与山体粘连，东南宽阔。此洲地（其实是三面环水的"屿"；不过，新安江发大水时，洪水会从该粘连处漫过路面，倒灌侵袭山脚小溪）与前面提到的沧滩并列而存，原本称作沧后滩，意为沧滩后面（北侧）的滩。1969年下游富春江水库库水回溯、水位抬升，真正的沧滩没入新安江，沧后滩就取而代之，称作沧滩。三年后的1972年，在原沧滩的大致位置，又因"8·3"洪水再次形成一个椭圆形的沙石砾岛屿，这就是众所周知的月亮岛。

而这条沿山小溪，发源于今紫金小区的山谷深处，流至谷口，并未直接注入新安江，而是北折东流（二十世纪六十年代中期改造新电路时，打通谷口山坡，以桥梁、涵洞导流，使该源流直接注入新安江），至麻园岭遇山体再南折汇入新安江。沿途吸收五六条山涧水流形成干流，并在其两岸形成以山地土壤和细沙为主的农田和水塘，适宜种植玉米、高粱、小米等洲地粮食，基本能实现水旱无忧、年岁丰稔。所以，村民又在"沧滩"的名称上，改称"仓滩"，取"丰收的仓库"之意。

此外还有一说，苍滩的"苍"，是指河滩沙石的"暗灰、灰白"颜色，与另一名称白沙的"白"对应。此说也属合理。

沧滩渡旧影

上沧滩与下沧滩

旧时，沧滩分上沧滩、下沧滩。民国年间建德县设西洋乡，共29个村（属今新安江街道区域有 23 个村、属今更楼街道有 5 个村、属今洋溪街道有 1 个村），不足 5000 人。其中有下沧滩村、上沧滩村，两村以今罗桐花园大酒店与环城北路交界地一带为界，上游（今罗桐社区之上半部分）为上沧滩村，其下为下沧滩村（今沧滩社区与罗桐社区下

建于 1980 年的浙西楼

半部分），人口不到 400 人。西洋乡乡公所起初设在白沙村，后来迁至上沧滩（今建德市国税局大楼后侧一带，曾为沧滩派出所居民粮油户口管理办公室驻地）。

新中国成立后，今沧滩社区地域先后属于白沙乡、新安江镇、新安江公社、白沙公

社、白沙镇、新安江镇，直至 2002 年改镇为街道。其间，1958 年设第二、第四居民区，1965 年设第九居民区，1969 年改称团结、东方红居民区，1972 年又恢复为原居民区名称，1981 年改称沧滩居民区、下沧居民区，2002 年 11 月改设沧滩社区、下沧社区（两社区基本以新安路为界，南侧为沧滩社区，北侧、东南侧为下沧社区），2007 年 3 月沧滩社区和下沧社区的大部分合并设置新的沧滩社区，下沧社区小部分并入府东社区。同期，上沧社区和罗桐社区合并设置新的罗桐社区。

老沧滩与新沧滩

沧滩社区区块是建德市主城区（县城）新安江城区的核心和发祥地。当地居民为新安江水电站的建设作出了贡献。1958 年，下沧滩村 58 户 280 人（主要居住在今建德市建德卫生健康局一带樟树底）移往今下涯镇春秋村、大洲村定居。腾出来的地方，则用于安置上游淳安县茶园镇整体搬迁而来的 4000 多移民（其中一部分安置在建德市政府前面的麻园岭）。在这批移民中，许多是打铁、剃头、裁缝的手工艺人。他们的迁入，增加了新安江城区的人气。在后来的经济成分改造和划分中，他们以城市手工业者或手工艺人的身份，成为最早的新安江城镇户籍居民。其管理组织机构居民委员会，也有别于溪头、新安江、白沙等其他区块的生产大队（村）建制。

新安江江滨旧影

新安江水库正式开始建设之后，来自吉林、河北、四川等地的建设者达 2 万人。其中部分技术人员有家属随行，此类人员有 4300 多户 5000 余人，分 4 处居住，其中住在沧滩的最多，约 1800 人。他们发扬"自力更生、艰苦奋斗"的创业精神，克服一切困难，在异地他乡扎根发展。初始，建设者及其家属居住的是临时竹木结构的棚屋，抹泥为墙，篾片为顶，竹片做床板，漏风漏雨进蚊子。后来才在今天彩虹桥北侧建设了一批设施简陋、单套面积狭窄的 3 层的筒子楼。不过，这些筒子楼质量让人夸赞，五六十年的风雨侵蚀，至今大多完好。

新安江水电站建成之后，许多建设者和家属留了下来，成为新的建德人，他们和建德当地人一道，投身于建设建德的社会主义伟大事业中。1960 年下半年建德县委、县政府机关迁至白沙后，以沧滩区块为核心，开始了新兴县城的全面规划落实与建设。根据规划，确定了以白沙至淳安公路沧滩段为主干街道（宽 20 米），沿街规划居民区和商业区。此外还规划了南北两条街道，经不断的建设改造，成为今天的环城北路和江滨大道。

盛德国际广场

1964 年新的建德淳安简易公路建成之前，建德至淳安的通道并非是从今天的莲花源进出，而是沿新安江北岸上溯而行。1934 年建成白沙至淳安的公路，自北而南，贯穿沧滩，经铜官、茶园、合祥至淳安县城贺城，延伸至安徽等地。这条砂石路面公路在沧滩的一段（从今白沙大桥北端十字路口经严东关路、盛德国际广场北侧步行街、新安路，至罗桐花园大酒店），率先成为新县城的主干街道——新安路，并在这条路的两侧，发展出保健路、菜市路、沧滩路、望江路、沧中路等街巷，新建建德县第一人民医院、建德县防疫站、新安江卫生院、水电部第十二工程局新安江医院等医疗机构，落成新安江百货大楼（高四层）、新安江饭店、浙西楼、建德县食品公司、建德县副食品公司、建德县医药公司、建德县供销总社等综合营业楼，打造新安江电影院、建德影剧院、建德县文化馆、建德县图书馆、建德县展览馆、新华书店等文化服务设施。新开辟的文化广场则成为群众集会的理想场所，每当遇到重大节日，广场上彩旗飘飘，锣鼓喧天，人山人海。在二十世纪九十年代将县政府至新安江农贸市场之间的麻园岭（长 120 余米，落差 20 余米）打通拓宽之前，沧滩区块长期是县城的中心。

1992 年建德撤县设市后，实施"东拓南扩"城市发展战略。特别是新安东路拓宽和延伸后，人口和行政中心开始向东偏移，但沧滩区块的商业中心地位牢不可撼。在新的时期，创造了多项第一：第一家中式快餐店——食品城，第一家西餐店——肯德基，第一个城市地下商城——文化广场地下商城，第一家星级酒店——新安江大酒店，第一个炒股场所——望江路证券交易市场，第一家省级综合市场——新安江市场，还出现了建德市餐饮界龙头企业、全国餐饮知名商号——严州府，等等。进入 21 世纪后，沧滩社区的地标性建筑——盛德国际广场，更成为全市第一个具有强烈现代化气息的航母级综合商业体，极大地巩固了沧滩社区的商业中心地位，呈现不可限量的发展潜力。

（黄一苇）

朱池社区

朱池读书郎

朱池社区，位于建德市洋溪街道。东临青龙头社区，南与洋安社区隔江相望，西接洋溪社区，北临友谊村。杭新景高速公路、320国道穿境而过，区域面积为3.53平方千米，地理位置得天独厚，环境优美，交通便捷。社区由朱池、荷花塘、北塘、考坑4个自然村和东湾丽景、朱家新村、朝阳小苑3个小区组成，现有股份合作社住户376户，社员1215人，社区总人口3765人。朱池社区是浙江省文化示范社区、杭州市和谐示范社区。

朱池

一

见到下涯大洲源的第一眼，朱买臣就像吃了定心丸，决定不走了。

汉景帝三年（前154），若不是吴王刘濞联合诸侯国发动七国之乱，四海生灵涂炭，朱买臣何苦背井离乡，踏上惶惶不可终日的逃难之路。适才，他还陷于衣衫褴褛、盘缠耗尽的凄凉里，苦于乾坤万里不见容身畔，这会儿双手掬饮大洲源溪水，甘爽沁脾，心中柳暗花明。

"水香而善，其地可居"，对朱买臣来说，比起战乱中的家乡，眼前这个会稽郡富春县的山乡简直就是世外桃源。

二

《汉书·朱买臣传》载："家贫，好读书，不治产业，常艾薪樵，卖以给食。"为官之前，朱买臣避难至距富春江上游富春县治两百里的山村，就是今天的朱池社区。他每天日出而作，日落而息，靠砍柴卖柴为生。

新安绿道朱池段

历来文士对渔樵怀有发自内心的向往，羡慕日日以游鱼麋鹿为友，烟霞为伴，自给自足的山林生活。避难的朱买臣整日沉迷读书，砍柴卖柴的途中也不忘一路诵读诗文，其书生意气与闭塞的乡村格格不入，不时有人指指点点。妻子崔氏是个寻常妇人，不断地劝朱买臣不要再诵读那些"不能当饭吃"的诗文，免得沦为笑柄。朱买臣不听，依旧陶醉在自己的诗书世界里，有时吟诵到情节动人之处，发声竟如唱山歌般抑扬顿挫，惹得路人纷纷围观。

朱买臣痴迷读书的疯癫状，让妻子崔氏羞愧难当，她觉得自己在村里抬不起头，每次出门行色匆匆，怕被人瞧见。终于有一天，崔氏情绪崩溃，执意要与朱买臣解除婚姻，朱买臣挽留她说："我年五十当富贵，今已四十余矣。汝苦日久，待我富贵报汝功。"此时的崔氏已是积怨难消，说："如公等，终饿死沟中耳，何能富贵？"两人愈争愈烈，崔氏一怒之下，愤而出走。

自古以来，有文字记载的婚姻公案，多为夫休妻，鲜有妻休夫，这事却被朱买臣撞上了。这对当时的朱买臣来说是当头一重棒。但朱买臣并没有被击倒，崔氏走后，继续打柴为生，苦读诗书。

"其后，买臣独行歌道中，负薪墓间。故妻与夫家俱上冢，见买臣饥寒，呼饭饮之。"改嫁后的崔氏看到朱买臣又冷又饿的样子，大大方方地招呼了朱买臣，并分给他一些用于路上充饥的饭菜。

朱公祠

朱买臣的这一段婚姻，在日后为官名重一时时，成为乡里茶余饭后的谈资，且愈演愈烈。至唐宋时期，朱买臣故事已成为诗文创作的重要题材，除了借朱买臣功名之路的坎坷作激励外，更多的是津津乐道评论他的婚姻关系。李白的《南陵别儿童入京》就直斥买臣妻为"会稽愚妇轻买臣"，其他如白居易、罗隐、梅尧臣、欧阳修等都对其婚姻有相关评论。在小说方面，宋代乐史的文言小说集《广卓异记》卷二十《衣锦还乡》也记载了朱买臣事迹。

后来，话本小说及说唱艺术的繁荣，《朱买臣休妻记》开始大量地登上文艺舞台。其后，元杂剧有无名氏的《渔樵记》，也关注了朱买臣这一段令人哭笑不得的离婚案，改编作品的热情一直延续到晚清。

三

朱买臣的命运终于因负薪诵读而改变，官至会稽郡太守、丞相，位列九卿。他在朱池一带的行迹也开始遍布里巷。

唐代睦州籍诗人李频《及第后归》诗曰："家临浙水旁，岸对买臣乡。"似乎可以明证朱买臣与严州的关系。

据世居朱池的老人所言，在朱池原有一处空宅基，基前有一块石门槛，近二尺高，石门槛里边整齐地分四角布着有八仙桌大的碛板。宅基的面积颇广，高低错落，结构连片，很明显，这是一建筑规模很大的宅院遗址。遗址的真相原委，我们暂无从考证。在今天的建德洋溪朱池社区，尚有三处与朱买臣有关的历史遗迹：

一为朱买臣墓。《严州图经》载："汉会稽太守朱买臣墓，在幽径山。"此下有注："按：朱异《严州事迹》名幽径，世谓买臣旧葬之山。山有丛棘，俗号朱太守墓。"此墓今存，位于今建德市洋溪街道友谊村。原墓坐东南向西北，面宽 7.2 米，进深 8.6 米。封土堆高约 3.9 米。据当地村民反映，1945年至 1946 年间曾被盗掘。现墓地仅存墓碑

明万历十一年（1583）朱买臣墓碑

一块，中书"汉右相朱公讳买臣之墓"。右书"大明万历拾壹年岁在阳月朔日"。左书

"赐进士知建德县事华亭俞汝为立"。

二为朱太守祠。《严州图经》载："朱太守祠在乌陇，汉会稽太守朱买臣之神也。又有别庙在朱池，旧亦不载祀典。"朱池有两座祠庙，村中一座为周宣灵王庙，大门上方书有庙额；另一座为朱太守祠，原祠内正中神坛上端坐朱买臣夫妇塑像，神像前下方有一木牌，上书"朱公太守"等字。祠门额上书"古朱池"三字。

三为洗砚池。《严州图经》："……因家于下涯之上，筑室读书，凿池为涤砚所，后人即其姓而名之曰朱池。"今洗砚池在朱太守祠正对面的戏台前。朱太守祠的前面，昔日有很大一块草坪，驿路（宋代设朱池驿，明废）从中通过。路旁有一块 2 米余高的石碑，上刻"古朱池"三字。草坪尽头即往年社日祭祀演戏的戏台，台前有池一方，即为"洗砚池"。

四

朱买臣与严州之缘，始于大洲源那一捧甘之如饴的溪水，如今他的名字已深深根植于朱池的乡民心中。

在朱池，据说刚出头的早稻经朱公泥塑像一看，能图个吉祥丰收。谁家先抬到朱公老爷，谁家就是赢得了当年的彩头。这些习俗和朱买臣负薪诵读、涤砚朱池的故事一样，被一代又一代的朱池人口口相传。

（王　娟）

洋溪古埠头

　　洋溪社区，位于建德市洋溪街道中部、新安江北岸。东至朱池村，南至洋安村，西至新安江街道，北至友谊村。社区服务中心位于洋溪集镇朝阳路，辖小洋坞、上半山、大坞山、姚家山、茅棚上、中箭、合坑口、西水、高畈、杨梅湾、上章 11 个自然村。社区共 2607 户、7931 人，其中洋溪街道户籍 2116 户、3733 人。社区面积 18.72 平方千米，其中耕地面积 6.6 公顷、山林面积 1605.4 公顷。洋溪社区是浙江省电子商务示范村、杭州市绿色社区，洋溪社区居委会是第四次全国经济普查杭州市级先进集体。

洋溪集镇

历史沿革

　　洋溪社区因驻地在洋溪自然集镇而得名。1955 年，洋溪上街、后街、上章三个初级社合并，称新丰高级农业生产合作社，人民公社化后改称新丰大队。1983 年 11 月政社分设后，称洋溪乡新丰村，同时仍以洋溪集镇的城镇户籍人口为主体设置洋溪居民区。1985 年 5 月，洋溪撤乡设镇，新丰村仍为建制村。1992 年 4 月至 2001 年 10 月，洋溪镇并入新安江镇并以原区域设立新安江镇城东办事处，改洋溪居民区为城东第一居民区。2000 年恢复上街、后街和上章之名，不久上街、后街合并新设洋溪村。2003 年 10 月，洋溪村撤村建社区，与城东第一居民区、上章村合并新设洋溪街道洋溪社区。

洋溪社区所辖的自然村中，位于 320 国道两侧的杨梅湾、上章两村落因区域优势，纳入城镇化建设较早，已与洋溪集镇融为一体；茅棚上、西水两村落，虽毗邻大型企业杭橡厂区，但开发较晚，农村风貌保留较多。

杨梅湾，旧时村庄所处的山湾有多株大杨梅树，故得名。近年建德市职业高中学校、洋溪中心学校迁址此处，往日寂寥的小村落，迅速成为教学大楼次第有序、书声琅琅的文教区。

上章，章姓族人于元代迁居此地。另有下章，由于下章地势较低，汛期常被大水浸淹，因而迁居上章，两村合二为一，以上章为名。上章村地形呈半岛状，扼莲花溪汇入新安江合水处北岸，与建德市较早开发的大型生活小区"一江春水"小区隔溪相望。上章村内樟树成群，风景优美，村外水域广阔平静，绿道曲折通幽，适宜休闲养老。

茅棚上，此地后靠高山（蛇岭南麓），旧时广种苎麻，山民多以茅草搭建棚屋而居，故称茅棚上。

西水，此村原为许姓所居，村庄坐落在莲花溪的西面，故名西许。方言"许""水"音近，后称作西水。

高畈，村落与西水村隔溪相对，两村落之间是田畈，地势比西水略高，故名，是洋溪社区最大的村落。303 省道穿村而过。

建德西乡第一埠头

旧时，新安江自上游而下，建德西乡有罗桐埠、白沙埠、马目埠、黄饶埠、下涯埠等多个埠（码）头，但第一埠头的名号，非洋溪埠莫属。

莲花溪流自建德、淳安两地交界处发源而下，一路汇聚三条较大支流，至洋溪街道友谊村与西北而来的蛇岭溪汇合，然后直下与新安江汇合，此段溪流在清雍正年间的《浙江通志》中称作"杨溪"，此名相传与宋代宁宗杨皇后的族兄杨次山有关。杨次山原居淳安山乡，妹妹做了皇后，便恳请妹妹向宁宗提出"为便于生活，希望能搬迁到州城居住"的请求。杨皇后识大体，认为皇亲国戚定居州城，睦州、建德县两级长官已有无形

洋溪古埠

的压力，倘若族人中有违法乱纪不检点者，两级查办将严重受掣，因此仅准许其携家眷搬迁至城西五十里处，择地定居生活。杨次山迁居州城以西、上游新安江畔的今天洋溪之地，后裔历经繁衍，而成村落，此溪流被乡人称作"杨溪"。旧时新安江流至今洋溪集镇时江面开阔，民间称此段江面为"大洋"，此段以上江面渐窄而称"小洋"，右侧山坞即称小洋坞。日久，"杨溪"衍称"洋溪"。洋溪汇入新安江处，为一处开阔的三角形冲积洲地，土地肥沃，适宜居住。村落附近形成一个渡口，清道光《建德县志》称"洋溪渡"，经洋溪渡口过新安江，可去往建德南乡大洋、兰溪县、寿昌县等地。在现代集镇风貌形成之前，洋溪渡口风光极美，明代童轩有诗如此描写：

月色照溪水，秋声起树间。

孤舟今夜客，无梦到家山。

旧时，淳安县衙官员上严州府城梅城述职、府学秀才上学考试、平头百姓采购办事，都沿着莲花溪而下，到洋溪渡乘舟顺流直下至严州南门外登岸。渐渐地，渡口开始热闹并形成埠头集市——洋溪老街。清代徽商兴盛，借道淳安往严州府的商贾，从这条道路上将木材、药材、兽皮乃至白炭等大量的山货运至洋溪渡口，再以舟船运往严州，继而运往省城。而返程时购进的机制布匹、煤油，沿海的食盐、海货，北方的貂皮、参茸等药材滋补品等，仍由此路运往深山。许多徽商干脆在洋溪集镇周边购置田地，建造房屋，坐地经营，码头成了集市。所谓聚市成镇，范围日益拓展。安徽深渡茶商姚元利于1863年独资创建的洋溪元利油坊，其规模在建德西乡首屈一指。姚元利在洋溪置有大量房屋田地山坞，实力雄厚，其时洋溪集镇主街上一半房产归姚氏所有。徽商多了，便在集镇集资建造了一座白墙黛瓦、高大气派的"徽州会馆"。会馆占地约300平方米，砖木结构、建筑精美，供徽商来往严州、杭州的中途歇息、同乡交流或生意往来，甚至暂厝棺柩。此会馆经历战火动荡，至今仍存且保护完好，成为洋溪老街开发的重要节点之一。

浙西重要食盐集散地

洋溪集镇依新安江北岸地势而建，主街长250余米，宽5米多，两侧店铺连绵，多为二层砖木结构，楼下店铺、楼上居室格局。至清末，店铺和民居已达百家，街市颇具规模，日趋繁华。繁华的原因，与盐商有关。从浦江、兰溪等地自陆路运来的私盐，以这儿为集散地，供应淳安、遂安两县以及更远的皖南、赣东等缺盐的地区。洋溪盐市最兴盛的时候，镇上百余家店铺和住户，无不兼做盐生意。街道两旁也连接不断地新增零售摊子。民国初年，洋溪集镇已成为建德西乡重镇和浙西知名的食盐集散地。洋溪也因其特殊位置，在1934年民国政府推行县乡（镇）两级制时，被列为全县四十五个乡八个镇中的一镇，名洋溪镇，镇公所设在洋溪老街。

企业巨人"杭橡"记忆

抗日战争胜利后，诸业凋敝，民生维艰，洋溪集镇很久未能恢复元气。新中国成立之后，人民政府加快了洋溪集镇的各项建设。作为洋溪乡（公社）政府驻地，先后设有政府机关、学校、卫生院、供销社、饮食店、理发店以及集体工业企业，一座社会主义新集镇得以迅速发展起来。其中便有建德境内最大企业之一——杭州市属集体企业杭州橡胶厂洋溪分厂（本地人习惯称之为"杭橡"）。该厂1970年建立，主要生产各类轮胎

洋溪老街

清代老井

产品。1981 年，其主打产品载重轮胎被评为浙江省优质产品。厂区高耸的两座烟囱，长期成为洋溪集镇地标性建筑。经过 50 余年的发展，更名为中策橡胶（建德）有限公司的"杭橡"有在册员工 4500 余人，年产"朝阳"牌全钢和斜胶轮胎近 800 万条，远销全球

70多个国家和地区，成为中国轮胎行业十强企业、国家大一型企业，每年上缴建德地方税收名列前茅，更为本地提供了数千稳定的就业岗位，为建德市经济发展作出了巨大贡献。虽然，因城市建设规划和企业发展所需，厂区已完成整体搬迁至下涯镇春秋村的各项工作，但"杭橡"的历史，如同已经完成历史使命、被征收腾空等待开发的老街一样，已成为洋溪集镇不可或缺的一页。

（黄一苇）

莲花村

双流育莲花

　　莲花村，位于建德市莲花镇南，为莲花镇政府驻地，距建德市政府驻地 11.5 千米。东至下涯镇春秋、金洲村，南至洋溪街道友谊、城东村，西至淳安县千岛湖镇农林村，北至林茶村。村委会驻地郭村自然村，辖郭村、江珠、后坞口、薛坞、樟村、洪村坞、洪大坞、刘家、莲花边、外薛、小岭后 11 个自然村。全村 1005 户、3448 人。村域面积 19.83 平方千米，其中耕地面积 155.07 公顷、山林面积 1718.73 公顷。主要出产水稻、大豆、油菜等粮食作物及草莓、铁皮石斛等经济作物。莲花村是浙江省健康村、杭州市第三次和第四次全国经济普查先进集体、杭州市农村基层党风廉政建设示范村，莲花村党组织获杭州市最强党支部称号。

莲花村

　　莲花村现村域在南宋淳熙十二年（1185）属慈顺乡；明万历六年（1578）属慈顺乡；

清雍正六年（1728）属莲花庄，光绪八年（1882）属十四都；民国三十年（1941）属莲花乡。新中国成立之初为莲花乡第一、第二村，佑岭后村；1950年10月为莲花乡郭村、樟村、佑岭后村；1956年5月为莲花乡郭村、樟村、薛上、江珠初级社；1958年9月为洋溪公社（1960年2月撤销洋溪公社，并入新安江公社，下同）郭村、樟村、薛上、江珠生产队；1961年7月为莲花公社郭村、樟村、薛上、江珠大队；1983年11月为莲花乡郭村、樟村、薛上、江珠村；1994年10月，这四个村属莲花镇，2007年7月合并成莲花村。

徐氏民居

林茶村口有一座大型水库，叫林茶水库。1975年动工，1981年建成，最大蓄水量188万立方米，坝高46米，呈半圆形向内凸进。因整个库区林木茂盛，所以库中之水始终碧蓝如洗。水库之外有个小村叫江珠村。因早年有江、朱两家在此居住，故名江朱，后改朱为珠，称江珠。村中建有一座周王殿，为莲花源中重要的古迹之一。

出江珠，即见樟村。樟村是一个名村，上过《浙江通史》，因在村南的一个岩洞中发现疑似旧石器时代晚期的人类活动踪迹。二十世纪七十年代初，考古工作者在村南的一个石灰岩山中，发现一系列洞穴和裂隙，洞中有黄红色黏土堆积，从土中找到疑似用火痕迹和六种哺乳动物化石，未直接发现古人类化石。但至少可以说，早在十万年之前，古人类就在此活动。

樟村村北的一座山，因"正方而类屏者，曰屏山"。从远处看，此山又很像一匹低头吃草的马。早年因山下樟树成林，故名樟村。江珠溪绕过村庄，沿村南的山脚缓缓流过，因村南之山"挺然而拱秀"，称万萝墩。山间原建有一座祠，祠中供奉神失考。山下溪中有一块黑色的大石头，《樟村邵氏宗谱》说："但见乌石嵯峨，沉浮水面，有鱼来会于石上下，则乌石庵在焉。"

岩山在樟树南面，是莲花村乃至莲花镇的象征。"岩山，奇岩峭壁，殆不可状。风摇其岭，震动崖谷，冬夏常蔚然。"（《樟村邵氏宗谱》）整座山都是石灰岩，临溪的一面，峭壁如削，崖壁上有斑驳的水渍，枯藤古木倒挂其上，形成一幅幅天然的山水画。

与岩山隔溪相对的，即为莲花源中最大的村落——郭村。村名为郭，可是村里人却不姓郭，姓许。

江珠石拱桥

最早的时候，这里确是郭姓人聚居的地方。不知哪一年，有一个卖汤瓶的许姓安徽歙县人来到郭村，借住一个姓郭的人家。这个姓郭的人家只有一个女儿，很善良，对这个卖汤瓶的小伙子关爱有加，久而久之，两人产生了感情。这个卖汤瓶的小伙子就在郭家做了上门女婿。

一年后，两人生下了一个儿子，随母姓郭。也不知是什么原因，郭村的郭姓人越来越少，最后，郭姓绝嗣，此子改回父姓，渐渐地，许姓成为郭村的大姓，但是作为村名的郭村却一直没改变。

许家的祖籍安徽歙县曾出过一个大人物，叫许国（1527—1596），此人自嘉靖乙丑年（1565）考中进士入京为官后，官运亨通，历任嘉靖、隆庆和万历三朝大员。隆庆年间，他以一品服出使朝鲜，因其"馈遗一无所受，朝鲜勒碑以颂"。后因其"廉慎自守"入阁，成为声名显赫的内阁重臣。万历十二年（1584）九月，因平定云南边境叛乱有功，又晋升为少保，封武英殿大学士，深受皇帝的信任，准许他回老家歙县，"催动府县，兴师动众，鸠集工匠"建造了一座著名的许国大石坊，上刻"少保兼太子太保礼部尚书武英殿大学士许国"一长串头衔。《明史》中《许国传》。

郭村许家人把许国当作自家人，并以此为豪。

据老一辈人说，郭村许氏在经营村庄格局时，是非常讲究的。整个郭村依山而建。村的后面有六座小山坡，其中五座呈半环形状，围着中间那一座，叫"五马同槽"。许家宗祠就建在"马槽"的正前方，坐西朝东，祠堂门前建有一座非常华丽的魁星楼，楼前建有一座牌坊，叫"擢英坊"。许氏宗祠、魁星楼和擢英坊呈阶梯状排列，为郭村的一大景观。"文化大革命"期间，上述古建筑悉数被毁。

村内的道路交错成一个大大的"井"字，祠堂前和牌楼前是两条南北向的石板路，祠堂的北侧和南侧各有一条东西向的石桥路，这四条路呈"井"字形，把魁星楼和擢英坊围在中间。

越过村东的大道，是一片田畈，再往东，莲花溪自北向南，呈"弓"字形绕村而过，江珠溪自东而西，汇入莲花溪。双溪相会于岩山之下。诗曰：

山为屏轮水为城，两水涌环彻底清。
乌石波澄千丈月，会流此处吾家庭。

（沈伟富）

林茶村

云峰伴林茶

　　林茶村，位于建德市莲花镇东北偏北，距镇政府驻地 6.3 千米。东至下涯镇金洲村，南至莲花村，西至徐家村，北至下涯镇大洲村。原名佑岭后，1958 年建立大队时，以植被良好，林茂茶丰，遂名林茶。村委会驻肖家自然村，辖竹家坞、汪家坞、茶园头、朱贩坞、红日晒、谢家、肖家、汪家 8 个自然村。全村 257 户、894 人。区域面积 12.9 平方千米，其中耕地面积 18.27 公顷、山林面积 1176.13 公顷。主要出产竹木、茶叶、禽蛋等。林茶村是浙江省 AAA 级景区村、浙江省"一村万树"示范村、浙江省垃圾分类示范村、杭州市美丽宜居示范村、杭州市小康村。

林茶村

　　莲花溪是一条美丽的溪，特别是经过"五水共治"后，溪的两岸绿树成荫，屋舍栉比，新农村建设的成就在这里显现得淋漓尽致。

溯莲花溪，入最深处，在莲花镇与下涯镇大洲的交界处有个高岭，因岭上的泥土与岩石皆呈黑色，故名黝岭。唐贞观三年（629），有个叫汪和文的人在岭西建了一座庵堂，名黝山庵，内供奉观世音菩萨像，远近香客云集于此，岭前岭后一度热闹非凡。旧时上黝山庵大多是从大洲源翻黝岭到黝山庵的，也有从莲花源而入，从黝岭脚上黝山庵。久之，庵前的山下就出现了一个小村，叫黝山后村。

龙山宝殿

大约在元末明初，有一支汪氏从兰溪迁至黝山后村外定居，因忌黝字不吉，故改"黝"为"佑"，取保佑村庄兴旺发达之意，称佑山后村。几百年过去了，汪氏在佑山后村发展成了一个大家族，开始修建宗祠，修编宗谱。汪氏所居之地正好处于三座山峰的中间，山上常有云雾缭绕，故汪氏把自己所居之地美其名为"云峰"，称云峰汪氏。但人们还是习惯称之为汪家。

汪氏宗祠建在山坡上，背山面村，汪氏族人围绕着宗祠依次建屋而居，进出的山路穿村而过，一条清澈的山溪从村内绕到村外，溪水终日潺潺，汪家就在这青山绿水间安然而卧。

村人在村中建有一座凉亭，供人们休憩。亭柱上挂着一副对联："云烟深处蓬门静；

峰壑晴时花径幽。"联语为建德市作家协会主席沈伟富所作。

从汪家往里走里许，是一个岔口，两道溪水在此汇合，有肖姓人最早在水口居住，故名肖家。溪上原建有一座石桥，后因通车需要，石桥被钢筋混凝土大桥替代。肖家人还在临水面山的溪边新建了一排美人靠，供村里人闲坐聊天。美人靠下，溪水清澈，水中游鱼成群，大多为野生的石斑鱼。让人不解的是，这么多的石斑鱼，居然没人去捕捞。村里人都说，为保护生态，不要说鱼，就是一只小虾，都不可随意乱抓。

肖家是佑岭后村的中心，村委会和大礼堂都设在这里。

汪氏宗祠

佑岭后村是个山多田少的山村，全村只有两百多亩田，人均还不到三分，村里的经济来源以山林和茶叶收入为主，山林有一万多亩，茶园三千来亩。1958 年，佑岭后村改称林茶村。

俗话说靠山吃山，但在过去，这里山高路远，要把山里的木材资源运到山外换钱，是一件很不容易的事，林茶人就把山上的硬柴杂木砍下烧制成炭，再运到山外去卖。林茶的白炭在莲花源里是较为有名的。肖家村肖自成、肖自强兄弟俩自小时候，就在山里帮助一对从丽水缙云来的兄弟烧炭。那时候，山里人想吃顿白米饭都是很不容易的，一年到头，都以玉米、番薯等杂粮充饥。在山里烧炭的缙云兄弟把炭挑到洋溪码头卖掉，换回大米，因此肖家兄弟也常有白米饭吃。七十多年过去了，肖家兄弟在回忆起当年的那一段"幸福生活"时，脸上还是溢满着幸福的笑容。

1949 年 5 月，缙云兄弟挑炭到严州城里去卖，正好遇上解放军进城，于是放下肩上的炭担，同时也放弃了留在林茶山里的炭窑及家当，毫不犹豫地跟着解放军走了。新中国成立后，政府实行封山育林政策，散落在山里的一个个炭窑全被铲平，山地退耕的退耕，没有退耕的都种上了茶叶。从此，林茶的山越来越绿，树木越来越多，也越来越大，成为一个真正的林茶村。二十世纪七十年代初，一些学校经常组织学生去林茶帮助采茶叶。新安江中学曾组织学生自带米菜，去林茶采了一个星期的茶叶。结束后，林茶人为了表示感谢，特地到郭村买了几板豆腐进山，做成菜犒劳师生们。吃了一个星期腌菜、霉干菜的学生们，吃上了热腾腾的豆腐，开心得无法用语言来形容。

林茶水库

后来，建德天羽茶业有限公司在肖家开设了一个分公司，利用这里优质的高山茶，加工茶叶、茶粉，远销外地。

从肖家往左，沿溪走里许，是林茶村的主要茶园之一，茶园下有一个小山村就叫茶园头。再往里走还有一个小村，村里人也大多姓汪，叫汪家坞，但是汪家坞的汪姓和汪家的汪姓并不同族。汪家坞的后山，左边是紫高尖，右边是黟岭，翻过黟岭就是大洲源了。

从肖家的右边往里去，是一个东西向的山坞，坞的尽头有个小村，非常宁静，村里人过着与山外人完全不同的生活，看他们的表情，都是一副与世无争的样子。由于这个村坐东朝西，加上地势较高，太阳很迟才会下山，日照时间较长，于是，就有了一个很有意思的村名——红日晒。

林茶不仅有好茶，更有好水。来自大山深处的山泉终年流过村子，流向村外，溪水清澈，是村中幼童戏水的好去处，而大人上山干活，累了就在溪里的潭中泡一泡山泉浴，渴了就直接趴到溪里去喝水。

诗曰：

一夜轻雷四月天，泉流众壑响涓涓。

斜风细雨绿杨边，披蓑戴笠任投筌。

清秋时日好清闲，沙流石浅水潺湲。

忽听风涛松树巅，骤雨奔腾灌百川。

云峰桥畔渚含烟，持竿坐石白山前。

君不见，光武劳攘成汉业，故人把钓双台石。

清风万古客星亭，一竿赢得云台绩。

（沈伟富）

寻芳大洲源

　　大洲村，位于建德市下涯镇北，居下涯溪流域源头，距镇政府驻地 13 千米。东至杨村桥镇龙源村，南至金洲村，西至淳安县富文乡重坑村，北至乾潭镇罗村村、淳安县富文乡六联村。村委会驻大洲自然村，辖大洲、罗庄、九垄下、巧坞、日晒坞、日晒坞口、庄畈、五里亭、田蓬里、北坞、北坞口、西坞、芳山 13 个自然村。全村 944 户、3016 人。区域面积 38.64 平方千米，其中耕地面积 93.4 公顷、山林面积 3374.4 公顷。主要出产原木、茶叶、禽蛋等。大洲村是浙江省新时代美丽乡村精品村、浙江省善治示范村。

大洲村

　　汉景帝三年（前 154），吴王刘濞以诛晁错为名，联合各王拥兵造反，史称"七国之乱"。吴县（今属江苏）人朱买臣为避战乱，携妻背井离乡，逃到会稽郡富春县下涯（今建德下涯镇），已是唇干舌燥，见有水自北而来，清澈透明，就蹲下身来，用双手捧起一把来喝，溪水甘甜无比，就对妻子说："水香而善，其地可居。"（《严州图经》）就带着妻子，深入北源，择一人烟稀少但地势相对开阔的地方，搭了个茅棚，住了下来。

朱买臣住的这个地方，最早叫大周，但不知其地名因何而来。有人说，很早以前，这里有座周王庙，大周之名可能源于此。

为了生计，朱买臣常到大周北面的高山上去砍柴。后来在朋友的举荐下，朱买臣出山为官，也是翻过这座岭北上的，后人就把这座山叫作朱子岭，后与洋溪朱池相混，讹为朱池岭。

西坞石拱桥

朱池岭南麓，即北源的源头，全是深山冷坞，其中有个坞，因坐落在北源的正北端，故名北坞。

朱池岭的东边是桐庐分水。南唐年间，临安人徐荣（字国华）中进士后，任睦州分水县令。他"为政仁简，岁丰民乐"。任满后，他没有回故乡临安，而是在分水百江安了家，并把新家取名叫松村。

一百多年后的南宋，徐荣后代徐庆安的妻子没有生育，却因病去世。徐庆安只得挑起箩担，进山做起了山货的生意。

南宋绍兴四年（1134），徐庆安翻过朱池岭，进入北源的方家园。久之，他做了方家的上门女婿。他经商有方、治家有道，致使多年以后，方家园几乎成了徐家园。不过回归祖姓的徐姓后人没这么做，而是把方家园改成了松川，其意是让子孙不忘祖居地松村。近千年以后，无论方家园还是松川，都已经淡出了徐家人的记忆。后人根据村庄的朝向，直接把村名叫作"日晒坞"。

朱池岭以西，是淳安富文。明朝初年，淳安云峰（今淳安富文吴山村）人吴庚老，常往来于朱池岭南北，见北坞中地势平阔，是个可居之处，就把家小从云峰迁到北坞中来。此从，北坞中就形成了一个以吴姓人为主的村庄。

北坞是个南北向的山坞，一条清澈的山溪自北而南穿村而过，东西有青山为屏。村西的屏山之巅，有五座山峰一字排开，景色也十分优美，尤其是到了冬天，山巅常被白雪覆盖，看上去就像五个头戴白帽的老人，所以，吴氏族人称之为"五老峰"，并把它当作圣山来朝拜。

日晒坞、罗庄之水与北坞之水汇聚后，就进入了大洲。

　　　　二水汤汤会出，一山律律临间。青山共水势争先，欲到村中结伴。

滚滚源流无断，重重峰列盘旋。渔翁椎子乐其间，真个神清俗散。

这首《西江月》，描绘的就是日晒坞、罗庄与北坞之水汇聚之处的景象。

这里原为洪姓人居住。清乾隆五十八年（1793）秋天，"骤雨绵连，洪水横流，北源之田庐多遭淹没……"（《北源吴氏宗谱》）在这场洪水中，受害最深的是住在两溪交汇处的大周，洪家的房屋、田产几乎荡然无存，灾后的大周一片荒芜，洪家也放弃家园，另择他处安身。

北源吴家承翁、承仕、承裕三兄弟也因这场洪水而无家可归，兄弟仨只得离开原居住地，来到已经被洪水冲成一片沙洲的大周。他们认为"洲之土可耕可稼"，就在大周的洲地上搭棚居住。"幸得天之佑，承祖之德，兴丁置产"，吴家终于成了大洲这片土地上新的主人。因为洪水，使"大周"成了"大洲"，后人就以"大洲"替代了"大周"。

几乎与吴氏兄弟来大洲的同时，往来于大洲等地做生意的外源溪东王元昌，见大洲土地开阔，征得家人同意之后，也在大洲的上首落户。

如果西汉朱买臣入北源是真实的话，那么，大洲的历史至少也有2170多年了，这比建德县的历史还要长。后人为纪念朱买臣，在村西的山坳里建了一座朱公祠。

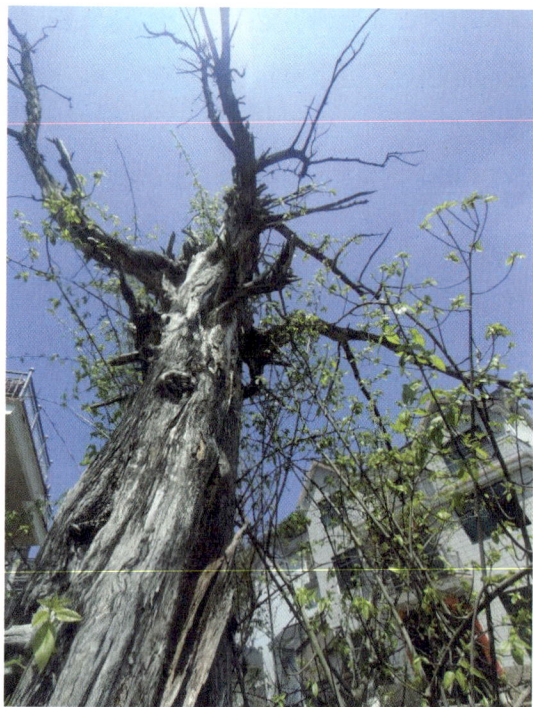

兴虞桥头的古柏

朱公祠，又名朱公太守庙、汉贤祠，建于何时，已不可考。祠内供朱买臣神像，后不断附增其他神明，比如关老爷、七老爷等。

据传，七老爷是炭神，很多山里都有类似的神庙，大洲就有两个，一个在大洲村里，一个在大洲村西的西坞，所以，人们又把西坞七老爷庙里的七老爷叫"小七老爷"。

大洲、西坞与芳山三个村呈三足鼎立之势，大洲在东，西坞在西，芳山在南，中间有山隔着，这山是朱池岭南麓的余脉之一。从大洲去西坞一般要翻过这座山，因岭脚朱公祠前有口大水塘，岭上又有一座小庵堂，所以，这岭就被称作塘庵岭。

相传，西坞有一方姓人娶大洲一王姓女儿为妻，定于农历十一月二十日完婚。新娘择吉时上了花轿。迎新队伍一路吹吹打打，上了塘庵岭。忽然，天黑了下来，狂风大作，路都看不见了。只见一怪物从山顶压了过来，直向新娘的花轿扑去，一帮人吓得抱着头，趴在地上，一动都不敢动。不一会儿，风停了，天也亮了，大家才慢慢抬起头来，只见花轿已空空如也，新娘不知了去向。后来，有人在朱池岭下发现了新娘，可惜已经没气了。从那时起，凡两村之间娶亲，都不从岭上走，而是绕道芳山走大路。

现在的塘庵岭上已经开辟出了一条可以通车的水泥路，再也不必担心有"妖怪"出现了。

大洲村口的小溪上有一座石桥，是大洲源中最漂亮的一座，叫兴虞桥。此桥建于何时，也已不可考。有人说，这座桥之所以叫兴虞桥，可能与"大周"的来历有关：周王朝灭亡后，有一支周朝或周姓裔族辗转南下，进到这山里避世，为了不忘先祖，他们把自己居住的地方叫"大周"，同时把村外的桥叫作"兴虞桥"，意为复兴"大虞"。

方山是一座山，山下的村就以山名之，后改名芳山。芳山村里人大多姓王。兴虞桥碑记上有"方（芳）山王氏，唐宋世居，代有隐贤"的字样，可见芳山王氏，至少在唐朝就已在这里居住了，而且还是一个很有影响力的家族。早年，村口有座凉亭，叫谢恩亭，很引人遐想。此亭何时初建，何人所建，因何"谢恩"，谢谁的恩，因《王氏宗谱》的丢失，全都成了谜团。只有一个王十万的故事，还一直流传在村里，乃至整个大洲源。

土墙上的历史遗迹

王十万原名王国梁，明万历年间人，"十万"是他的外号。

据传，王十万原本也是个地地道道的农民，因夫妻俩非常勤劳，日夜劳作，他们除了租种人家的田，还租种了一些山地，农闲时，还进山烧炭。

有一年，他们在山上种了一块地的黄粟（小米）。粟米成熟时，夫妻俩上山采收，竟然收了一百多担，从此家境渐宽。这一年的冬天，夫妻俩进山伐薪烧炭，炭也烧得非常好。他们把炭挑到山外的城里去卖，收入也很可观。

有一次，王十万把一担白炭挑到城里卖。回来时，经过杨村桥的高岭脚，天色已晚，口也干了。他走到一泓清泉旁，趴下喝水，只见水里有十多只乌龟在游动，他随手抓了一只回家，放在水缸里养着。

第二天，妻子起来烧早饭，见满地都是乌龟，她就一只一只地抓。奇怪的是，每一只乌龟一抓到手，就成了一只金元宝。她赶紧叫醒丈夫，起来一起抓。夫妻俩一起抓了一大堆金元宝。王十万把这些金元宝全都堆放在堂前的八仙桌上，然后点起香烛，对着那堆金元宝，拜了起来："感谢财神爷的恩赐……"

从此，王十万再也不用下地干活、上山烧炭了，他过起了员外的生活。

明万历年间，严州大旱，官府的粮仓早已赈空，只得向民间征钱征粮。王十万响应号召，一口气拿出了十万两银子赈灾，受到官府的嘉奖。王十万的外号也因此而名扬整个大洲源，名扬严州。

大洲、西坞两源之水汇于芳山村外的法华寺下，寺外两山夹峙，形成水口。古人有诗赞此胜境：

其一

罗列青山断复连，潆洄碧水似难前。

往来重复如无路，漫说壶天即是天。

其二

北东双合会西泉，曲曲湾湾左右旋。

更羡层峦围胜帐，白云深处好参禅。

（沈伟富）

漫话乌驹市

　　乌驹市村，位于建德市下涯镇东偏东北，距镇政府驻地 2 千米。东至杨村桥镇绪塘村，南至杨村桥镇绪塘村，西至下涯村，北至春秋村。村委会驻下乌驹市，辖焦树湾、上乌驹市、下乌驹市、柏树下、汪东坞 5 个自然村。全村 690 户、2443 人。村域面积 5.36 平方千米，其中耕地面积 1300 公顷、山林面积 4654 公顷。主要出产茶叶、梨、草莓、禽蛋等。乌驹市村是浙江省新时代美丽乡村精品村。

乌驹市村

一

　　一个小小的村落，缘何称作"乌驹市"？其说法有多种。第一种说法，明万历《严州府志》载，此为建德县西乡自然集市，称乌楮市，因村庄附近山上多楮木而得名，后以谐音讹变为乌驹市。第二种说法，相传村中本有龙门寺，因早年此处曾出过五位举人，五位举人同时得中进士，本地便称龙门寺为五举寺，后讹变为乌驻寺，再写成乌驹市。第三种说法，村庄之名，按其所处方位，在龙门寺上首者，简称上寺，写作"上市"；在旧时之龙门寺下首，简称下寺，写作"下市"。后来，上市和下市合二为一，称作乌驹市。第四种说法，从村中看，村南的平山并不平，而是由五座山峰自西向东并排坐向，好像五匹马，被称为"五马下槽"。传说这五匹马曾经是天上的玉马，因违反天条被贬下凡间化作五座小山。村民便将村里的龙门寺叫作"五马祠"，马又叫驹，故又称作"五驹祠"，后讹作"乌驹市"。

二

乌驹市村北的山坳里有一座古寺，叫龙门寺。龙门寺建于何时，已不可考。民国《建德县志》说："龙门寺，在乌楮市，清光绪五年（1879），僧寂金即旧址募建。该寺有香火田四十一亩。"可见其规模之大。

普济寺

关于龙门寺有很多传说。

寺内的住持是一位得道的高僧，有一天，他在寺前的山涧里发现一条如蚯蚓大小的小青龙向他摇头摆尾，他心生爱怜之意，就捡来带到寺院里。小青龙不断长大，最后连千斤缸也容纳不下它了。住持知道龙门寺不是它的久留之地，就想放它归海，但又担心怕它作祟，感到左右为难。

有一天，住持对小青龙说："我养你多年，今日放你归海，但记住，千万不能伤害生灵，你只能变成小鸭子从山涧里慢慢游出去，如若生事，我决不饶你。"小青龙点了点头，于是摇身一变，成了一只鸭子，跳入寺前小溪后，便朝前游去。住持还是不放心，拄着拐杖，顺着小溪，跟着鸭子走了很远一段路，然后站在白佛寺的石板上。小青龙经下市、上市、马目、下涯埠游到下湾时，回转身来向站在白佛寺门口的住持师傅点了点头，才沉入江里向下游潜水而去。它这一转身腾挪，江里便形成了一个深不可测的深潭，后人称它为湾潭。小青龙从龙门寺游经下市、上市的地方，变成了一凼弯弯曲曲的小坑，后人称它为龙门坑。

钟潭岭下新安江

三

乌驹市，有一座山岭叫钟潭岭，但从前并未这么称呼这座山岭，那么钟潭岭是如何得名的呢？

传说很久以前，薛上村有一个寺院，寺院有一个住持，是一位游方的高僧。一年冬天，大雪纷飞，天寒地冻，寺庙因年久失修，被大雪重压坍塌。寺庙没了，高僧无处居住。天一亮，他只得背上一口钟从山岭上下来，沿着杭徽古道，经严州古道来到现今钟潭岭驻足观望，只见这里山峦绵延，一条大江从远处流过，他被眼前的美景吸引住了，便将背上的钟放了下来，准备休息片刻。不料，绑钟的绳子突然断了，大钟顺着陡峭的山坡一骨碌滚到山脚下的深潭里。大钟可一定得找到！为了打捞大钟，高僧从山上来到了岭下村，他挨家挨户向村民讨了一些砻糠，准备用砻糠搓成绳子来打捞大钟。正在搓绳子的时候，一位村姑打扮的女子突然出现在了他的面前，说道："砻糠能搓成绳啊！"话刚说完，刚搓成的砻糠绳瞬间散了。高僧长叹了一口气道："佛祖拒绝我也！此处断不可久留。"说完，他背起简单行囊便离此而去，不知去向。后来，人们便把大钟沉没的地潭叫作钟潭，这座山岭叫作钟潭岭。

四

钟潭岭下的下市村一带，地形如乌龟背，中间高，两边低，这里以及相邻的下涯村、上市村、唐村长年无水，在当地流传着一则民谣："三点毛雨水满田，半月无雨叫皇天（锅朝天）。种下一畈收一罐，穷人常年来讨饭。"民谣形象地描绘出下市一带靠天吃饭，农民生活贫穷落后的民生状态。

到了二十世纪六十年代初，杭州市委驻下市工作组的同志为解决下市农田的灌溉用水问题，提出一个设想：在钟潭岭山脚的小湾里开凿一条隧道，把新安江水引上来，通过隧道，浇灌农田。这一大胆设想很快得到杭州市水利局和建德县水利局的高度认可。1962 年初，开展引水洞的勘察、测量、设计等工作，同年 9 月，隧道动工开挖，1964 年 12 月贯通，历时 15 个月。隧道全长 148 米，宽 2 米，高 2.5 米，全部依靠人工开凿而成。1965 年，着手建造翻水站机泵房，

引水隧洞和机房

一应配套设施也相继完成，5 月正式投入使用。钟潭岭翻水站的建成，不但解决了本村的用水问题，而且惠及周边绪塘村、下涯畈、唐村畈等，受益面积达 3000 亩，从而改变了当地因缺水而受灾受穷的局面。钟潭岭翻水站的建造事迹，是社会主义农村建设"战天斗地"精神的典型，被选入浙江小学语文课本教材。

1966 年 4 月，越南、日本、新西兰、阿尔巴尼亚等国家的友人前来参观钟潭岭翻水站水利工程，他们对这项了不起的工程给予了极高的评价。

五

从小小的乌驹市村，走出了一位著名的画家，他叫沈邦富，笔名沈墨。

沈邦富从少年开始，便对画画有一份执着。上学时，他的美术作业总能得高分，也总能受到老师的表扬，这坚定了他对绘画的热爱。1955 年，18 岁的沈邦富因为交不起 6 块钱的学费，不得不放弃浙江美术学院（现中国美术学院）深造的机会，踏上了远赴新疆的火车，成了伊犁州食品公司的一名工作人员。1971 年，34 岁的沈邦富听说毛泽东思想宣传馆（前身为伊犁州群众艺术馆）在招人，便毛遂自荐，于是，他成了一名专职画家。

沈邦富在伊犁生活工作了 60 年。长时间在草原上生活，天马早已成为他神圣的朋友，他对马的肌肉、骨骼、神情及动态了然于心。他的笔墨一直痴情于新疆伊犁的天马，将马的"精气神"、马的雄风用饱满的水墨展现得酣畅淋漓。沈墨画的马既有灵动和流利的线条，又有近乎下意识的涂抹，还有放肆的夸张和变形。在他的笔下，天马是高贵的，富有浪漫色彩，又极具气势昂扬、玉蹄腾空、勇往直前等表现。在他的画中，天马与众不同，独具北疆生活气息，有一种打动人的气势。经过几十年的积累，他被誉为"天山画马人"。

沈邦富先生为中国美术家协会、中国版画家协会会员，副研究馆员，新疆美术家协会理事，国家一级美术师，伊犁州美术家协会副主席，伊犁州画院名誉院长，画圣吴道子艺术馆副馆长，中原书画院顾问，伊犁师范学院客座教授。

（杨吉元）

觅幽见徐坑

徐坑村，位于建德市杨村桥镇北偏西北，距镇政府驻地 9.5 千米。东至龙溪桥村，南面和西面至长宁村，北至乾潭镇罗村村。村委会驻徐坑自然村，辖徐坑、坑坞、宅边、百箩畈、金家埠 5 个自然村。全村 292 户、931 人。村域面积 7.78 平方千米，其中耕地面积 41 公顷、山林面积 650 公顷。主要出产原木、稻谷、草莓，兼营茶叶、山核桃，有华龙殿光伏发电项目。徐坑村百箩畈自然村是中国传统村落、浙江省健康村。

徐坑百箩畈廊桥

——

徐坑村远距新安江城，三面环山。北面，有一座山岭叫石母岭，古庙化龙殿便在石母岭脚。

化龙殿是村民求雨祭祀之地，故而有神龙像在庙。神龙像边侧的人像，据说是吴氏家族史上的一位朝廷大官。化龙殿里存有《神山碑记》石刻，碑文已模糊不清，大概是清嘉庆年间的遗物。左侧案上有一个称之为"乩头"的铮亮木钗，为得道僧人写字符所用。

化龙殿

石母岭西面有两棵古树（樟树和梓树合抱而一），此地为吴氏族人所居之地，然吴家的村域和兴衰已无从考证，只是自那位朝廷大官逃回故里后，吴姓就慢慢消失了。吴家大官逃避迫害所隐居的山洞便在石母岭对面的吴氏仙岩山上，有诗云"相传吴氏留踪处，拾级高登真自如"。化龙殿四方之内皆为山，唯有伐薪烧炭人留下踪迹。清光绪十三年（1887），罗法桂携家从衢州来此安家，逐渐地，有了坑坞村，"坑坞"即徐坑村坑边的坞。坑坞村毗邻宅边村。

二

龙源溪和宅边溪汇合处即为徐坑自然村，村口凉亭便是文人雅士口口相传的"亭锁双溪"一景，也是百姓纳凉话家常的好去处。因村前有道高而长的石礤，故村名原为徐礤头，后称徐坑。元末明初，徐姓人丁减少，逐渐式微。洪姓男子从长宁隐将村招为徐家的上门女婿后，徐坑村的徐姓就慢慢被洪姓取代了，并建了敦煌郡洪氏祠堂。

洪氏祠堂建于乾隆五十一年（1786），属徽派建筑。坐北朝南，前后三进，占地面积 350 平方米。1942 年 7 月 19 日被日军的炮火损毁，翌年重修，此后，宗祠进行过几次修缮。内部雕刻精美，题材丰富。现为族人祭祀祖先、族亲婚丧嫁娶等要事的场所。

百箩畈洪氏民居

三

徐坑自然村和宅边自然村曾经有个共同的大户人家邻居（姓氏失考），住宅宽敞广大，仆从甚多，兴盛一时，于元末明初没落。宋末元初，大宅家主雇用了勤劳本分的淳安漠川人方海放牛。方海发现大宅边上有块平地，无论多大雪都堆积不起来。方海记得家乡有位风水先生说"冬无积雪主地气旺，择而居之则子孙发达"，方海得大宅家主应允在此地搭建小屋并入住后，迎娶了汪氏，并育有五子。大约到了明永乐年间，方姓成了村中唯一的姓。因方海是在大宅的边上建的第一间屋，方氏后人就称自己的村为宅边，并把方氏宗祠建在当年方海最早选定建屋的地方。

方氏宗祠萃和堂始建于明万历四十七年（1619），建筑坐北朝南，占地约 360 平方米，为传统泥木混合结构。建筑内部装饰较好，梁托雕刻瑞兽和蔓草纹，雀替雕刻瑞兽和花卉，柱础呈瓜棱形和椭圆形。

百箩畈汪氏民居梁托

四

徐坑对岸的山脚下，隔溪的田畈中有一丘良田，可收百箩稻谷，据说，汪氏、金氏相继迁徙而来形成了最初的百箩畈村。汪氏始祖汪虚中在宋朝曾经担任绍兴县令，于绍兴年间迁入建德长宁七岭脚村，明万历年间，其后人尊益迁入百箩畈村。

村中老人说，汪氏与金氏在经历一场特大洪水之后，再次进行了一场迁徙。汪氏得到徐坑族人的首肯，将百箩畈村庄迁至徐坑的下首。缘徐坑自然村顺溪流至百箩畈村，有棵古樟树，树龄五百余年。民国年间及新中国成立初期，三台乡乡公所设在百箩畈。

横跨百箩畈村口的溪上，有一廊桥"三溪桥"，此桥始建于明代（后毁于洪水），重建于民国十年（1921）。桥的一端左右各竖两石碑。左一碑是新近立的，刻有"全国传统古村落百箩畈"；一碑为清朝所记，碑文不清，唯有"泗州圣""大清"几字尚可认。右侧两碑一高一低，也唯有"三溪桥""三株桥"字可辨。村口原有台门，门上牌匾书有"钦葆节孝"四字。台门于二十世纪六十年代被毁。

见龙桥

村中，汪氏宗祠光裕堂保存完好。祠堂始建于清嘉庆十五年（1810），坐北朝南，占地 360 平方米，其前厅被日军的飞机炸毁。另有汪氏故居尚存：三进两天井，共有十扇门，意取十全十美。村中现存一古池塘以及汪氏花厅遗址和残缺的石条，汪氏花厅也毁于 1942 年 5 月。

金家则远徙他乡，唯留条条田埂在故园，不久，另一支汪氏迁至金氏居住旧址，遂形成了新的村庄金家埠。

五

徐坑村自有拼命硬干舍身求法的人，汪澄、汪燕娇便是其中的代表。

汪澄（1889—1968），字伯华，又名万春。清光绪三十二年（1906）考取浙江省陆军弁目学校，后入浙江炮工学堂深造。光绪三十三年（1907）参加同盟会（光复会），宣统元年（1909）赴南京新军第九师任见习官。一年后任浙江新军八十八团队官。辛亥革命中，先后参加了光复杭州、南京的战役，并在南京战役中受到军政府的金质文虎章、银质嘉禾章嘉奖。孙中山先生书赠其对联一副。辛亥革命后转任杭州警备司令部副官、参谋，浙江省军械局司库管、代理局长等职。民国十六年（1927），汪澄违抗浙皖联军司令孙传芳之令给响应北伐革命军的浙江省省长夏超的省保安队发放了大批军械，因而被孙传芳下令追捕。抗日战争中他奔赴抗日前线，先后担任要职。1945年抗战胜利后返乡。

汪燕娇（1925—2011），女，乳名筱英，在浙江省国立严州师范高师班学习期间，接受进步思想的教育，投笔从戎，1949年5月参加了解放杭州的战役，后按正团级转业到地方从事教育工作。

（方丰珍）

古韵龙溪桥

　　龙溪桥村，位于建德市杨村桥镇北，居长宁溪流域中段，距镇政府驻地 7.5 千米。由原徐洪村、清溪村合并而成。东至岭源村，南至黄盛村，西、北至长宁村。村委会驻徐洪自然村，辖徐洪、清溪坞、张家山、包家畈、石母堂 5 个自然村。全村 329 户、946人。村域面积 11.94 平方千米，其中耕地面积 37.2 公顷、山林面积 1269.33 公顷。主要出产稻、麦、茶叶、草莓以及竹木，是建德市重要薪炭林基地之一。龙溪桥村是浙江省卫生村、浙江省健康村、杭州市文明村，村文化礼堂是杭州市二星级文化礼堂。

龙溪桥村

村以桥名曰龙溪

　　该村以旧时曾有的明代古桥"龙溪桥"而命名。

　　龙溪桥，位于村北大岭南麓石母堂自然村上游，跨长宁溪。因该溪在村域段曲折蜿蜒，状如游龙，所以旧时也称"龙溪"。光绪《建德县志》称"石母堂桥"，并引万历

《严州府志》所载："在城西三十五里，嘉靖中，沈良辅建。"光绪《严州府志》则称"龙溪桥，在城西三十五里，嘉靖甲辰年建造"。嘉靖甲辰年即嘉靖二十三年（1544）。沈良辅是距离徐洪村八九里外的长宁片龙源村沈家自然村人，此桥由他独资为他乡之人建造，实属大善之举。两名虽不同，桥实为同一桥。该桥为单拱石桥，桥券直径 11 米，桥长 13 米，高 6.4 米，桥面宽 3.6 米，为建德境内古代留下的最大跨径单拱石拱桥。此桥给世代居住长宁片的农民外出采购、办事、求学乃至求医问药带来了极大便利。二十世纪七十年代中期，因修建杨村桥至长宁公路，龙溪桥被拆除，在旧址下游约 20 米处新建了更为坚固高大宽阔平坦的混凝土公路桥。2007 年与清溪村合并时，将曾位于两村交界处的"龙溪桥"恢复使用为新的村名。

龙溪桥村的人口主体徐洪村，以徐、洪两个姓氏得名。洪姓先祖洪达于元至元二十九年（1292）由淳安小溪迁来，村落称"夏田村"。元至正二十二年（1362），徐姓先祖扬州人徐仁甫因经商，自绍兴到此定居，与当地洪氏结为姻亲，繁衍子孙，人口壮大发展。徐仁甫曾孙徐述，以国子监太学生身份出仕，历任汉阳、宝庆、邵武府知府，最高职务至福建都转盐运使。徐述之子徐怀，明天顺四年（1460）考取进士，是有明一代近 300 年中建德、寿昌两县 28 名进士之一（建德 20 人、寿昌 8 人），曾先后任京城刑部主事、江西佥事，以及广东、湖南、浙江右布政使，最高职务至南京刑部侍郎。徐怀在各地任职期间，政绩突出，清廉自守，朝廷追封其祖父徐文玉为南京刑部侍郎。因此，徐洪村徐氏在明代的建德也可称为一方名门，以至于后来居上而改村名为"徐洪"。

清溪村位于距离徐洪村 3 千米处的山谷中。清溪村也非籍籍无名。二十世纪八十年代，该村人口少、山林面积大，盛产优质木材，村集体经济强大，村民人均年收入 1200元以上（同期全县人均收入为三四百元），是全县闻名的"万元户村"。村里修建了全县第一条通村水泥道路（2 千米左右），还给每户村民购置一台"西湖"牌黑白电视机。不过，并村以后，因受村庄后侧高山地质灾害潜在威胁，村民已基本搬迁到杨村桥集镇建房安居，仅留四五户因习惯了清新空气和耕作便利而留守的农户，大部分房屋被拆除复垦，用以种植优质白茶和玉米。

古桥古树话传奇

龙溪桥仅存遗址，但村西另一座古桥"新桥"，却历经风雨依然屹立。民国十四年（1925）《建德县志》载："新桥，在龙溪村西三里，清嘉庆十八年造。"嘉庆十八年为 1813 年。该桥在使用六十余年后，被山洪摧毁。光绪元年（1875），村人徐正觐、洪邦彦等又捐资修复，修复后的桥俗称"新桥"，以区别原桥。该桥为单孔石拱桥，青石板桥面，长 16.9 米，宽 3.1 米，高 7.7 米，拱券采用镶边纵联砌造法，拱内径净高 6.4 米，净跨 12.7 米，气势雄伟，造型优美，是研究清代石拱桥建筑不可多得的实物。

横跨长宁溪的新桥

新桥上游 300 米处，有古樟树 2 棵，居上游者树龄 360 年，居下游者树龄 900 余年，树干高 10 余米，向溪流斜斜探出，浓荫遮日，生机盎然。在上游处徐洪村落中，有古柏树 5 棵，树龄均在 400 年以上，虬枝茂叶，庄严肃穆，被村人崇拜敬畏。两处古树，均列入《建德市名木古树名录》，市林业部门已挂牌保护多年。

两处古树的存在，是村民爱护林木的良好传统的一个缩影。该村所属山林植被与全市其他乡村大有不同，一眼望去，尽是一色的青冈，即使是近年培育的杉木基地，也基本不见建德本地泛滥成灾的盐肤木等杂株，林相美观。从二十世纪六十年代末封山育林以来，该村始终把保护绿水青山当作村里的大事。龙溪桥村的山林，因伐植有规划，保护有力度，五十余年来一直郁郁葱葱，风光秀丽。如何处理好绿水青山与金山银山的关系，在这里早有朴素的实践。2004 年 2 月 12 日那场建德历史上罕见的森林大火，从 6 千米外的长宁溪出口处大兴桥一直蔓延至龙溪桥村与黄盛村交界处，烧毁山林近 314 公顷。虽然村干部悉数奔赴现场，率领村民严阵以待，但奇怪的是，凶猛的火势，就是没有越过仅有 2 米左右宽的分水线而殃及龙溪桥村的保护林。这或许是一种巧合，却是关于龙溪桥村村民爱护森林的一种传奇与美谈。

化龙殿前古樟树

一潭碧水留福祉

长宁溪源头区有多条山谷支流，季节性明显。盛夏易干涸，沿溪村民生产生活用水困难；汛期或遇台风时山洪暴发，小桥梁涵洞、简易木桥、溪滩中的大小堰坝等，屡屡被洪水摧毁，又耗资耗力予以修复，如此年复一年。1955 年 5 月大洪水，溪水漫过四五米高的护村石塄，直接冲入村民家中。

为了解除洪涝旱灾，建德县水利部门经勘查，选址于徐洪与石母堂之间的峡谷，修建水库。工程于 1966 年开工。除此之外，还有邻近的黄盛村、长宁村，也有大量劳动力自带"饭钵""饭笕"参加工程建设。整个工程需要的数万立方米块石和填充砂石料，全部依靠人工以钢钎开凿并抬（挑）运到工地。施工者夏天顶烈日光膀子挥汗如雨，冬天穿草鞋踏霜雪挑灯夜战。很少有人喊苦喊累，因为他们知道，水库的建成，大家都是受益者。1969年10月，工程顺利竣工。水库集雨面积30平方千米，库容40万立方米，混凝土芯墙混合土坝，坝高14.63米。下游包括龙溪桥村、黄盛村、官路村部分2100亩粮田的灌溉得到有效保障。

徐洪水库

水库建成蓄水后，库区回水，淹没了粮田近百亩，为了弥补损失，由当时的公社领导主持，将原属黄盛村、胡家村的部分田地划拨给徐洪村，但这些田地远离本村四五千米，村民耕种非常不方便。同时，水库建成后于1972年配建为一级小水电站，库水从坝底导流孔经水轮机发电后流出，原本清澈的溪水变得浑浊不堪，导致村民无法饮用和洗浴，在此后相当长的日子中被迫到水库上游挑水回家使用，或者另行接引山涧水使用。徐洪村人为此作出了巨大的牺牲。时至今日，这些大多已七八十岁的工程建设者，回忆往事，依然心潮澎湃，引以自豪。

（黄一苇）

黄盛村

先贤耀黄盛

　　黄盛村，位于建德市杨村桥镇北偏东北，居长宁溪流域中下游段，距镇政府驻地 3.5 千米。东至上山村，南至官路村，西至杨村桥村，北至龙溪桥村。村委会驻叶家自然村朱家坞口，辖潘家、朱家、叶家、黄家 4 个自然村。全村 408 户、1315 人。村域面积 7.1 平方千米，其中耕地面积 46.2 公顷、山林面积 557.53 公顷。主要出产稻、麦、油菜、草莓以及林木。近年开展赏花、水果采摘、垂钓为主的乡村旅游业和民宿业。黄盛村在二十世纪九十年代末开创的"草莓—西瓜（网纹瓜）—稻"高效农业模式，曾被中央领导肯定并向全省推广。黄盛村是浙江省健康村。

黄盛村

村名与姓氏

　　据《严陵何村黄氏宗谱》载：元顺帝至正末年，黄姓先祖从建德县西乡西铜关（今新安江街道岭后社区铜官一带，已经淹没于新安江水库）先迁今杨村桥村官路自然村花坟前，为躲避战乱，一世祖黄懋再迁于此。其时因该村多为何姓，故称何村。后来聚居于村落上首的何姓因瘟疫凋零，黄姓繁衍盛兴，日久改名为黄家，但村中仍保留"何村塘"水塘一口，一直使用到二十一世纪初才被填。盛姓则于明成化年间从江苏吴县迁来，在黄家下首定居。清康熙七年（1668），叶姓自安徽歙县迁来，在黄家下首与盛姓混居。三姓共村，故名黄盛叶家，简称黄盛。近年来，叶姓与大慈岩、更楼、寿昌等地叶姓统认枝叶，归宗入谱，成为一家。

元末明初，现朱家之地为仇姓族人居地，原称下仇家。后来仇姓人外甥朱姓自安徽紫阳山脚迁此，至明成祖永乐年间，仇姓子孙凋零，朱姓人丁兴旺，便更名为朱家。新中国成立后，朱家长期作为村（大队）的驻地。朱家另有廖、麻、宋等姓氏，均在朱姓之后迁来，分散居住于长宁溪两侧。旧时两岸村民仅以狭窄的简易木桥连接交通，桥面狭窄，两人相向而行都有擦肩之虞，常有人坠入溪中之事发生。因村民强烈要求，一度改为现浇混凝土平桥，不久又加宽改造为钢筋混凝土公路桥，往来便利。

朱家下游为潘家。元末明初，潘姓先祖从安徽避难迁居此地。本地原有后王、柴家山、东湖三个小村落。后来柴、胡两姓绝嗣，王姓萧条，至道（光）咸（丰）年间改村名为潘家。今村民仍以潘、王二姓为主，少数林姓、赖姓、杨姓等。

大约在太平天国运动结束至光绪年间，有詹姓人来叶家与朱家之间的狭长的朱家坞口定居，以拓荒烧炭、租地佃种为生；后有罗、陈、潜等姓迁来。直到二十世纪七十年代末期，不到 20 户人家。随着新农村建设的不断推进，迁至朱家坞口建房居住的村民与日俱增，目前已经是后来居上，整个村落依山而建，新房林立，果树掩映，俨然世外桃源。村委会办公楼也因此迁至此处。同时，以此地为中心，村里投资数百万元，沿长宁溪两岸修建约 3 千米长的游步道，安装路灯、栏杆，又租用村民部分土地，沿游步道种植黄桃，并在溪滩中修筑大小戏水踏步堰坝六处，在岸边散放水牛，营造乡村耕牧气息，开辟赏花和果蔬采摘以及垂钓等乡村旅游业。

宗祠

黄盛村今存叶家叶氏宗祠和黄家黄氏宗祠。

叶家始祖叶大成于清康熙七年（1668）由安徽歙县到浙江严州经商，某日到县城西部龙源乡，见此地非常适合居住，便携带家眷定居下来，经二百余年开枝散叶，人口大增。光绪年间建成叶氏宗祠"光德堂"，迄今已近 150 多年，经过多次修葺，保持到新中国成立。二十世纪五十年代末期开办食堂。不久食堂停办，祠堂弃置不用。此后又未

黄氏宗祠

及时修葺，经年累月，风雨摧残，终不堪用，面临旦夕圮塌之虞。2010年，经申请，建德市政府批拨专款，叶氏子孙亦大力支持，出资出力，合力修葺，将腐朽残败木料悉数更新，基本恢复叶氏宗祠旧时状貌。宗祠面积约90平方米，现基本作为白事场所。

黄氏宗祠"承恩堂"并非一次建成，第一进建于1865年，第二进建于1938年，据说建第二进时使用的梁柱大木，从淳安采办而来，在洋溪埠头上岸，全族成年男丁花了三天时间才搬运到家。整个祠堂为典型的江南徽派建筑，占地面积约300平方米，两进一天井，马头墙，青砖黛瓦。大门高3米左右，均用柏木制作，一对独木制成的门当，虽有累累斫痕，但气势仍旧。前进和后进圆柱粗大，成人一抱有余。冬瓜梁雕刻流纹精美，天井四沿的四根柱子上的梁托（俗称牛腿），雕刻孔子问课、桃园三结义、嫦娥奔月等，是东阳木雕风格。最为珍贵的是，后墙屋檐下靛蓝色的装饰图案，历经百余年风雨，依然清晰可辨。

宗祠落成后的同年冬至，黄姓在宗祠修撰了《严陵何村黄氏宗谱》，这是最后一次修谱，共7套（每套2册）附加草簿1册，今存2套和草簿，弥足珍贵。

黄氏宗祠因位于公路边与村庄中心，曾作为集体粮仓和社员议事场所，现为村民文化娱乐和红白事场所，是市级一般重点保护文物单位，日常有专人管理。

古迹旧址

叶家村新桥上游10余米处，原有古桥一座，始建、被毁时间均不可详考，只存遗址。旧时，村民到村落对面大田（七木畈，又称七树畈）劳作要赤脚过溪。倘若恰逢涨大水，便过不了溪；严冬时节，赤脚涉水，也是寒冷难当。只得以粗大木柱做支架，以型铁钉串连木板作简易桥面，权作小桥使用，但往往一涨洪水就被冲走。二十世纪八十年代中期，政府拨款 2 万元，全体村民筹资出力，建起一座钢筋混凝土的新桥，并借用桥下游古树名而命名为"七木桥"。

古桥旁，原有清代庵堂一座，故叶家村落下半首又称"庵里"。新中国成立后，建筑仅剩凉亭一座，凉亭临溪一侧有美人靠，供行人歇息、避雨、乘凉。该凉亭至二十世纪八十年代初期因修筑公路拓宽路基被拆。

凉亭靠里侧有古樟树一株，高约 10 米。沿溪一侧，下游有古柏树一株，亦高约 10 米。两树均在二十世纪八十年代后期被砍伐。沿溪上游，有枫香一株，高达 20 米，树龄约 300 年，主干粗壮，需三人环抱，分枝有七，故此树也雅称"七木树"。树冠如盖，达二三百平方米，是叶家村落的标记。

杨长公路

先贤人物

著名木工手艺人林振谷（1926—2008）是黄盛村潘家自然村人，祖籍福建漳州。据说清光绪年间，其祖父孤身一人，挑着一只箩筐和一把写有林氏堂号的椅子来建德。外来户无田无地，到林振谷成人时，只能自学手艺养活家人。二十世纪五十年代，林振谷通过拆卸样本车对比仿制的方式，掌握了建德农村主要的运输工具——木制独轮车的制作工艺，成为建德县内唯一能够制作独轮车的手工艺人。客户除了来自本县各地，兰溪、龙游、仙居、临安、缙云、开化等地都有农户慕名前来定制。经估算，其制作独轮车总数超过 4000 台，为本地乃至浙西、浙中地区农村生产做出了重要贡献。2008 年，建德市地方志编纂委员会以"对建德市有较大贡献的能工巧匠"荣誉，将其事迹收入《建德市志·人物谱》，成为全市唯一以无官无职的百姓身份立传的人物。

独轮车

明勤桥

中共党员徐大土（1922—2001）是朱家自然村人，曾担任村大队支书等职务。朱家在潘家对面有大片农田，因为穿村而过的长宁溪上没有桥，祖祖辈辈的耕作、施肥都得趟水过溪，村民非常辛苦。1986年，徐大土急群众所急，决定要在溪上建一座比平桥更牢固的拱桥。拱桥造价较高，为了筹集资金，他说服了妻子、儿女，开山挖地，种植西瓜、桃子、青梅、板栗等十几种水（干）果。为了防止鸟兽侵害，年届古稀的老夫妻俩还在山上搭起草棚看护。经十几年努力，终于攒积了七八万元，徐大土立刻请人开工建造大桥。所有的人工、材料费用开支都自己掏，村民们想出工出力，他也都支付足额工资。2000年，拱桥建成并取名"明勤桥"。从此，村民到小溪对面干农活，再也不用趟水，大型农用机械也可以直接开到田头，省力省工。徐大土在桥建成后的第二年去世，但静卧在溪流上的明勤桥及其"明明白白做人，勤勤恳恳做事"的寓意，已成为教育后人的最好教材。

高效农业典范村

二十世纪九十年代以来，黄盛村村民勇于实践，敢为人先，创造了"草莓—西瓜（网纹瓜）—稻"农业高效种植模式制度，极大地提高了土地的利用率，受到了浙江省、杭州市领导的高度肯定，并在全省推广。1994年12月13日，时任中共中央政治局候补委员、中央书记处书记温家宝到该村视察大棚草莓产业发展情况，肯定了大棚草莓在发展"一优二高"（优质、高产、高效）农业中的积极作用。

进入二十一世纪后，一批又一批的村民拉家带口，远赴广东、江苏、湖北、甘肃、青海、新疆等地，发展草莓异地种植，不但自己富起来（2021年村民人均收入达到5万元），还为当地带去了技术，黄盛村莓农的名气也流传四方，成为新时代农耕文化的重要内涵。

（黄一苇）

姜山村

姜山村探古

　　姜山村，位于建德市梅城镇西南偏西，距镇政府驻地 4 千米。东至葛家村，南至望山村，西至下涯镇丰和村，北滨新安江。村委会驻蓬上自然村，辖蓬上、朱家岭脚、黄柏坞、双九坞、肖塘、戴家坞、楼支坞、中蓬、姜家合、辛坞、马羊坞、上塘、中塘、唐家、高畈、江家、傅家、严家、麻车、秋家坞、王圣堂、白鸽岭、枫树岭、青山、外吴村、方村、桐树坞、耦塘坞 28 个自然村。全村 984 户、3472 人。村域面积 17.11 平方千米，其中耕地面积 165 公顷、山林面积 966 公顷。主要出产稻谷、茶叶、水果、禽蛋、水产等。姜山村是浙江省新时代美丽乡村精品村、浙江省健康村。

姜山村

宋墓之谜

　　姜山村，宋进士赵彦逾故里，其墓位于中塘自然村牛角山两峰间。牛角山，两峰并峙状如牛角，故名。二十世纪五十年代初，赵彦逾墓被毁。据现场者说，坟墓坐南朝北，由青石料修建而成。随葬品有形态不同的陶俑，惜被毁。据说还挖到过宋代的铜钱。墓碑呈长方形，为青石质，右上角缺损，碑上横刻"宋纪"二字，中间竖刻"太子太保工部尚书彦逾赵公、夫人夏氏墓"，右侧竖刻"大清嘉庆十九年秋月吉旦"，左侧竖刻"后裔孙凤魁等重修敬立"。

赵彦逾（1130—1207），字德先，宋代赵廷美七世孙。赵廷美（947—984），原名赵匡美，宋太祖赵匡胤之胞弟，封爵魏王。

宋进士赵彦逾墓碑

赵彦逾于南宋绍兴三十年（1160）考取进士，授象山主簿。后累官至工部尚书。绍熙五年（1194）六月，宋孝宗驾崩。七月，以宋光宗有心疾不能主持丧礼为由，赵彦逾与枢密院使赵汝愚拥立宋光宗的儿子嘉王赵扩登基，是为宋宁宗。之后，赵彦逾先后出任四川制置使兼成都知府事、镇江府知府、明州府（今宁波）知府等职。在镇江府任上，因当地旱情严重，赵彦逾打开粮仓赈济灾民，百姓对其感恩颂德。开禧三年（1207）辞归故里病逝，享年七十八岁。

在建德历史上，易与赵彦逾混同的是另一名人赵彦肃。

　　南宋淳熙十二年（1185）重修的《严州图经·登科记》载："绍兴三十年（1160）庚辰梁克家榜，赵彦逾、叶允升、朱大和。"万历《严州府志·选举志》记载："绍兴三十年（1160）庚辰梁克家榜，赵彦逾，建德人。乾道二年（1166）萧国梁榜，赵彦肃，建德人。"由此可见，赵彦逾和赵彦肃都是严州府建德县人。

　　然明万历《严州府志·祠墓》记载："宋员外赵彦肃墓，在拱辰门外。"清光绪《严州府志·祠墓》记载："宁海推官赵彦肃墓，在拱辰门外。"民国《建德县志·墓》记载："宁海军节度推官赵彦肃墓，在县南中塘村前牛角山。"说明赵彦肃墓，是由严州府城拱辰门外迁往中塘村牛角山。而实际上中塘村牛角山墓碑上刻的是赵彦逾，而不是赵彦肃。

江氏宗祠

　　赵彦肃（生卒年不详），字子钦，建德人，宋代赵廷美七世孙，与赵彦逾为同一个祖宗。南宋乾道二年（1166）进士，得到宰相周必大的推荐，任宁海军节度推官。著有《复斋易说》《广杂学辨》《士冠士婚馈食图》，流传于世。学者称赵彦肃为"复斋先生"。嘉定十二年（1219），严州知州郑之悌拨款在祥符寺遗址上建赵彦肃祠堂，并命学官春秋祭祀。宝祐二年（1254），知州季镛绘赵彦肃像于学宫之先贤祠。

江氏宗祠

江氏宗祠坐落在姜山村江家自然村。清嘉庆年间，江明复从安徽安庆府潜山县龙山迁移到这里，繁衍生息，遂成村落，故称江家村。全村现有 37 户、140 余人。江氏宗祠背靠马目山，坐南朝北，二进三开间，土木结构，除石门匾额镌刻"江氏宗祠"和门枕石浮雕回纹饰外，并无其他雕饰，祠堂简单朴素。二十世纪五十年代曾在此办过集体食堂，后归还给江家。2016 年，江氏宗祠被建德市人民政府公布为历史建筑重点保护单位。

《江氏宗谱》载："江氏之先，出自轩辕黄帝十代孙少典。生有熊君，又八世生伯益，佐舜为虞官，有大功德，赐姓嬴氏，是为大费，生子三，孟曰大廉，封秦国为秦氏，仲曰若木，封徐国为徐氏，季曰元仲，封江国为江氏，故元仲公为江氏一世之始祖。"春秋时，江国介于楚、宋、齐国势力之间。周襄王二十八年（前 624），楚国息公子朱率师攻打江国，江的盟国帮其解围。次年秋，楚国再次出兵，终于灭掉江国。国人流入各地，为不忘故国，便以原国名"江"为姓氏。先自正阳（今河南正阳县）向北逃往淮阳（今属河南），又从惟阳继续北迁至陈留圉县（今河南杞县于镇），后又迁至济阳考城（今河南兰考）繁衍生息，成为当地望族，故江氏以"济阳"为郡望。

东汉光武帝时，元仲第六十九世孙江佑（生卒年不详）任广陵太守，迁至临淄（今山东淄博市东北临淄北）。第八十三世孙江法耀从绍兴府萧山县（今属杭州）迁信安（今衢州），江法耀为信安始祖。第八十七世孙江宏泰迁开化县太驶口。北宋年间，第九十七世孙江宝任饶州提刑官，与弟江宇从衢州开化县太驶口迁江西鄱阳泽源塘，又称铁炉埠。一百零一世江本善任太学监，由江西鄱阳泽源塘迁至林塘（今江西吉水县双村镇林塘村）。

江本善第四世孙江璞（生卒年不详）任副使，从林塘迁居安庆府潜山县锣鼓冲，又从锣鼓冲迁至龙山。江璞第十一世孙江萌宠，生于明万历三十二年（1604）四月初四日，娶汪氏为妻，有两个儿子，长子江远柔，次子江远来。次子江远来，字文德，生于明天启三年（1623）七月十三日，有两个儿子，长子江世伴，次子江世柏。江世柏，名彪，娶倪氏为妻，有六个儿子，代煜、代燦、代炆、代烜、代熺、代煌。长子江代煜，字采南，生于清康熙三十九年（1700）八月十四日，娶杨氏为妻，有四个儿子，立祖、立禄、立祺、立礼。

江代煜第三个儿子江立祺，字怀万，生于乾隆四年（1739）二月十四日，娶黄氏为妻，有四个儿子，明循、明复、明得、明新。次子江明复，字凤翔，生于乾隆三十三年（1768）九月十九日，娶孙氏为妻，有三个儿子，时志、时念、时会。于嘉庆年间，从

江家桥

安庆府潜山县龙山迁至浙江严州府建德县南乡（今建德市梅城镇姜山村江家）。江明复为姜山村江家亲睦堂始祖，卒于嘉庆十八年（1813）九月初十日，安葬姜山村金竹坞百步垅。

（汪建春）

望山话宗祠

　　望山村，位于建德市梅城镇西南偏南，距镇政府驻地 5.5 千米。东至南峰村，南至大洋镇里黄村，西至姜山村，北至南峰村。村委会驻姜坞自然村，辖姜坞、王山顶、王村源、庙上、余家、王店、高塘坞、穆家、蒋家、桥下 10 个自然村。全村 611 户、2203 人。村域面积 14.8 平方千米，其中耕地面积 112 公顷、山林面积 838 公顷。主要出产稻谷、毛竹、油菜、草莓等。望山村是浙江省健康村。

望山村

胡氏宗祠

　　胡氏宗祠坐落在姜坞自然村。姜坞自然村原属南峰乡望城村，2007 年望城和王山顶合并为望山村。该祠建于清雍正十二年（1734）。坐北朝南，三进三间，砖木结构，粉墙黛瓦，阶梯状马头墙，雕梁画栋，宏大壮观，造型别具一格。宗祠分前厅、享堂与寝殿。享堂正壁之上高悬"敬德堂"匾额，下挂姜坞始祖胡文达彩绘画像，两侧楹联是"华夏文明五千年；神州江山九万里"。寝殿正中胡氏祖先牌位按昭穆顺序摆放，庄严肃穆。左侧墙壁嵌有《胡氏专造宗祠碑记》，饱经沧桑，有些字迹模糊不清，无法辨认。

宗祠大门为牌楼式砖雕贴墙而建，三间四柱三楼，飞檐翘角，脊头吻兽雕为鳌鱼，气势巍峨。正中石横匾镌刻"胡氏宗祠"字样。周围花草浮雕图案有浓郁的装饰趣味。石门框两侧各有两幅石雕，意谓忠孝节义。人物姿态刻工精细，栩栩如生，堪称石雕艺术之典范。大门台阶两侧石狮子庄严威武。

胡氏宗祠

自古以来，宗祠大门前为有功名的人竖旗杆，光宗耀祖传千秋。姜坞胡九定是清道光十七年（1837）丁酉科举人，胡九櫚于道光十七年（1837）考取拨贡（《建德县志》）。

宗祠大门两侧旗杆石座上分别镌有两兄弟姓名和科举称号。2018年11月，胡氏宗祠被建德市人民政府公布为历史建筑重点保护单位。

胡氏源于姓妫名满，是帝舜的后裔，于西周初期被武王姬封于陈（今河南淮阳），建立侯爵陈国，妫满死后谥号为胡公，故又称胡公满。后代子孙以他的谥号为姓氏。据《姜坞安定胡氏宗谱》记载，姜坞胡氏是胡公满的后裔孙，三千多年前胡氏居西北，郡望安定，就是现在的宁夏固原。胡氏后裔逐渐南迁，九十六世裔孙胡良弼定居徽州歙县，至九十八世裔孙胡万三迁徙淳安县梓潼源。

明弘治年间，胡文达从淳安县梓潼源迁至今梅城镇望山村姜坞。

胡文达（1483—?），字国礼，娶李氏为妻，垦荒种粮，依山建房。他有两个儿子，长子福元，次子锡元。

胡氏族人勤劳致富，不忘尊祖敬宗，行善积德，创建宗祠，修桥铺路。胡文达第十六世孙胡正华在妻子严氏的支持下，捐资建造胡氏宗祠，并得到胡学汉、学训、学灏等族人的大力协助，于清雍正十二年（1734）十一月建成。胡正华择日良辰，带领胡氏族人进行安奉胡氏祖先牌位祭典仪式，并将家中十二亩良田作为胡氏宗祠资产，收取田租作为维修宗祠和祭祀费用。

望城岭地处严州至婺州之间的交通要道。清乾隆年间，姜坞胡佩出钱雇人在望城岭劈山筑路。后来胡国熙（希）又在望城岭路旁建了一座凉亭，供来往者避风挡雨歇脚，并免费提供茶水，夜里提供蜡烛照明。

望城岭下有条河流，称为南峰溪，源于马目山麓赤树岭，宽二丈，早期建有石拱桥，称为高石桥，在今望山村桥下自然村旁。嘉庆二十四年（1819）夏天，霪雨溢注，山洪暴发，高石桥被洪水冲塌，严婺古道由此中断，来往行人隔河千里之叹。次年，姜坞胡成章捐资重建。桥高一丈二尺，阔二丈四尺，其形环曲如虹，护以石栏。因胡成章字志达，故桥名改为"志成桥"。道光八年（1828）七月，志成桥又被洪水冲毁，胡成章再次出资重修。吴琪为此作《志成桥记》，立碑于桥头以颂功德。二十世纪八十年代，因建设梅（城）大（洋）公路，志成桥被改建为钢筋混凝土桥。《志成桥记碑》至今下知不明。

王氏宗祠

王氏宗祠位于王山顶自然村。

王山顶位于马目山半山腰，古树参天，翠竹环绕，峰回路转，鸟语花香，屋舍错落有致，别有韵致的山乡风貌，淳朴的风情醉人心扉。全村有 80 余户人家、300 多人，以王姓人为主。

明嘉靖年间，王民二十五世孙王思旷带头出资建造王氏宗祠。该祠为前后三进，规模宏伟，雕梁画栋。前厅为戏台，后厅供祖宗牌位。因年久失修，屋顶漏水，墙壁损坏严重。1953 年族人集资重修，因资金有限，后厅失修，于 1954 年倒塌。1970 年改建为王山顶大队大会堂。因管理欠妥，于 1988 年倒塌。2005 年王氏族人集资重修，于 2006 年 6 月 25 日竣工。现在所看到的王氏宗祠是罗马教堂式建筑，大门匾额书"王氏宗祠"字样，屋顶悬"文化礼堂，精神家园"大字，成了村民文化活动中心。

王店石拱桥

据《建德溪南王氏宗谱》记载，王氏先祖乃东周灵王太子姬晋，因直谏被周灵王废为庶人。其子宗敬（生卒年不详），字元镜，任司徒，为朝廷重臣，因周室衰败而携家人避居并州太原郡（今山西太原市）晋阳县城都乡塘坂里。

南朝陈武帝永定年间，第三十六世孙王智仰，为新安郡始新县（今淳安）令，遂迁始新县安乐乡横山，为淳安王氏始祖。唐高祖武德年间（618—626），第四十一世孙王拔武从横山迁淳安丰溪。北宋初年，王懿敏以工部尚书致仕，亲手种植三棵槐树于庭院，王懿敏后裔孙以"三槐堂"为堂号。

　　南宋嘉定年间,第五十八世孙王端谊从淳安县丰溪迁建德县双井巷(今梅城双井弄)。

　　南宋末年,第六十一世孙王寿(生卒年不详),字伯椿,因厌烦市井喧哗热闹,移居城南十五里马目山麓王山顶,择基建宅,垦荒种粮,远离尘嚣和世俗的诠释。岁月更替,遂成大族。

　　第六十九世孙王思旷,字志远,生于明弘治四年(1491)正月二十八日,娶唐氏为妻,有本儒、本俨、本僖、本侦、本化、本龙六子。王思旷从双井巷迁后历桥辑睦坊(今梅城三星街),植梅树于庭院,号"梅南",人称"梅南先生"。邻里有吵架、斗殴纠纷,都来找他评理调解。他家境富足,善于助人为乐,遇旱涝灾情,必捐粮食以济灾民。因修严州城垣捐资有功,授"台省褒功"奖匾以旌扬。

　　王本儒,王思旷长子。正德十五年(1520)五月二十五日生,娶施氏为妻。嘉靖三十九年(1560)为官湖广夷陵州夷陵所吏目。嘉靖四十二年(1563)弃职还乡,回到建德辑睦坊。因厌烦市井繁华,遂迁城南嵊嵘源东林里胡村(今望山村王店)。王本儒在胡村建造楼房,购买田地,建桥铺路。他继承父亲王思旷的遗志,勤劳致富,行善积德,出资造船,在严郡(梅城)大南门(澄清门)外设义渡,方便南北两岸人来往。遇荒年,捐稻谷以赈灾民。

（汪建春）

南峰村

严州府之南

　　南峰村，位于建德市梅城镇南，新安江、兰江汇合处西南向濒水地带，距镇政府驻地 1.5 千米。东至兰江，南至大洋镇大洋村，西至葛家村，北至新安江。村委会驻大水垄自然村，辖大水垄、孙家坞、荷花塘、黑龙庙、童家、茅草垄、毛家坞、吴家、叶家坞、林家、里外、汪家、黄包坞、浦后、桐溪坞、桐溪岭、徐村 17 个自然村。全村 615 户、2149 人。村域面积 18.71 平方千米，其中耕地面积 91 公顷、山林面积 1243 公顷。主要出产稻谷、茶叶、柑橘等。南峰村是全国第一批绿色村庄、浙江省卫生村。

南峰塔下天宁寺

　　登严州古城墙，望三江汇流，西南向濒水处南高峰上有座南峰塔，南峰村因坐落于南峰塔下而得名。

　　南峰塔，是全国重点文物保护单位，也是南峰村的地理标志。民国《建德县志》卷四载："南高峰，在城南三里，上有浮图，久圮。明嘉靖丙午（1546），乡达俞夔因旧址重建，工未竣。知府韩叔阳终成之，与北塔对峙。"1986年版《建德县志》载，南峰塔"建于隋唐前，重修于嘉靖二十七年（1548）"。但村民们认为，南峰塔是三国时期东吴君主孙权为他好佛的母亲所建。

　　北高峰上的北峰塔与南峰塔隔江而望，形影对峙，明弘治八年（1495）严州知府李德恢所题"严陵八景"中，"双塔兆魁"即指此。郑秉谦先生在《双塔凌云记》中说："塔常见，双塔不常见。双塔夹江，下濯波而上凌云，此则百不一见，唯我乡严陵有之。"

南峰眺望三江口

　　民间有传，那个遗世独立、放荡不羁的江南风流才子唐伯虎云游江南，见此江河、山林、双塔刚柔相济的绝伦画面不禁赞叹："壮哉，壮哉，双塔凌云！"双塔凌云景观之名因此而有。

　　民间又传，曾有一位外地书生见此一条大江如练，两岸双塔巍巍，便唤来小舟一叶立于船头，纵览两岸风光而诗兴大发。但是，孤身一人吟唱少了情趣，于是邀艄公双双以对。艄公忙乎弄桨，面对书生相邀，瞥了个冷眼，不置可否。书生意气风发，少顷，出口成章："双塔巍巍，北高南低……"然后望向艄公，静待下句。艄公又回其一眼不做回应，小书生忍无可忍再度有请，艄公依然弄桨缄口不语，只是伸出一掌示与书生眼前。书生聪明过人，对老艄公手出哑语心领神会，于是无地之容地坐下身子未再作声。却原来，老艄公伸出一掌已是对出了下文，"一掌平平，三长两短"，意在"你的上联如我平平手掌并不高明"。一掌五指，"三长两短"，更是寓意深刻。

现存南峰塔内的《重建卯巽二峰塔记》，为明嘉靖年间左副都御史鄢懋卿所撰，碑文详细记录了双塔的地理环境和建造理由。原来严州有双塔，因而人才辈出，宋代有詹公骙，明代有商辂。而今人才萎缩，科第不举，究其原因，盖出于二塔倒塌之故。这是重建二塔的缘由。

在梅城的历史进程中，曾出过许多政绩显赫的官宦人物。为纪念他们的丰功伟绩，在南峰村南峰山上建有先贤堂，并立像以供后人瞻仰，陆游像列其中。

陆游，花甲之年受命严州守臣。在他的《严州重修南山报恩光孝寺记》中可以想见，陆游行走天下，饱览山川形胜，考千载之遗迹，但见到南峰村的南峰塔和诸刹之冠的光孝禅寺，以及塔下胜似汉嘉之凌云、天下异境之山光川霭时，仍感叹不已。

南峰塔为七级八面砖塔，登塔内石阶，盘旋而上，并非索力。游目骋怀，一江春水东流，乌龙山连绵雄秀。若是寒冬腊月，南峰塔下梅花斗艳，山峦城郭隐约沉浮。春意盎然时，俯瞰南峰村，桃红柳绿，蓝水莹莹，俨然一幅水墨丹青。

南峰塔下的鹊淇头视野很开阔，唐代著名诗人孟浩然曾在一个月映水中、清丽幽柔的夜晚，见此水波浩渺，江清月近，于是留下了这首千古奇篇《宿建德江》：

> 移舟泊烟渚，日暮客愁新。
> 野旷天低树，江清月近人。

鹊淇头，有一石坊临江而立，坊额"巽峰"两字了然。古人以八卦表示方位，"巽"为南，巽峰即南峰。石坊柱联有曰：

> 光孝禅林尚留山址；南峰古塔永峙江滨。

上联所说的"光孝禅林",就是南峰塔下的报恩天宁禅寺。

南峰禅林的历史悠久,前身是始创于唐代的广灵庵。北宋庆历年间,道明和尚即庵建广宁寺。绍圣年间,徙寺于山巅。由此推断,广宁寺在此之前可能是建在南峰山下的。崇宁二年(1103),改为"万寿禅寺"。政和元年(1111),易名"天宁禅寺"。宋徽宗宣和二年(1120),方腊起事攻占睦州,天宁禅寺和南峰塔俱毁。南宋绍兴四年(1134)修复天宁禅寺,并改名为"报恩光孝禅寺"。淳熙年间,僧人文则、法琦、智廓、仲玘等竭力筹措,老僧智贵倾其所募,郡人童天佑、童天扬、方珍全力出资,对南峰山的寺院进行大规模的扩建,殿、堂、庑、楼、亭、寮、室、库、垣,包括磴路和澡堂一一皆备,成了当时严州的一处名刹。明洪武二年(1369),僧志满重建,复名"天宁"。宣德、正统、成化年间,僧人绍宸、道浩、戒恩前后增创,天宁禅寺"气象显赫,甲于诸寺"。清光绪二年(1876),再次修建。至二十世纪四十年代末,寺院虽陈旧,但尚存。二十世纪六十年代,寺被毁,南峰塔幸存。二十世纪九十年代初,建德县风景旅游管理局主事重修南峰塔,复建天宁禅寺,古塔依然巍巍,古刹得以重光。

南峰山上原有潇洒亭,大概塌毁于南宋景定之后。现存潇洒亭和先贤堂,均于二十世纪九十年代初由建德县风景旅游管理局主事重建和新建。潇洒亭旁桂树下,有碑刻北宋绍圣年间知睦州军吕希纯《潇洒亭》传世:

> 郡因贤守得佳名,水态山光会此亭。
>
> 云外僧归穿竹坞,日边鸥下集沙汀。
>
> 浮梁倒影横雌霓,宝塔张灯叠万星。
>
> 不独班春行田野,重缘香火叩禅扃。

《景定严州续志》载南宋咸淳八年(1272)建德府知府方回《两至南山饮潇洒亭诗》:

> 悠悠桐江水,寓庐十二年。
>
> 重来六日内,两日登南山。
>
> 南山有何好,高阁西北偏。
>
> 隔江三千家,一抹烟霭间。
>
> 阁槛一巨松,挺出众木前。
>
> 野性所酷爱,老藤相纠缠。

亦如我与僧，相对谈幽禅。

稍遂物外性，屡写酣中篇。

故侯复齐民，冀发成华颠。

念当舍此去，焉得长周旋。

南峰山西侧有一座皇帝下诏赐封的山，当地百姓称其为"诏山"。诏山竹林中，两棵古樟参天覆地，其一树龄八百余年，另一树龄九百年有加。两树干腹中皆空，内均可纳二三十人。1500多年前于此建有宁顺庙。光绪《严州府志》载："宁顺庙在城南一里许，神为倪祖夫人，姓陈，名叔英，建德人。"

南峰塔

陈叔英从小嫁儒士倪可耕为妻，年十八而寡居，与儿子倪悼、媳妇化氏俱有神术。传说陈叔英神助后来的陈武帝陈霸先平了侯景之乱，"武帝诏立庙祀之"。

北宋景德四年（1007），诸路亢旱，"……降御札祷于庙，即时降雨，霈三昼夜。漕使胡则遣文林郎周宽夫祈雨，甚获感应"。之后"杭、越二州祷雨有应"，朝廷加封陈叔英为显应正节圣惠妃，封其子倪悼为崇福承烈广利王，加封其儿媳妇化氏为保宁协顺夫人，并赐钱三千修庙。

南宋绍兴四年（1134），张浚、岳飞率部平洞庭杨幺经此，谒宁顺庙请助，结果师

村南永安桥

获大捷。

清同治七年（1868），邑人陈元善、朱杭、王志富、徐春喜等劝捐修建宁顺庙，其中朱杭又捐地处庙山脚之良田，永为宁顺庙香火之资。

新中国成立之后，建德县南峰乡政府和城关区政府均将此设为机关驻地。

宁顺庙因其历史悠久，又因所供并非帝王将相，而是普通百姓一家，实属罕见。

（胡建文）

伊村村

伊村古今谈

　　伊村村，位于建德市梅城镇东南，距镇政府驻地15.8千米。东北至三都镇前源村、绿源村，南至大洋镇青源村、兰溪市柏社乡山门村，西至利群村。村委会驻伊村自然村，辖伊村、下畈、伊梓坞、卸坞、蔡坞、落山坪、王大坞、黄山坞、毛突、湖塘、茶壶坪、坞里山、黄泥岗13个自然村。全村395户、1295人。村域面积10平方千米，其中耕地面积53公顷、山林面积596公顷。主要出产茶叶、吴茱萸、蚕桑、毛竹、香榧、树木、稻谷等。

伊村村

伊将军庙

　　伊村村有座伊将军庙，又称伊公庙，位于伊村自然村。据道光《建德县志》记载，将军伊显（生卒年不详），字景明，武举出身，秉性刚直，膂力绝人，屡立战功。唐昭宗天复年间，任雍州（今西安）节度使。天祐四年（907）四月，唐哀帝李柷被朱温所逼，只好禅位于他。朱温改国号为梁，朱温篡唐后召伊显进京，伊显看清官场险恶，弃职归隐故里。伊姓后人缅怀先祖功德，建庙祭祀。

据伊村人说，洋尾源的伊将军庙和利群村的郭明府祠是这一带最古老的建筑。伊将军庙，前后两进三间，粉墙黛瓦，雕梁画栋，屋柱有好几抱粗，磉鼓（柱础）大如磨盘。大门顶上悬挂"伊将军庙"匾额，极为壮观。正殿供奉伊将军像，端庄威严。每年农历七月初七日都要举行祭祀仪式，以及周边香客都要前来祭拜，香火旦夕不绝，场面非常隆重。由于年久失修，伊将军庙现已成墟。

登云古桥

伊村村伊梓坞自然村有座登云桥，清嘉庆二十五年（1820）之前建。登云桥为单孔石拱桥，东西向横跨小溪之上。桥长 7.27 米，宽 2.62 米，高 3.51 米。桥面以块石铺砌，拱券为纵联并列砌筑，桥额镌刻"登云桥新建"字样。西端落坡低于东端落坡，略呈喇叭状，设有平台，平台两侧各砌踏步，南端 5 个踏步，北端 2 个踏步。

民国《建德县志》载：登云桥"在城南二十五里圮于水……"清光绪二十八年（1902）当地人伊笠寿投资重建。

伊村香榧

伊村种植香榧已有数百年历史，全村有 80 余棵香榧树，其中卸坞就有 30 余棵。卸坞有棵香榧树年产香榧 18 担，村里人因此称它为"十八担"。建德市古树名木目录榜上有名的两棵香榧树都长在伊村村，一棵在伊村自然村的村头，直径 1.2 米左右，高 30 余米，树龄 500 余年，1998 年被建德市人民政府公布为一级古树；另外一棵在卸坞自然村，直径 1 米左右，高 28 米，树龄 450 余年，为二级古树。均挂牌保护，严禁砍伐。

香榧树，当地人称"糙榧树"，红豆杉科，属常绿乔木，是世界上稀有的经济树种，生长于海拔 1400 米以下。树姿优美，枝叶葱绿，四季常青，富有观赏价值。一棵香榧树需生长几百年才能开花结果，人工嫁接的也要十年左右才会开花结果。香榧生长成熟期为三年，第一年开花，第二年结果，第三年成熟。香榧树上有一年果、两年果同时存在，故称"三代果"。树有雌雄之分，雄性香榧树，树干挺拔直立，枝干很少，不结果实，木材纹理细直，硬度适中，香气宜人，是建筑、家具及工艺雕刻等优良木材。

香榧外皮呈淡蓝色，有深蓝色的条纹，大小如枣，呈椭圆形或倒卵圆形。果实成熟

伊村榧树

后从树上掉下来，捡来用箩筐挑到天井里堆放在一起。除了下雨天，每天都要往果实堆上泼水，让外面皮烂掉。等到霜降，再把烂掉外皮的香榧用水清洗，然后用香榧树干烧成的炭火焙烤。

香榧为干果中的珍品，是馈送亲戚朋友和宴席上的上乘佳果之一，并被列为朝廷贡品。香榧外壳较硬，呈两头尖橄榄形，敲掉外壳是黑色果衣包裹的淡黄色果肉，香脆可口，诱人食欲，含有丰富的蛋白质和多种微量元素，营养价值极高，深受人们的喜爱。

茶园记忆

伊村境内峰峦叠翠，景色秀丽，雨量充沛，是茶树生长的好地方。茶园分布于各个自然村，以蔡坞、落山坪为多。年产成品茶 400 余担。伊村村的茶叶碧绿带茸，清香飘溢，滋味醇厚。

二十世纪六十年代初，蔡坞、落山坪茶叶比较多，大队决定在蔡坞创办小型茶厂，采取传统手工制茶，从最初的采摘、晒青、炒青、揉捻、烘焙，环环相扣，每道工序都严格把关。六十年代末，由于茶园不断扩大，决定在伊梓坞建茶厂。茶厂翻炒机、揉捻机、铁皮滚筒烘干机等制茶设备需用电，当时伊梓坞尚未供电，大队干部马不停蹄，历经周折，购来一台柴油发电机，解决了用电的问题，伊梓坞茶厂正式上马。起初以柴灶炒青，后改用烧石煤。伊梓坞茶厂，是洋尾公社最早创办的半自动茶厂。

伊村一角

茶叶归国家统一收购，那时全公社还没建公路，境内全是乡村小道，连双轮车都难以通行。出厂的茶叶全凭肩挑送往里蔡洋尾供销社收购站，来回二三十里路很艰辛。二十世纪七十年代初，洋尾公社建了机耕路，用上了手扶拖拉机运送茶叶。

黄山坞水库

黄山坞水库位于伊村村东龙皇尖山腰的黄山坞，故名。1971 年，洋尾公社成立黄山坞水库建设指挥部，抽调全公社各大队的社员到黄山坞建水库。上山建水库的人自带铺盖、粮食和蔬菜，住在黄山坞人家里，白天挑泥，集体蒸饭，晚上睡地铺，生活条件很艰苦，但干劲很足。1978 年水库建成，坝高 25.5 米，坝长 180 米，集雨面积 0.97 平方千米，总库容 68.36 万立方米，正常库容 56.51 万立方米。山谷中水面延伸 400 余米，形成水面 4 公顷。灌溉面积 66.67 公顷。

种植吴茱萸

若干年前，伊村村实施高山脱贫整村搬迁，188 户农户移民下山，陆续安置在梅城镇。在有关部门的牵线搭桥下，移民下山的伊村村民只要是有工作能力和工作意愿的，都可以找到适合自己的工作，每月有了固定收入。

村民又在伊村原有的山地上种植吴茱萸。吴茱萸是名贵中药材，对生长环境要求不高，而且培育管理很简单，两年内可以有收获。在市场行情比较好的情况下，每家每户每年能有 1.5 万—2 万元的吴茱萸种植收入，再加上在梅城工业园区打工的工资收入，生活水平越来越高。

（汪建春）

贺宅村

仁义贺宅村

贺宅村，位于建德市大洋镇南，距镇政府驻地 10 千米。东至三河村，西至下田村，南至荷花塘、杨梅山，北至新联村。村委会驻里贺宅自然村，辖里贺宅、外贺宅、谷子坞 3 个自然村。全村 465 户、1516 人。村域面积 6.6 平方千米，其中耕地面积 46.4 公顷、山林面积 497.6 公顷。主要出产稻谷、柑橘、樱桃、蔬菜、蚕桑等。贺宅村是浙江省善治示范村。

贺宅村

贺宅村，原属三河乡，后来三河撤乡设村，划归大洋镇管辖。三河，地处浙西山区，在建德与兰溪的交界处，人们曾戏称三河为"兰溪不要，严州不管"，可见其偏僻。站在三河村中心地带的大桥上，顺着一条宽阔的溪流往西眺望，可见溪边有座小山像一只猛虎伸展双腿横卧着，似蓄势待发，又像要开怀畅饮。绕过"虎腿"前的公路，眼前豁然开朗，溪流两岸青山连绵，山下大片田地种着各种经济作物。目光尽头，幢幢楼房鳞次栉比，简直来到了一个世外桃源。

一

贺宅，听这村名，应该是以贺姓为主，但现在已经没有一户姓贺。整个村人口最多的是聚居于里贺宅的蒋姓人家，其次是聚居于外贺宅的舒姓人家，另有何、黄、王、金等二十来个姓氏的族人散居于此。

贺宅蒋氏之祖蒋志高（1645—1685），为人勤俭，崇尚礼仪，积德从善。他从小就同情弱势群体，每当看见穷人和乞丐路过，都要施舍，遇到饭点就请到家里一起吃饭，遇到天黑就留住一晚。这样的次数多了，好名声也渐渐传开，方圆几十里都知道三河源南坞口有户人家乐善好施。

有一天，蒋志高看到门外来了个打卦先生（当地人称算卦先生为打卦先生），就把他请到家中，以礼相待。后又多次把他请到家里做客。一来二往，双方十分投缘，成了好朋友。从此，打卦先生到蒋志高家就像是到了自家一样。交往了一段时间后，打卦先生郑重地对蒋志高说："南坞口这个地方两边是山，山口太大，里边太小，而且里高外低，整体就像一个畚箕，不聚财，发丁难，有财也要往外倒出去，没有好办法积财，好事做得再多也没用，因为发财致富需要天时地利人和，金木水火土五行合理搭配，南坞口并不是一个好地方。"蒋志高听了急忙问道："那怎么办呢？""搬家！"打卦先生说，"你用洋箩担把铺盖挑出去，洋箩担歇在哪里就在哪里安家。"

蒋志高相信打卦先生。于是，选了一个好日子，按打卦先生所说，收拾好铺盖和生活用品装进洋箩担，挑着出了南坞口。他一路走一路想，自言自语地说："到哪去安家呢？"没有目标，就顺着大路走。当走到贺宅里胆头时，恰巧碰见了一位朋友。朋友向他打招呼："在这里碰见很难得，来抽筒烟。"蒋志高一高兴就放下了担子。正要抽烟时，才想起打卦先生说的话，"洋箩担歇在哪里就在哪里安家"，于是他就在贺宅里胆头路边的一个茅草铺里安了家。

过了一段时间，蒋志高又碰到了打卦先生，并请他到家里做客。打卦先生问他："你怎么这么近就把担子歇下来了？"蒋志高道了原委，打卦先生这才明白，但也没有责怪他。

又过了数月，打卦先生从兰溪到贺宅，经过东坞桥时，发现桥下有一个女乞丐，正在用手捧水喝。打卦先生若有所思，急忙来到蒋志高家里，对他说："志高，我刚才在东坞桥下看见一个女的在喝水，她用手捧水时，一滴水都不会从手指缝里漏下来，这真了不起，看来她是能'聚财'的人。如果能把她留下，你就有了个好帮手，你俩在一起一定能聚财发丁。你先去看看，这人你喜欢不，如果喜欢，我就去帮你牵线搭桥。"

蒋氏宗祠

在打卦先生的撮合下，女乞丐表示同意留下来。两人成亲后，夫妻恩爱，勤俭持家。后来生有两子，长子世康，次子世安。世康又生两子，长子超，次子荣。荣育有四子，长子维崧，次子维岳，三子维岱，四子维坅。此四子就是现在贺宅蒋家四房的祖先。

自从蒋志高娶了女乞丐之后，蒋家就形成了一条规矩，凡是有乞丐来到家门口，一律叫"客人"，不允许叫"讨饭客"。

二

蒋氏宗祠位于里贺宅，分别建于明、清和民国时期。总占地面积2400平方米，建筑面积1220平方米，由三进及四个厢房组成。传统砖木结构，五花山墙，八字门面，面阔五间。

祠堂第一进搭有传统戏台，逢年过节会请来戏班子热闹一番；第二进继述堂，建于民国年间，方形石柱林立，气势不凡；第三进是供奉蒋氏先祖的庙堂。祠堂梁托上雕有狮子抛绣球、麋鹿送仙草等图案，栩栩如生。第一进门前有三棵古柏和一个长方形池塘。历经数百年的古柏苍劲繁茂，见证了贺宅蒋氏家族的发展历程。

建造祠堂时，蒋家人希望蒋志高当祠堂主，带领大家一起干。蒋志高觉得自己威信不够高。有人给他提出了一个建议，蒋志高决定试一试。于是，他先组织蒋家众人在祠堂基地上挖池塘。大家齐心协力，很快就挖好了池塘。蒋志高随即又叫大家将刚挖好的池塘填平。为什么刚挖好又要填平呢？按理，大家对这种莫名其妙的事情会抵触，但没想到，大家都照办了。蒋志高据此了解到大家对他很信任，也就打消了先前的顾虑，领着大家齐心协力造祠堂。

听说蒋氏要造宗祠，十里八乡的木匠纷纷来揽活。由于报名的人数太多，蒋志高不知道该如何选工匠。他想了一个办法，要求每个木匠做一只三脚码（木匠用来搁木头的工具），做好后浸在水中一段时间再捞起来，然后拆开榫头检查，榫头湿了的木匠被淘汰，不湿的留下。因为榫头契合度高，水就难进去，说明木工技术好；反之，则说明技术不够好。这样一来，蒋志高就请到了一些技术精湛的木匠师傅，为建好宗祠打下了基础。

三

骑龙庙，位于贺宅村殿山脚下，建于明代。规模庞大，主庙前是池塘——三格塘。

相传明万历年间，兰江一带暴发瘟疫，轻者上吐下泻，重者一病不起，百姓及家畜的生命都受到了不同程度的危害。当时缺医少药，一些人无奈之下，只好去求骑龙庙的三公主妙善菩萨。正在他们跪求之际，突然间天上有乌云似龙翻滚而来，接着雷鸣电闪，倾盆大雨直泻而下，不久雨停，东面天空显出一道长长的彩虹。人们以为是菩萨显灵。回家后，他们早晚饮用少许土烧酒和民间清凉解毒的中草药，每家每户全面喷洒药物消毒清理，三日后病情竟有所好转，疫情也得到了有效控制。

贺宅骑龙庙

为感恩谢德，每逢农历初一、十五日，二月、六月和九月十九日，人们都要来骑龙庙祭拜，祈求风调雨顺。

骑龙庙在清代中叶渐渐受损倒塌。1955年连续暴雨侵袭，只留下残缺的主庙。直至二十世纪八十年代初，该庙才由村民自筹资金修复。

近年来，骑龙庙已是村中老年妇女的健康活动场所。她们自编自演，载歌载舞，打造了《十房媳妇》《八仙过海》《颂贺宅》等精彩的民间节目，为创建美丽和谐、文明健康的贺宅村谱写了新篇章。

四

贺宅蒋氏人才辈出，如立过战功的五品卫蒋应怀和蒋庚齐，岁进士蒋芳泉，民国时期黄埔军校毕业后担任国民革命军炮兵独立团团长的蒋鸿范，民国时期在江苏省任大法官的蒋邦良等。

贺宅蒋庆棠夫妇，更是贺宅人的美谈。

蒋庆棠，字侠民，民国十八年（1929）生。为保家卫国，1950年报名从军抗美援朝，分配到福建陆军第31军。两年后，到上海华东区国家机关干部和部队院校骨干培训班学习。1954年被国家选派苏联留学，就读于苏联列宁格勒加里宁工程学院，学习机械工程专业，被评为苏联优秀学生，获硕士学位。1960年元旦回北京，分配至西北工业大学从事航空航天研究，后升为教授，任西北工业大学航空航天教研室主任。

梁琦，蒋庆堂夫人，民国二十二年（1933）生。1954年被国家选派苏联留学，就读于苏联列宁格勒加里宁工程学院，学习电子工程专业，获电子工程硕士学位。1961年元旦回北京，分配至西安西北工业大学从事航空航天电子研究，后升为教授，任西北工业大学副校长，陕西省委常委，陕西省统战部部长、党组书记，陕西省海外联谊会会长，陕西省科学技术委员会主任，陕西省高教委员会书记，陕西省政协常务副主席等职。

（蒋林山　金忠兵）

三河村

三河多古迹

　　三河村，位于建德市大洋镇南，兰江（富春江水库）中下游，距镇政府驻地8.2千米。东邻江东村，南依兰溪市女埠街道，西接兰溪市黄店镇朱家村，北连鲁塘村。村委会驻三河自然村，辖三河、曹村源、塘坞里、何坞、四份头、方坞、外方、朱家教、唐家、后桑园、陈村11个自然村。全村347户、1091人。村域面积9.6平方千米，其中耕地面积31.13公顷、山林面积707.93公顷。主要出产稻谷、"红美人"柑橘、蚕桑等。三河村是浙江省文明村、浙江省卫生村。

三河村

一

　　三河一带百姓称三河为"三河埠"或"三河滩"。三河滩的由来，源于一个传说。

　　相传，很早以前，金华府有个金员外，生有小女名翠凤。一天，翠凤姑娘由丫鬟陪着游览婺江。她们行至江中大桥，忽见水面浮出一对红鲤鱼着实好看，翠凤好奇俯首观望，戴在头上的丹凤金钗不慎落入江中。谁料江中顿起白浪滔天，江水流速倍增，翠凤姑娘的丹凤金钗顺着水流而下。她俩便沿着兰江慌乱追赶。

经三天三夜，丹凤金钗过马公滩、中洲滩、黄盆滩、礁石滩、施家滩，又被水流冲到了三河村的鼠山湾，翠凤姑娘和丫环也追赶到了鼠山湾。

正在此时，鼠山山腰发出一声巨响，一道金光闪过，一只独角金龙挡住了翠凤姑娘的去路。翠凤随即对它喊道："光天化日，你想作甚？"那独角金龙露出一副淫笑："我要你做我的龙夫人。"翠凤听罢，愤然回道："孽畜，胆敢无礼！"那独角金龙又露出一副冷笑，欲上前无礼。翠凤觉察不妙，急匆匆抽出双剑，朝那独角金龙劈去。独角金龙举起双板斧应架，一时狂风四起，飞沙走石。双方厮杀中，翠凤不敌逃脱，但被独角金龙抢起板斧，劈下了一段衣裙飘落在江中。江中顿时涌起了一条长长的形如凤尾的沙滩，从此人们称此滩为凤尾滩。因凤尾滩处于三河下首，所以被称作三河滩。但是凤尾滩的故事，一直如风传送。

滴灵寺

二

村中凤凰山万灵寺的历史很久远，据《建德县三河乡文化志》记载，西汉，有姚刚、姚月华兄妹在凤凰山下屯兵起义，姚家兄妹被官兵所杀害，其寺为纪念姚家兄妹而建造。据传万灵寺规模宏大，香火鼎盛时有僧五百，东汉末年毁于山洪。

三国时，当地百姓又在凤凰山下建造了一座滴灵寺，因有洞水常年从岩崖滴落故名。

滴灵寺环境幽静，交通便利，山清水秀，风景优美，不仅历史悠久，而且还是早期中共三河地下党组织活动的据点之一。1930年6、7月间，以童祖恺为首的中共建德地下党组织领导的农民暴动队（成员均为三河、大洋、麻车、洋尾村人），就把滴灵寺作为秘密据点之一。民国时期一个名叫"海"的同志（大洋杨村人、中共党员）曾在滴灵寺办过私塾，以教书为掩护进行秘密革命活动。中共建德地下党员陈一文（洋尾村人）回忆说："李牛伪、何瑞麟、王绍良等参加大洋农民暴动的队员，经常从大洋庆丰转到滴灵寺隐蔽。"又据中共建德地下党员徐孔昭（三河下徐村人）回忆："我北上延安之前，就曾到滴灵寺给学员宣讲过革命道理。"

滴水桥

1953年，滴灵寺被山洪冲毁。二十世纪八十年代初，村民在古寺旧址上自发修建了一座小庙。二十世纪末，滴灵寺重建。寺院建成，村民自发组织千人庙会，以示纪念。

三河村除万灵寺和滴灵寺外，曾建有太平庵、太祖庙和龙王殿。

太平庵，亦称镇武庙，坐落在三河村村北。庙分新老两殿：老殿为三开间三进，建造于清康熙年间；新殿为五开间一进，建造于清光绪年间。庙中塑有玄天上帝、普陀观音、四大金刚、胡公大帝、地母娘娘以及刘、关、张塑像等50余尊。1950年前，曾为陈村乡中心小学校址。1969年，因建设富春江水电站，三河移民时被拆除。

太祖庙，建于明朝末年。坐落于三河村村东江边，三开间，砖石结构。内塑有朱元璋塑像，故称太祖庙，又因庙墙红色，亦称红殿。庙前有一古柏，高十丈余，胸围三抱之余，据说已有700年树龄，1958年遭雷毁。1969年，太祖庙因建设富春江水电站移民而拆除。

龙王殿，坐落于鼠山下樟树坞口，建于民国二十三年（1934），1952年拆除。

龙王石窟，位于凤凰山腰壁，崖形似屋，长34米，宽5米，石壁上凿有石罗汉108尊。二十世纪六十年代，崖下石雕被凿，石碑毁损，始造年代因此无考，唯留下石床、石房间、石臼、石磨、石碗等遗迹旧物。

三河埠

三

三河村的古民居和古桥，因人为和自然的原因，保存下来的不多见。

陈家厅，位于三河村中，三间两进，砖木结构，建于清同治十二年（1873）。厅前有道院一方，种有梧桐树。新中国成立之初，在此办过农民夜校。之后，设过三河乡粮站。1969 年，为三河农场驻地。

王家厅，位于三河村东，三间两进，建于清光绪九年（1883）。新中国成立之前，为陈村乡公所办公场地。1969 年，为建设富春江水电站，因移民而拆除。

蒋家厅，位于三河村里角头，三间一进，建于清同治九年（1870）。1954 年遭龙卷风袭击倒毁。

九节桥，始建于清光绪年间，又名上将桥，位于三河村上首上坑，由贺宅村蒋氏筹资建造。桥长 11.2 米，宽 2.4 米，桥面由 201 块石板铺成。1969 年，富春江水库建成后，兰江水位上升，桥身被淹没，因江（新安江）南（建南村）公路建设被拆除。

太平桥，亦称下坑桥，坐落在三河村下首下坑口，建于清光绪二十七年（1901）。一拱石砌，整齐美观，桥高 8 米、宽 4 米，由陈建常、徐鸿生集资筹建。1969 年，富春江水库建成，兰江水位上升，下坑成了水库，因此太平桥被改造成了排洪闸门。

原址移至村公园的下坑古桥

下坑桥，位于下坑桥。此下坑桥为桥名，彼下坑桥为地名。下坑桥，为单孔石拱桥，建于明末清初。因早些年建造江南公路部分被掩埋，近年有外地商人前来高价购买该桥整体构件，被村委所拒。2022 年 9 月初，三河村委将下坑桥整体移至附近新建的村公园内，供村民、游人继续使用和怀古。

（钱卫娟）

杨桥村

问史话杨桥

　　杨桥村，位于建德市大洋镇东，吴家溪和金宅溪在村头交汇流经兰江，距镇政府驻地10千米。东至青源村，南至柳村村，西至麻车向阳自然村，北至麻车村。村委会驻地杨桥头自然村，辖杨桥头、桐坞、青样下、前亩、石塘寺、白岩坞6个自然村。全村373户、1172人。村域面积7.18平方千米，其中耕地面积48.4公顷、山林面积426.6公顷。主要出产稻谷、茶叶、药材、杨梅等。杨桥村是浙江省民主法治村、浙江省善治示范村、杭州市书法村。

杨桥村

　　杨桥村曾叫双溪口，因吴家溪和金宅溪在此汇流而得名。

　　元忽必烈至元二年（1265），杨桥杨姓祖先从兰溪下阳迁徙到此繁衍生息，并于桥头溪上建造石桥一座，故称"杨桥"。

杨桥杨氏宗祠，是建德市历史建筑保护单位。宗祠坐北朝南，三进两天井，白墙黑瓦，雕梁画栋，马头防火墙矗立，是典型的徽派建筑风格。占地面积 650 平方米。据记载，杨氏宗祠于清乾隆辛巳年（1761）重建。宗祠南大门周边用青条石建成，门楣上方有阳刻"关西衍派"四字，书法雄强，苍劲有力。

杨氏宗祠

杨氏宗祠正厅悬挂有"清白堂"牌匾一块，杨氏宗谱载有《清白堂记》：

吾邑有杨桥杨姓，英贤辈出，清白遗风，诚巨族也。其人良，其风醇，其习尚勤耕而苦读。杨祠，峻阙宇森，仰瞻其上，有清白堂者，乃杨氏遗教也。汉杨公震字伯起，明经博览，为诸儒所宗，号曰关西夫子，却王密之金而谓"四知"，清白廉明，后世称为清白吏。清白传家，遗教深而莫善也。清白二字，古人有伯夷者。孟子谓：圣之清逸，民中有虞、仲、夷。逸者谓之身中清。孔子有云：不曰坚乎，磨而不磷，不曰白乎，涅而不缁是非，圣人欲清而或不能，身欲白而或不白，则求臻于清为至清，白为至白也。难矣！果能得乎清白之实，必如伯、夷、虞、仲。不然，除志辱身，安能清风越俗而如白玉之无沾也。传后之观视者，顾名思义，必清心寡欲，不使有毫发私利萌于心，清白自持，不流同污合，勿使有微渺苟且存于念。如是处也不失义，不溺俗，克敬克爱，不歧不求，能正其谊而自立。进也不离道，不危随，尽节而尽忠，仁民而爱物，不负所学，当鼓舞人心，效法先贤，清白二字，谨记于心，永传后世。

四知堂

杨桥人视东汉名臣杨震为远祖，《清白堂记》中卸王密之金而谓"四知"讲的就是这个故事：

杨震为官清正廉明，不贪钱财。他在居官荆州时，发现王密才华出众，便向朝廷举荐王密做昌邑县令。

杨震五十二岁时，从荆州赴东莱郡当太守，途中路过昌邑县，县令王密是杨震在任荆州刺史时提拔的官员，遂亲赴郊外迎接恩师。

晚上，王密前去拜会杨震，两人聊得十分高兴，不知不觉已至深夜。王密准备起身告辞，突然他从怀里掏出一包黄金，放在桌上说道："恩师难得光临，我准备了一点小礼，以报栽培之恩。"

杨震说："以前正因为我了解你的真才实学，所以才向朝廷举荐你，希望你做一个廉洁奉公的好官。可你这么做，岂不是违背了我的初衷和我对你的厚望。你对我最好的回报是为国效力，而不是送礼给我。"

可是王密还坚持说："三更半夜，不会有人知道，请收下吧。"

杨震立刻变得严肃起来，声色俱厉地说："你这是什么话！天知、地知、你知、我知，怎么会没有人知道呢？"

王密顿时满脸通红，羞愧地退了下去。

杨氏宗祠在民国时曾办过学堂，现宗祠后进柱子上还留有对联一副：

陶铸我国民全注精神一振；培植佳子弟还须宽恕三分。

与杨氏宗祠一弄之隔，有一座建于明末清初的气势恢宏的堂楼。堂楼三进进深，屋宇雄伟，门面青砖镶嵌，严丝合缝。门口有石台阶五级，跨过高高的石门槛，迎面供奉的便是杨震的塑像，两廊则是文曲星和武曲星的雕塑。1974 年建造杨桥小学，为了筹集木料，堂楼被拆除。

村中的杨震雕像

杨桥村 129 号民居，始建于明末，据老辈们说，是杨桥杨姓七房头祖先杨振幼时生活过的居所。杨振大约出生于明崇祯年间，自幼饱读诗书，后考取功名外放做地方官，任官期间清正廉明，深受地方百姓爱戴，老年回乡安居，逝后葬于杨桥后山。

杨桥村 129 号民居

2015 年，杨桥村建造文化礼堂，在平基时挖到古墓一座，墓中出土石碑一方。碑额篆书安徽宿州太守杨公墓志，知该石碑乃是杨振墓志铭。铭文记载了杨振的生平事迹，但由于年代久远，字迹已模糊不清，不能识读。

石塘寺，建于元至正年间。原址在杨桥村与柳村黄山畈交界的一处开阔地，寺庙背靠青山，前临溪流。石塘寺规模宏大，香火鼎盛，每逢初一、十五，四邻八乡善男信女都要前来进香朝拜。

石塘寺寺门口曾建有四角石亭一座，亭里有井，深不可测。

据老辈们说，在石塘寺遗留的残垣断壁中尚有大钟一口，1958 年大钟被毁。

相传乾隆皇帝下江南时曾到过石塘寺，他指着寺庙说，石塘寺好是好，可惜倒掉后就修不起！皇帝开了金口，后来石塘寺毁于洪水，一直没有重修，现只留下了旧址。

除了石塘寺外，杨桥头还有上殿、下殿两座殿宇。上殿坐落于康家门口，下殿坐落于村口，二殿相距 150 余米。上殿坐东朝西，殿宇雄伟，奉有地藏菩萨和十八罗汉，香火盛极一时。

1958 年至 1960 年上殿办过大队食堂，全村男女老少按人头到上殿分领一日三餐吃食，1988 年因建杨桥卫生院上殿被拆除。

下殿规模相对较小，里面塑有四大金刚，二十世纪六十年代被毁。八十年代初，在下殿原址上建造了一座氨水池，2000 年又将氨水池填埋建造了村委办公楼。

在杨桥村西头，距下殿百步之遥，原有一处古树群，浓荫蔽日，都是树龄几百年、树径好几围的参天大树，于 1958 年被砍伐。

虎距桥，位于石塘寺下埠，建造于清嘉庆二十年（1815）。桥为双孔平面石桥，贯通两岸。此桥是杨桥通往柳村和兰溪的必经之路。2002 年石塘寺高标准农田改造时，挖出桥碑一通，是为虎距桥碑。碑文记载，虎距桥，由乡人及石塘寺僧众共同捐资建造。此桥毁于何年，不得而知。

杨桥头石桥，据传为杨桥杨姓先祖所建，具体建造年代不详。经询问村里老人，都说该桥建于清朝以前。石桥长 15 米、宽 4 米、高 4.5 米，桥墩采用当地青质块石浆砌而成，四根桥梁上铺青石板，坚固美观。惜该桥因河流改道而被填埋于地下。

（蒋建忠）

麻车村

兰江麻车埠

　　麻车村，位于建德市大洋镇东南，距镇政府驻地 4.4 千米。东至青源村，西至兰江，南至江东村及兰溪市香溪镇坑边村和马涧镇大丘田村，北至高垣村。村委会驻上新屋自然村，辖麻车埠、大片、下屋、小铺基、下坑、蛤蟆山、水桶山、老鼠坟、外铺、朱山坪、山坞、官塘、叶家、鲍村、小吉、水杨山、甲石蒋、上处、伊坞、长岗脚、何坞、岗背、何坟山、乌源、里蒋岭、下新店、上新屋、长湾 28 个自然村。全村 1082 户、3650 人。村域面积 18.76 平方千米，其中耕地面积 166.07 公顷、山林面积 1022 公顷。主要出产稻谷、茶叶、柑橘、杨梅等。麻车村是浙江省健康村。

麻车村

一

　　相传康王赵构逃出金营"泥马渡江"后，大宋遗臣闻风而来，在其麾下聚集，辗转选择迁都杭州，史称南宋，虽然弃了汴京，偏安一隅，却带动了江南文化经济的发展。

麻车埠

　　传说有位徽州商人携全家乘乌篷船一路向东，经新安江，过三江口，溯兰江而上。这天下午突然风雨大作，小船急剧颠簸，岌岌可危，无奈随波逐流漂至兰江东岸的石堂埠，停泊在一块石壁下躲避风雨。

　　雨过天晴，夕阳西下，只见石壁下水波荡漾，清澈见底，岩背上大片绿茵，四周群山环绕，满眼翠柳碧草，仿佛置身于美妙的画图之中。徽州商人收拾湿衣湿被，铺晾在岩石之上，一家人于此借宿。他随手捡了块砖头当枕头，欣赏着满天繁星渐入梦乡。朦胧之中，一白须过腹的老者慢慢地走上前来对他说："你将金库钥匙当了枕头，此乃天意！"徽州商人不明其意，急忙起身抱住了欲将离去的老者一条大腿，想问个究竟，却被那老者一脚踢开，而后老者飘然而去。

徽州商人觉得刚才的梦境仍然十分清晰，就伸手摸了摸砖头。"这是金库钥匙？金库在哪里呢？"他望着眼前的石壁，似有所悟。于是捧起砖头，在石壁上轻轻一磕，只听"轰隆"一声，石壁很快分开，现出一个山洞，洞中满地金砖内闪发亮。往里有一石室，罗列着金身菩萨和罗汉。

徽州商人掠过金砖，喜滋滋地抱一尊金罗汉出门，转身再去抱第二尊金罗汉到门外时，却发现前一尊金罗汉已经回石室了。他抱一尊出来就有一尊进去，如此反复，直累得他汗流如注，上气不接下气。无奈，只好在金库门口坐下歇息。不料刚放下的金罗汉也迈动双脚进了洞里，商人连忙起身去阻拦，只听得"砰"的一声，石门关上了，徽州商人被撞倒在地晕了过去。等他清醒过来时，发现自己的头上被撞了个大包；寻找金库钥匙时，却发现金钥匙扔在了洞里。

第二天日出东方，懊恼了一晚的徽州商人看看平静开阔的水面，想想自己撞头的经历，忽生灵感："这难道不是'麻车（老法榨油设备）撞'吗？这里适合泊船，应该称为麻车埠。"身边的妻儿和当地人听了，也觉得"麻车埠"这个称呼挺好，于是这个名称就被叫开了。

当然这只是个传说，其实早在八百多年前，这里就有一座远近闻名的大麻车，周边百姓都将菜籽、茶籽运到这里来榨油。

随着1969年富春江水电站水库蓄水，兰江水位上升，麻车埠头、当地居民、商铺连同那座榨油的麻车坊全部后迁。之后麻车大桥建成，两岸公路畅通，麻车埠也渐渐失去了原先的水上交通功能。

二

在麻车埠这片古老的土地上，自民国以来诞生了两位将军，一位是民国时期空军参谋学校校长、空军北平基地司令胡国宾，另一位是中国人民武装警察部队原政委徐永清。

胡国宾，1909年出生于麻车埠破落的地主家庭，12岁那年父母双亡。因其聪颖过人，在伯叔父的资助下读完浙江省立第九中学，考入黄埔军校第六期，后成为中国首批22名飞行员之一。抗日战争期间，胡国宾率机飞临前线与日机空战，屡建战功，多次荣获战功勋章。之后历任中国航空参谋学校校长、空军北平基地少将司令。1948年冬，北平和平解放前夕，国民党当局急电胡国宾，将空军部队撤至青岛，并严令在撤出北平之前，炸毁北平的主要军事设施和名胜古迹。但是胡国斌为了顾全北平人民生命财产和文化古迹的安全，拒不从命，因此被撤职查办，后退出了军界。

徐永清，1938 年 8 月出生于建德麻车长岗脚村一个贫农家庭，未满一周岁母亲便去世。12 岁那年，徐永清考入浙江省立第九中学初中部。1953 年下半年，16 岁的徐永清被麻车乡政府选中，参加麻车乡信用社的组建工作。1955 年调到麻车乡政府当文书。1956 年 10 月，担任县政府档案文书。同年年底，徐永清投笔从戎，开始了军旅生涯。从普通战士一步步走向浙江省军区政委、兰州军区副政委、中国人民武装警察部队政委，1988 年 9 月被授予少将军衔，2000 年 6 月晋升为武警上将警衔。徐永清虽身在高位，但心系家乡百姓，2000 年开始设立"徐永清基金"，资助麻车村贫困学生和生活困难老人。

三

麻车村有两座历史悠久的寺庙——慧华寺和慧灵寺。

慧华寺

慧华寺，位于麻车新村以西的岗背下，建于三国东吴时期，至今已有一千七百多年的历史。清顺治年间改建，易名为莲花庵；嘉庆年间重修，沿用旧称。民国至新中国成立之初，作为私塾，徐永清将军曾在此求学。二十世纪九十年代重修，恢复始建时的名称。寺门上"慧华寺"三字，由徐永清将军题写。

慧灵寺（原名慧林寺），坐落于风景秀丽的马岭山之麓。南北朝梁武帝年间，高僧一峰禅师来此处开山修道，兴建了慧林寺。大殿三进各三楹，僧房及其他房舍 120 余间，僧众最多时达 400 人，另有庵堂 18 所。总体规模宏伟壮观，声名远播。山中有奇峰白罗尖，山顶天生石桌石凳，相传是仙人下棋之处。山上还有形如戏台的戏台山、形如马蹄的马蹄石等奇观。山间流水盘山而下，如千层瀑布。慧林寺，在明、清时期及 1995 年多次重修。2001 年由建德市民族宗教事务局改名为慧灵寺。

四

1961 年 6 月，中国人民解放军铁道兵第八师三十八团参加杭兰铁路建设，二营进驻麻车村，营部设在麻车草袋厂，二营五连驻扎麻车长岗脚村。

麻车吴家大溪

《建德县志》载："1960 年，县境内有修建第二条杭州至兰溪铁路之举。"这里的

"杭州至兰溪铁路"，是指自桐庐进入建德县安仁，过大畈，穿乌龙山隧道，跨七里泷大桥，经洋尾、麻车进入兰溪的第二条杭兰铁路线。

1961 年 7 月 22 日，二营五连 6 名战士及该部机械连 2 名战士共 8 人，在武装泅渡兰江的训练中不幸牺牲，平均年龄仅 21 岁。

部队官兵和乡亲们都非常悲痛，将 8 名烈士安葬在麻车埠梨树林，每年都有学生成队前往墓地扫墓。后因富春江水电站建设兰江水位上涨等原因，烈士墓经多次迁移，最终合葬于大洋镇大洋村"双童烈士"纪念馆。

致敬烈士：

> 杨泽伦，贵州遵义人；
>
> 刘天福，贵州开阳人；
>
> 郑朝达，贵州郎岱人；
>
> 刘强兴（长升），湖南娄底人；
>
> 朱天华，贵州贵阳人；
>
> 杨光文，贵州黔西人；
>
> 唐永康，广西富钟人；
>
> 陈美茂，广西富塘人。

（储海英）

天雷尖情愫

　　庆丰村，位于建德市大洋镇西南，距镇政府驻地 4.2 千米。东至上源村，南至枫岭山，西至兰溪市黄店镇坞口村，北至岩山与里黄村接壤。村委会驻地俞坞自然村，辖俞坞、大山里、竹竿坞、西坞、寺坞、桐溪坪、盛塘、梓塘、罗塔坞、大宅里、桥头 11 个自然村。全村 499 户、1709 人。村域面积 10.08 平方千米，其中耕地面积 25.6 公顷、山林面积 797.13 公顷。主要出产绿化苗木、茶叶、稻谷等。庆丰村是浙江省卫生村、浙江省善治示范村、浙江省健康村。

庆丰村

一

　　庆丰村人的家乡情结很深，"看不见天雷尖就会流眼泪"可以看出，天雷尖在庆丰人心中的分量有多重。

　　千百年来留下无数神话的天雷尖，在庆丰人的心目中就是一座圣山。站在天雷尖顶极目远眺，两府（严州、金华）四县尽收眼底。东眺浦江、南望兰溪、西俯寿昌、北视建德，一览众山小的那种豪迈气概油然而生。

　　传说八月十五的那一天，八仙来到天雷尖，在顶巅一汪清泉里洗过脚。在那个皎洁的夜晚，神仙们与嫦娥的对白肯定别有一番情调与雅趣；留在石岩上的马蹄神印总能唤起人们久违的记忆，似乎还能听见天马嘶鸣的声响，村里白胡子老人至今还在感叹：天马误饮了充满神力的"洗脚水"奋力狂奔，冲出天雷尖越过兰江闯入白马山的洞穴从此再也难见尊容。"要是有千年稻草就好了，就能把白天马从洞中引出来！"老人活在神话中的神情憨态可掬。

西坞石拱桥

马立坪石拱桥

百丈岩崖仞笔立寸草不生，胆怯者战战兢兢双腿发软，这里应该是英雄站立的地方。不经过攀爬"虎跳崖"的艰难洗礼，休想到达勇敢者才配到达的顶峰。"不到长城非好汉"，天雷尖就是庆丰人心目中的"长城"，没有攀登过天雷尖的后生算不上好后生，难怪在庆丰人的身上，能看出无处不在的坚定、坚韧、执着和永不服输的精神。

二

最令庆丰人引以为傲的历史人物，莫过于大宅里的潘郎中。

宋代，那个家境贫寒没上过私塾的放牛娃，不任由命运摆布跟着江湖郎中学医求药，后又凭着自己的聪明天赋自学成才，为百姓治病救人，成为当地有名的郎中。

"要是潘郎中当年不去京城为娘娘治病，就不会惹了个身首异处的可悲结局。"现在的庆丰人还在为千百年前的事惋惜不已。

不知道潘郎中当年进京前是否认真回眸过天雷尖，一趟远门竟成永别，天雷尖也会为大山的孩子哭泣和惋惜。

天下最好的皇宫御医竟治不好娘娘的奶痈，血气方刚的愣头青竟敢揭下皇榜上京献技。几副采自天雷尖的草头药，竟真的治好了娘娘的顽疾。皇上为防娘娘旧疾复发，便将个小郎中留在宫中随时调用。

伴君如伴虎，生性多疑的皇上误杀了潘郎中，当皇上意识到自己的错误时，下诏置办的"金头银大腿"又岂能使潘君起死回生。

天雷尖/范国良 摄

三

庆丰人把天雷尖当作圣山是有道理的。天雷尖山麓山连山、山叠山，松木、杉木高大挺拔，茶园郁郁葱葱，木材、茶叶可以卖钱，杂木是烧制乌炭的原料。天雷尖山麓在古代就是出产木材、乌炭、茶叶的重要基地，产品销往严州、杭州、上海等地。树木砍伐后放火烧山开垦出来的肥沃山地，成为种玉米的绝佳场所。还有天雷尖的山沟地头，也是番薯、粟米、南瓜的上好种植地。

天雷尖养育了一代又一代的庆丰人，天雷尖就是庆丰人的衣食父母。难怪庆丰人一说起天雷尖，总是那么饱含热情、眉飞色舞，从不吝啬用最美的语言去讴歌、去赞美。

竹竿坞

四

有人说，庆丰人身上带有天然的独特的天雷尖的特性，这话不假。他们不会轻易自暴自弃，他们勇敢坚强地生活。改革开放后，庆丰人告别天雷尖走出大山选择到外面更广阔的天地去拼搏、奋斗。在外经商办厂的佼佼者身上带着天雷尖的倔强气息。

在家乡发展也许是另一种不错的选择。天雷尖山脚的农户至今保留着完好的二十世纪的泥墙屋，那是一个时代的烙印，里面摆放着时代感极强的现代电器和时髦的卫生洁具，是来这里的民宿小歇几天的好选择。让你暂时放下功名利，远离尘嚣，静心聆听大自然的声音，品着大山里的野茶，听着村里老人的故事，假如你运气好还能欣赏到外面世界早已听不到的老掉牙的山歌民谣。当然，夜晚大山里的星空最好看，星星仿佛出浴一般清澈明亮。

庆丰村的美食，千万不能错过：大锅烧的农家菜特有口感，地上跑着的草鸡，是正宗的土鸡，地里碧绿的带着泥土芬芳的蔬菜，让你的视觉得到美美的享受。

这些年，天雷尖脚下的庆丰村呈现勃勃生机。蓝天白云、青山绿水。家家有洋房，户户笑声漾。集体经济收入在大洋镇名列前茅。

如今，为了改善庆丰村的饮水卫生，村政府在天雷尖山脚投资几百万元修建水库，届时一汪碧水与蓝天交相辉映，天雷尖的倩影倒映库中，何等之美。

如何让天雷尖"走出"庆丰，新一届村党支部、村两委心中已有更宏伟的蓝图，如何具体地开发利用正在细化的策划中。庆丰人深爱着天雷尖，但他们深信庆丰以外的人们在不远的将来也会爱上天雷尖。

（范富勤）

红色上源村

　　上源村，位于建德市大洋镇南、南山溪汇入兰江的河口段，距镇政府驻地 1.8 千米。东至鲁塘村，南至三河村，西至庆丰村，北至大洋村。村委会驻塘下自然村，辖塘下、泥埂塘、南山下、新桥头、马田里、塘沙坞、姜岩下、旸和庵、小塘、行台、新屋里、高家、下竹寺、塘前坞、上下坦、高坎头 16 个自然村。全村 694 户、2168 人。村域面积 11.71 平方千米，其中耕地面积 53.53 公顷、山林面积 1062.47 公顷。主要出产稻谷、原木、茶叶、柑橘等。上源村是浙江省卫生村、浙江省健康村、浙江省民主法治村。

上源村

　　上源村，由原来的南山下、行台和塘下三个村合并而成，历经分分合合。1958 年合并后的村名为"跃进村"，1961 年分开，2007 年再次合并称为"上源村"。

　　南山下自然村的后面有座大山，村里人称之为屋后山，因为该山在村庄的南面，故又名南山，南山下之名由此而来。村里人大多姓潘，是罗塔坞潘姓的一支，据其宗谱记载，始祖潘千二，从徽州歙县迁徙而来。上源村屡出大官，以潘道（忠字士敬）最为盛名，明正统元年（1436）九月十八日敕封奉政大夫兵部车马清吏司郎中，其妻子、父母都得诰封。

白佛庙

行台自然村位于南山下自然村的下首、高家溪与南山溪的交汇处。据说西汉末年，有位高人路过这里，看到溪边有块高地，形似戏台，就登地练剑。惊奇的是，冥冥之中似有神助，他的剑越舞越好，几番练剑下来，人不仅不感觉累，反而有一股豪气在胸中涤荡。他就在此住了下来，每天天不亮就起来舞剑，这样的日子持续了好长一段时间。有一天他忽然感觉手中的剑就是自己，自己就是手中的剑，达到人剑合一的境界。他收起宝剑，作别行台，与天下英豪一起追随刘秀，平定天下重建汉家王朝。

据老年人说，自晚清以降的100多年间，凡到行台演过戏的戏班子，都有一个"从此以后会红火"的共同感觉。他们认为行台是一个能让演员走运的好地方，行台这个地名因此而来。行台村往南有一个叫旸和庵的小村落，这是一个以庙为名的自然村。据光绪《建德县志》载："旸和庵，在城南三十里。清顺治十八年（1661），僧默章重建。僧监恒复修。清嘉庆中，僧广瑞、道高又充拓之。道光二年（1822），知县周兴峄易名万灵寺；咸丰辛酉（1861），毁于兵。同治甲子年（1864），僧成云募化重建。"万灵寺鼎盛时期有和尚三百余，良田数百亩，不仅解决了庙里和尚的生活需求，还通过租田方式解决了附近村民的衣食问题。

胡公殿

沿南山溪顺流往下，就是塘下村，因为村落处在一个大水塘之下而得名，村里人大多姓胡，他们的祖上从福建分迁而来。让胡家人感到自豪的是，他们的家族曾出过一个大名人胡则。胡则（963—1039），字子正，婺州永康人，北宋端拱二年（989）登进士第，成为婺州历史上第一个取得进士功名的人。他做了四十多年的官，历太宗、真宗、仁宗三朝，先后知浔州、睦州、温州、杭州等地，任户部员外郎、礼部郎中、工部侍郎、兵部侍郎等职。他力主仁政，宽刑狱，减赋税，除弊端。明道元年（1032），江淮大旱，胡则上书朝廷，请求免除江南各地的人头税，后来皇帝允许免除衢州、婺州的人头税，两州人感恩戴德，为他立祠祭祀，义乌、兰溪都立有胡公祠，永康方岩最为有名。人们习惯把胡则称为胡公大帝。分迁到塘下村的胡姓人对他们的这位先祖也是倍加崇拜，早在清道光年间，他们就在村里建了一座豪华高大的胡公殿。每到农历八月初一，不仅村里人要到殿中来给胡公大帝磕头，就连附近村里的人也常来殿中朝拜。

然而上源村最让人称道的还是它的红色印记。

1930年2月，中共建德县委开始酝酿组织农民暴动。中共中央巡视员卓兰芳于5月下旬来到建德，在大洋行台村的白佛寺主持召开县委扩大会议，会上分析当前形势，决定暴动前开展一次全县范围内的分粮斗争，让80％的农民分到粮食。分粮斗争首战告捷，很快波及东区、南区、西区，得到了农民群众的拥护。1930年6月底，卓兰芳在大洋行台村白佛寺召开县委扩大会议，建立民暴动行动委员会。7月5日，在洋尾陈一文家召开暴动前紧急动员会议，决定南区的洋尾、大洋、麻车、三都等地于7月6日同时行动，晚上主力攻打县城，夺取政权。会上，宣布《土地法大纲》，又做了战斗部署和分散指挥。同时成立红军第十三军指挥部和政治部，由卓兰芳、童祖恺、姚鹤庭为总负责，童祖恺任政治委员，指挥部设在洋尾埠潘景福家。

高家卓兰芳纪念馆

建德农民暴动历时两个半月之久，涉及9个乡45个村，声势浩大，沉重打击了国民党反动势力，还波及淳安、分水，震动桐庐、兰溪等邻县。当时，《申报》《东南日报》均报道这次武装暴动的消息，称这次暴动"实为建德宏扬革命后之未有"，影响之大，意义深远。

（李洪军）

徐店村

悠悠徐店情

徐店村，位于建德市大洋镇东南、兰江中下游西畔，距镇政府驻地 2 千米。东与大洋村接壤，南与上源村、庆丰村交界，西与里黄村相邻，北隔大洋溪与胡店村相望。村委会驻徐店自然村，辖徐店、里张、大坪、里埂坞、麻车里、下埂坞 6 个自然村。全村 360 户、1170 人。区域面积 3.7 平方千米，其中耕地面积 32.93 公顷、山林面积 242.93 公顷。以种植绿化苗木、蚕桑为主。徐店村是浙江省健康村、浙江省 A 级景区，150 亩旱地改水田工程获杭州市"旱改水"优良工程。

徐店村

一

现村域在南宋淳熙十二年（1185）属宣政乡；明万历六年（1578）属孝行乡；清雍正六年（1728）属南小洋庄，光绪八年（1882）属八都；民国三十年（1941）属大洋镇。

新中国成立之初为大洋乡徐店村，1950 年 10 月划建小乡时仍属大洋乡，1956 年 5 月为大洋乡徐店初级社，1958 年 9 月为大洋公社徐店生产队，1961 年 7 月为大洋公社徐店大队，1983 年 11 月为大洋乡徐店村，自 1985 年 8 月起属大洋镇。

徐店大洋溪

　　大洋溪自新源西坞、西湾坑两处源头河流经杨村、里黄村，一路曲折向东，在一座大山下突然呈 90 度折转，形成一个较大的湖泊。因该山形状颇似狮子且突兀而出，故名狮子岩，里张村就在狮子岩下，因村里人大都姓张，故叫里张。据《张氏宗谱》记载：元末明初，有个叫张增的人，携子张义十从兰溪县迁来，在大洋下源经商，号为张店。后见狮子岩下正好扼要严婺古道东路口，是个做生意的好地方，他就把店开在这里。里张建村已有六百多年历史，张氏族人认为村边的狮子岩是他们的风水山，山上的一石一土、一草一木都不能随意乱动，所以，一直以来，整个狮子岩上都被茂密的杂树所覆盖。村民分居里、外两处，后里片人家兴旺发展成村，遂名里张。

狮子岩山上有座徐王庙，是里张的镇村之庙。岩下溪水环绕，清澈见底，溪中游鱼悉数可见。该水冬暖夏凉，不仅方便村民浣洗，也是儿童游戏之地。而水中之鱼又极为胆大，在孩子们夏日中午时分入水时会游至身边，甚至以口啄肤，麻麻痒痒的，甚是有趣。

大坪村因屋舍建在大茅山下一块较大的山坪上而得名，由叶、宁、陈三个姓氏组成。

里埂坞早年由游姓从江西里埂坞迁此定居，村名以江西祖居地命名。村居住户全部姓游，于清康熙年间从江西抚州南丰迁徙至此。村中有游氏宗祠和家庙各一所。

早年的麻车风水绝佳，有一个金华的地主相中了这个地方，想占为己有。村民们就在此地开了一家榨油厂，几十架榨油的麻车整天不停地舂着石臼，致使坞里没一刻安宁，风水自然也就不灵了，那金华的地主见风水被破坏，就不再来了。现在榨油的麻车是没了，麻车里的村名沿用。麻车里有一座令公庙，这座令公庙是什么时候建造的，村里人也说不明白，说是求雨、看病很灵验，故而几经重修，直至今日。

下埂坞大都为赵姓，从江西外埂坞迁此定居，因地形与原住地相似，为志纪念，遂沿用原籍地村名。后以方言谐音讹成下埂坞。

二

徐店村有一座大概建于清乾隆年间的大寺庙叫做"金黄寺"，坐落在徐店和麻车里两村之间名叫寺下畈的一座小山脚下，距大洋约五里，寺院四周有大片农田和山坡地，地域宽阔。金黄寺建筑规模较大，有五进四天井，雕梁画栋，金碧辉煌，加之附屋，可以同时容纳百余人。这座寺庙在大洋一带很有名气，它不仅是求神拜佛的场所，也是和尚、尼姑的求生之地，更是难民和乞丐的避难所。

传说金黄寺的主人叫"王百万"，他是兰溪人，寺院周围的田地都属他所有，他将每年所收的田租用于金黄寺日常开支绰绰有余，王百万曾说："我家财万贯，万事不求人……"他乐于做好事做善事，寺院里还开了当铺。

以前吃水很困难，金黄寺曾为缺乏饮用水的乡村打过一百口水井，如胡店村、后仇村、徐店村、里张村、麻车里村、下埂坞村和下王村等的水井都是在那时由金黄寺出资打造的，这些水井至今尚存。

传说因为寺院里和尚所穿的肥大僧衣和尼姑所穿的海青，以及尼姑和女乞丐们使用的裹脚布，还有当铺当来的旧衣物等铺天盖地，污了村坊的环境，影响了村民的生活，因此有人投状严州府，衙门派了兵马查抄金黄寺。金黄寺的和尚大多没有功夫，他们终敌不过官兵而被赶出金黄寺，寺院也被官兵所摧毁。紧要时刻，金黄寺的管家将寺院里所有的金银财宝全部丢进了寺内的一口水井里，并填上泥土逃遁而去。"黄金寺里有财宝"的说法一直流传民间。

令公庙

三

徐店村有个被称为"种田王"的徐金旺。有一天，他挑着猪篰去兰溪抓小猪，借宿在一个惯宿的老东家家里。这一天，正好老东家雇人种田，请来了一名号"种田虎"的人。据说此人种田水平了得，种田速度无人可以比。

"种田虎"需要有帮手，这些帮手由他自行组合。最后时刻，尚缺一人，正在他愁苦之际，徐金旺毛遂自荐，"种田虎"虽不太乐意，但也只好勉强同意。

东家每天早上给每人准备两只鸡蛋作为营养补充，但是按照惯例，每个帮手只能吃一个鸡蛋，另一个必须留给"种田虎"以示敬意。可是徐金旺没在意，将两个鸡蛋全吃了。"种田虎"因此有些不高兴，但没吱声，只是在心里暗暗地铆着劲，想要为难徐金旺。于是他领着其他帮手背着徐金旺悄悄出工去了，想让徐金旺当众出丑。

迟到的徐金旺身手不凡，他不慌不忙，种田的速度实在是快，不但没多时就赶上了那些帮手们，不一会儿还超过了"种田虎"。徐金旺做完了他分内的活儿，早早收工回到东家家里，却好像没有下过水田干过农活那样子很清爽。而"种田虎"他们最后结束回来时，一身泥巴水渍十分狼狈。这事一下在当地传开了，有人因此编了顺口溜："赫赫有名种田虎，不及严州挑猪箪。"

赵氏老宅石库门

（李洪军）

胡店村

胡店话古今

　　胡店村，位于建德市大洋镇北，距镇政府驻地 1.8 千米。东至兰江，南至徐店村，西至里黄村，北至大洋村。村委会驻胡店自然村，辖后仇、胡店、上塘坞、杉树湾、下王、塘坞 6 个自然村。全村 409 户、1401 人。村域面积 6.68 平方千米，其中耕地面积 48.93 公顷、山林面积 312.07 公顷。主要出产稻谷、原木、柑橘、蚕桑等。胡店村是浙江省卫生村、浙江省健康村。

胡店村

一

　　八婺大地历来重视经商，尤其兰溪人对生意具有独到的眼光。元末明初，汤溪（旧属兰溪管辖）梓里人胡荣凭着兰溪人的精明，挑着货郎担往返兰溪和严州，走街串巷贩卖小商品。

一个赤日炎炎的中午，离大洋埠三里的马山脚下，严婺古道上的凉亭里，胡荣忙不迭地做着生意，不一会儿一箩筐的日用品销售一空。胡荣带着满足的心情放眼四周，背面马山郁郁葱葱，前方大洋溪碧水潺潺，古道上人来人往，这里离大洋埠码头又近，在这里无论是经商还是居住都是极好的。

机不可失，时不再来。胡荣怕别人捷足先登，回家立马变卖老家的家当，带着家眷迅速搬来此地，搭了间茅屋开起了小店。胡荣不仅留下了胡店的地名，在马山脚下也开启了胡氏家族繁荣昌盛的序幕。

胡氏后裔凭着聪慧的基因，努力改善居住环境，从距村两里路的里张村外的大洋溪筑起堰坝，引水渠三四里贯穿后仇、胡店、下王，滋润了成片成片的良田，大大方便了村民的日常生活，使这里成了建德南乡少有的富庶之地。

胡家人有了大洋溪水还不满足，他们又在距村不到 100 米的地方打了一口深水井，作为生活饮用。据说即使老天大旱，这口全村人饮用的井水也是取之不尽。

胡店老井

二

明嘉靖三十六年（1557），善于经商又经济实力雄厚的胡氏家族，在马山脚下建造了三间三进大天井的胡氏宗祠"硕德堂"。粗大挺拔的梓树柱子，胖大肥硕的冬瓜梁，精美的雕刻构件，屋顶椽木上先铺上薄砖再盖上瓦片，十分考究。仪门上大书"胡氏宗祠"四字气派非凡，仪门外的旗杆石、双石马、大抱鼓和仪门内宽大的大天井象征着胡氏的荣耀。进祠堂，先得过一丈宽石板铺就的回龙桥，里面的地面用鹅卵石镶嵌着精美的图案，大道上也用鹅卵石铺成三个连环套古钱拼图，一切都彰显着胡氏家族的惊人财富。明清时期的大小官员路过仪门，"文官下轿，武官下马"，昭示着胡氏家族曾经有过的无上荣光。

几百年后的硕德堂被赋予新的使命。1958年至1960年，这里是全村人的公共大食堂；1961年至1966年，这里是小学书声琅琅；1967年至1969年，这里是大队文宣队的排练场。1970年，胡氏宗祠湮没在了历史的长河中，一切辉煌归于销声匿迹。

大洋溪流经胡店

三

胡店村村民对国家和对社会有着强烈的使命感。

1957年，国家计划在七里泷修建大坝，按规定胡店要部分移民迁往外地，村民舍小家顾大局二话不说纷纷报名，很难解决的移民问题在胡店村轻松解决。

1970年，大洋公社要在西湾坑修建水电站，横跨大洋溪的木桥显然不能通行大型运输车。公社指示新建大桥的劳力全部由胡店大队派出，劳力的工分也由胡店大队自行承担。当时的大队党支部书记何卸务欣然接受了这一光荣任务。

胡店大队是大洋公社的主要产粮区，他们每年所交的公粮都是保质保量的。为了多为国家做贡献，他们还把村前的构树丛改造成大片的良田。

胡店村的干部秉承优良传统作风，一切以大局为重。当决定新安化工整体搬迁到胡店村的下王自然村，他们也不是没有后顾之忧，但总得要有人作出"牺牲"。村干部苦口婆心地做好群众工作，说服村民搬迁，村书记何建民第一个签字同意，领导带了头，工作就顺畅。村民及时腾出地基，新安化工也准时搬迁到位。

悠悠岁月，不变的是马山，它像饱经风霜的老人，用那独特的目光默默地祝福马山下的胡店村经济发展蒸蒸日上，百姓生活美满幸福。

（范富勤）

三都村

清流映三都

　　三都村，位于建德市三都镇南、苕溪入河口北，距镇政府驻地 29.2 千米。东至圣江村，南至松口村，西至春江源村，北至乾潭镇乾潭村。村委会驻三都自然村，辖三都、塘坞、西畈、樟周、外梓里、茶地口、外潘溪、刘家后、高庵 9 个自然村。全村 857 户、2586 人。村域面积 20.05 平方千米，其中耕地面积 136.47 公顷、山林面积 1652.53 公顷。主要出产柑橘、茶叶等。三都村是杭州市健康村、杭州市农村社区服务中心示范村、杭州市信用社示范村、杭州市四星级居家养老服务中心。

三都村

—

　　三都村为东晋开国侯宋兴食邑之地，子孙繁衍，家庙建于宋村山，由于乡音之故，宋村被称作"翁村"，当地人称三都街为"翁村嘎（街）"。三都街上的二月半庙会，历史悠久。

相传苔溪桥东头的大樟树旁是徐偃王庙遗址。据清光绪《建德县志》载："徐王庙在城东南十五里宋公村。"又载："《万历府志》相传，徐偃王子随父南迁，终于苔溪，有灵异，邑人立庙以祀。《道光志》，嘉庆元年（1796），里人宋承杰捐田，拓基修葺。"

徐偃王是西周时的徐国国君，徐国统辖于今淮、泗一带，建都下邳（今睢宁县）。徐偃王好行仁义，前来归顺的东夷国家有四十多个。周穆王得知徐偃王威德日远，遣楚国袭其不备，破之。徐偃王不忍民众遭战乱之苦，弃君位而南迁。传说其后裔卜居浙江龙游一带。

"二月半"是祭祀徐偃王的庙会，为时七日。邻近的浦江、兰溪、龙游百姓都赶来参加庙会，街上挤得满满当当：有卖农具的、卖家具的、卖小五金的、卖小吃三都麻糍的，还有治病卖药的、补牙除痣的、测字相面的、练武治伤的，晚上还有演大戏。总之，千姿百态，琳琅满目，翁村二月半已成了三都人的传统，一直延续。

清风亭

二

三都村有个清风亭，距清风亭不远处有座仁王寺。仁王寺四周环山：西山如鼓，东山似钟，北有卧狮岗，对山如木鱼，钟鱼对答，颇有一番禅意。明军师刘伯温题仁王廊壁诗碑云：

> 万山稠叠处，策杖此来游。
>
> 有僧成佛寺，无人识马周。
>
> 龙潜沧海阔，凤栖石门幽。
>
> 一旦风云起，挥毫定五洲。

仁王寺供佛祖释迦牟尼神像。释迦牟尼号能仁，又为法王，众信士尊为仁王，故曰"仁王寺"。《严陵志》载，仁王寺旧称"仁王院"，三国吴天玺元年（276），由支遁禅师开山；宋嘉定年间僧诚一禅师重建；清光绪二十二年（1896），僧佛莲禅师募造观音殿一座；民国二年（1913），三都宋吉星等筹集资金重建大雄宝殿。

仁王禅寺

如今仁王寺有寺僧杂役人等十数人，园圃浇锄，香烟缭绕，梵音轻唱。住持妙慧禅师，江苏常州人氏，年四十余。寺内圣旨碑、光绪碑、经幢、石狮、石鼓等古迹尚存，其中双狮戏球浮雕长丈余，宽两尺余，被视为镇寺之宝。

三

千丈岩南侧的外梓里自然村有座钱公庙，供奉的是吴越国王钱镠神像，信徒又称之为"钱老相公"。前些年在庙前的桂树下发现了一尊石马，据考推测，这里是严州马氏发源地。

钱公庙

《严陵马氏宗谱》载，马氏先祖殿中少监马元孙的儿子马裕，在浙江杭州以祖先的功勋，被委任守卫浙江富阳县。马裕不愿当官。北宋赵匡胤乾德元年（963）四月十八日，马裕旅行到了建德三都外梓里和溪之畔，见这里山清水秀，民风淳朴，就定居了下来。经数百年时代更迭，繁衍生息，马氏成了大家族，山林百亩蔽日，沃野良田成顷，房屋鳞次栉比，亭台楼阁，雕梁画栋。后遭兵燹灾难，石马是后花园桂树下的遗物，当时辉煌可见一斑。马氏经繁衍生息，逐渐分迁，和村马氏、马宅马氏、梅城三星街马家、七里泷江南林场处的马家是其分支，且各处都有家谱记载。

马氏从宋、明以来都有修谱，明万历二十四年（1596）谱序云："今之大建族者，无如马氏矣。"汉有马援，唐有北平王马燧，宋有户部侍郎马大同，在明有大理寺卿按察副使马寿玉。

1969 年建德江南马氏迁往湖州，梅城三星街马氏迁往江西武宁黄塅乡。

白马石像

四

《康熙严州府旧志》载：千丈岩在城东十七里新亭乡，峭壁插天，石屏绕麓，上有甘泉，下临云堰。

上溯五代时期，高僧胡咨，携童子云游至此，见两源汇合，两峰似龟马相守，一峰如牛脊，于是结庐于千丈岩之巅牛头山。胡咨见山巅无水，于是奋力一踏成穴，只见清泉涌汩汩，甘洌清甜，遂笑颜道："此乃鞋印井也。"千丈岩有殿三座，其中一座供的是胡则老爷神像。

五

三都得名，因原为东晋宋兴食邑，其逝后归葬于此，后子孙繁衍而曰宋公村，都图制后，其地划定为三都。"三都"作为地名，沿用至今。

西畈自然村位于前源溪以西，因村前有一畈良田，故名。

塘坞自然村位于西畈自然村以东，因其三面环山，村中有水塘，故名塘坞。宋仁宗年间，何氏迁于此。

樟周自然村位居西畈之下游，清嘉庆初年，周姓人从江西迁居于此，以村边有两棵古樟而得名。

刘家后自然村地处三都村后山脚，清末，有外地刘姓居此，故名。

外潘溪自然村，因小溪沿岸为潘兴居所，又因村位于潘溪坑外首而名之。

茶地口自然村，因村后山谷遍植茶叶，村地处谷口，是故名之茶地口。

春江源村下钱自然村入山湾五里许是三都高庵自然村，山下是"低庵"，越岭上叫作"高庵"。山上一马平川，浙江大学农业研究基地设此。

（阮有志）

三江口轶事

三江口村，位于建德市三都镇西南，距镇政府驻地 3 千米。以村濒临兰江、富春江、新安江汇合处而得名。东至龙门山，南至梅城镇滨江村，西南和西北为大江所环，北至松口村。村委会驻徐家坞自然村，辖徐家坞、双桥头、大坞山、余家（渔业）、杨家 5 个自然村。全村 496 户、1522 人。村域面积 7.3 平方千米，其中耕地面积 47.73 公顷、山林面积 463.67 公顷。主要出产柑橘、淡水鱼等。三江口村是浙江省"百优"村、浙江省首批 AAA 景区村，曾获首届浙江省美丽乡村旅游综合奖。

三江口观光街

杨家悠久史

杨家，梅城人称其地为杨家磡头。二十世纪四十年代，杨氏家族有山林百亩，良田七十亩，人口一百五十余，人丁兴旺。杨家墓碑载，杨姓属弘农郡。

杨大昌是三江口村杨家的始迁祖。第二世是杨汉清、杨汉富、杨汉富。第三世东顺、东连、东甫、东壁、东升、东暑、东根、东晁、东昱。第四世文雷、文龙等十七人。第五世有章炎等二十六人。

杨姓是哪朝哪代迁来杨家，墓碑记载可考时间为清咸丰六年（1856），至今子孙已繁衍至第八代。另以山林、田亩资产结累推算，杨姓迁来此地，已有近一百七十年的历史。

清咸丰年间，正是太平天国运动时期，杨氏族人应是为避战乱迁此。他们是从哪里迁至建德，暂无考证。1969 年，因建设富春江水电站水位上升，杨家礀头杨姓子孙全都迁往浙江长兴县天平公社。

余家成渔家

余家同杨家，均于 1969 年全部移民外迁，他们的原住地，如今成了"九姓渔民"的居住地。

清同治五年（1866），严州知府戴槃在梅城南门外立《裁严郡九姓渔课并令改贱为良》碑，从此改变了严郡九姓渔民的命运。

九姓渔民原来的命运如何呢？

元末，朱元璋和陈友谅大战鄱阳湖争天下。传说朱元璋所乘战船因舵板破损失灵，战船已失去方向随风打转。正在十万火急之时，一只大鼋朝朱元璋的战船游来，用它的大嘴衔住舵杆，稳住了战船，得以战斗继续。战斗中，陈友谅突中流矢，遂败退而亡。朱元璋登基后，没有忘记救过他的那只大神鼋，于是在都昌县鄱阳湖畔造了一座江王庙，俗称老爷庙，以祭。

朱元璋建立了明王朝，陈友谅子孙九族和残部家属陈、钱、林、袁、孙、叶、许、李、何九姓贬入舟居，使其身为贱民，不得上岸通婚，不能应试，不能穿鞋上岸，还得应征服役，征以渔课。

关于九姓渔民，另有传说是指南宋亡国的士大夫遗族，这些九姓士大夫因爱严陵山水，所以带着眷属避世江上，专以捕鱼度日，两桨一舟，不与当地居民通婚，老死不相往来。

梅城人惯称九姓渔民为"船上人"。旧社会有谚语称三种人不可交，即"和尚不可交，戏子不可交，船上人不可交"。可见当年船上人何等受人歧视。

新中国成立后，九姓渔民才真正翻了身，党和政府为九姓渔民成立了航运社从事客运和货物运输，俗称交通船，又开办了梅城航运子弟小学，他们的子女可以就近上学。

九姓渔民水上婚礼表演

　　余家村民在 1969 年迁移长兴后，一时余家村成了一座空村。党和政府把余家村开辟成了渔村，安置那些散落在江上的九姓渔民。

　　随着旅游事业的发展，九姓渔民水上婚礼被逐渐打造成了特殊旅游项目——新安江九姓渔民水上婚礼表演。

　　1989 年 3 月 23 日，中国国际旅行社建德支社（建德中国旅行社）首次将九姓渔民水上婚礼表演推向国际旅游市场，浙江中国旅行社组国际旅游团前来建德三江口观光，九姓渔民水上婚礼表演深受国内外游人的青睐，这一备具水上特色的旅游项目，成了中国旅游的品牌项目。

　　如今在三江口村，依然可以遇见鼓乐齐鸣热闹非常的九姓渔民水上婚礼场面。

　　九姓渔民水上婚礼共有九个程序，分别为接亲、讨喜、称嫁妆、喂离娘饭、抛新娘、拜天地、掀盖头、入洞房、品鱼宴。

　　岸上人结婚用的是花轿，而九姓渔民用的是舟船。迎娶之日，女方用船送亲，男方用船接亲，男女双方的船只在指定地点并位，但不能船碰船，如若两船相碰，则寓意今后夫妻两人会吵闹不和。

女方由利市娘喂上一口离娘饭，然后新娘端坐在一只深红色的木盆中，由四位大汉抬起，抛向男方船上，男方也派出四员大汉，站在船头"接嫁"。

女方的嫁妆经利市娘用杆秤一一称重，并口唱讨彩歌谣，再由大汉一一抛向男方船上。然后，男女双方在男方船上拜堂成亲，接着再送入洞房。其间，男女双方都会向附近的渔船抛红枣、花生、桂圆、莲子，意喻"早生贵子"。所谓洞房，则是一叶扁舟，一对新人摇橹入江中，成就了新人的两人世界。

如今余家已成为著名的中国九姓渔民村、浙江省非物质文化遗产旅游经典景区，前来观光游览的游客络绎不绝。

三江口余晖

大坞水西流

大坞山村，青龙向为龙门山和狮子岩，白虎向为村出口处，玄武向由狮子岩下余脉环抱作靠山，朱雀向则由龙门山余脉横向环抱作屏。溪流从东向西流出村外。

吕氏子孙先后在大坞山溪流上造了三座石桥。据村中耄耋老人吕冬林介绍，古屋前的老桥是在他太公手上建造的。大坞山的始迁祖吕大松，于清咸丰年间从安庆太湖吕家庄迁徙至建德三都金沙岭、双桥头一带繁衍生息，后应大坞山陈有德相邀，迁进大坞山，造了古桥，修了古道，建了前厅后堂的故居，逐渐繁衍生息。

如今大坞山村有人口四百余，大部分吕姓。1969 年，因建造富春江水电站部分移民江西永修。大坞山吕氏子孙在此处生生不息，默默耕耘。他们崇尚孝义，敦亲睦族。村间橘桂沁香，五谷丰茂，鸭鹅浮水，鸡啼于岸。相见者皆是善相，一派祥和静谧之气。

三江口有新旧灯塔两座，其一坐于江畔山腰，另一立于三江汇流之处。两座灯塔一高一低，相映成辉。灯燃黄昏后，风烟数十年。袅袅云间树，帆扬巽峰前。三江聚汇，百舸争流。双塔凌云，长桥飞架。天宁晨钟，巽峰塔树。自古骚人墨客游历于此，吟诗作画，故被誉为"浙西唐诗之路"之精华段。

美哉三江口。

（阮有志）

松口村

江南第一橘

　　松口村，位于建德市三都镇西偏西北、富春江南岸。距镇政府驻地1.5千米。东至三都村，南至三江口村，西至富春江，北至苔溪注入富春江所形成的河港。村委会驻郑家垄自然村，辖和塘、郑家垄（里垄、外垄2个村落）、松口（松口、张坪墈、麻力大3个村落）、徐家塘4个自然村。全村399户、1058人。村域面积5.7平方千米，其中耕地面积43.2公顷、山林面积251.87公顷。主要出产柑橘、原木等。松口村是全国"一村一品"示范村、浙江省重要优质柑橘生产基地、浙江省文明村、浙江省卫生村、浙江省善治示范村、浙江省垃圾分类示范村、浙江省"一村万树"示范村、杭州市都市农业示范村，村党支部是杭州市先进基层党组织。

松口村

村名由来

　　松口，村落自东面的山坡至沿江，未曾开发前原为一片松树林。同治初年（约1866年前后），有人从他处迁来，在松林出口处建房而居。后来，人口繁衍，渐成村落，故称"松口"。

同一时期，郑姓迁居江边山垄中安家落户，也渐成村落，该山垄及村落都称为"郑家垄"。2007年3月，3个村（原松口、郑家垄、和塘）合并时，虽然沿用原松口村名为新的村名，但村委会实际在郑家垄。而郑家垄往里另有一村民聚居点，则名"里垄"。

松口昭灵殿的彩绘梁托

和塘，早年村中有两口小水塘，中间仅隔一条小道，称上塘、下塘。此村在下塘边，原称"下塘"。1981年，因与洋溪公社下塘大队重名，根据"同一县级行政区划内不得有两个同名大队"地名管理规定，改称为三都方言中与其谐音的"和塘"大队。

张坪塝，清中期，张姓从江苏迁居此地，并在村前修筑了一道高塝以拦洪水，故名。

徐家塘，清代，徐姓从淳安县迁居此地，并在屋前掘筑池塘一口，塘以姓名，村以塘名。

消失的小里埠

在苔溪（三都镇两条主要溪流前源溪、后源溪在三都村外梓里会合后，始称"苔溪"）注入富春江处，原有小村落名"小里村"，村口沿江有一渡口和埠头，分别名"小里渡"及"小里渡埠头"，当地人连村带埠头一并俗称"小里埠"。小里渡口西距梅城约5千米，南距三都镇集镇2.5千米，是严州去往浦江官道的重要驿站与渡口。在富春江水库蓄水之前，三都无渡口，三都人往返县城，须经小里渡、东关渡（20世纪60年代并入小里渡）。据明万历四十二年（1614）《严州府志》记载，小里渡"在东馆下二里"。万历三十八年（1610），严州府推官陆卿荣捐献个人俸禄，购置田五亩二分、地二亩五厘五毫、塘七分二里，收租以作渡口摆渡人工费。清《建德县志》又载：嘉庆年间，例贡潘溥捐资在小里渡右岸修建码头，主要用于货运，其中大宗货物为山区所产木炭。该码头在1969年富春江水库蓄水后被淹没弃用，过江渡船改为机动渡船，直至1985年9月建成三都宋村山至梅城汽车轮渡为止。

1968年12月，富春江水库建成后开始闭闸蓄水。根据设计，库区正常水位黄海标高23米，比未建水库前足足抬升近20米，小里埠村将完全淹没于水下。根据国家统一部署，1969年1月开始，对小里埠村实施移民，至年底全部移民完毕。除小部分村民就地往高处后靠外，其余村民114户、616人全部移民至今湖州市长兴县包桥乡包桥、殷家、罗冲、新塘、七里亭、胜塘、上滨、下墅、白莲桥、柏家10个村。另外，郑家垄、松口少数村民分别移民至江西省永修县柘林乡司马村、大路边村。

建德苞茶诞生地

约1870年，上海、杭州、宁波等沿海城市与浙西内陆金、衢、严以及安徽徽州等地的货物交易增多，货运繁忙，原先在东关码头停泊歇夜的部分货船，便选择在下游的小里埠头停泊。其中，有不少是来自安徽的茶商。茶商起初只在小里埠头宿夜，借机收购三都本地产茶叶，到后来也收购鲜叶，运往杭州茶厂制茶。

茶叶制作是时间性非常强的工艺。清明后、谷雨前茶叶疯长，民间向来有"五更是宝，夜边当草"的说法，茶商所购鲜叶，须于中午启程运往杭州各大茶厂。某年春夏之交，阴雨连绵，富春江江水暴涨，七里泷段因安全因素多日断航。而茶商收购的鲜叶堆积如山，如不及时运往杭州，鲜叶变老，则将血本无归。一筹莫展时，有人提出就地借助茶叶作坊，仿制安徽名茶"毛峰"。

因茶商和本地制茶工人对毛峰茶叶制作工艺不甚熟悉，在杀青过程中未能掌握好火候，出锅粗茶出现了轻微的焦斑，焙干后茶形并非毛峰茶特有的条索状，而是外形黄绿完整，叶柄蒂头呈微红色，短而壮实，呈蜷曲状，如未展开的兰花苞。经泡水品尝，发现茶叶成朵，不断不碎，叶柄在下，芽尖朝上，香气清幽，汤色橙黄，滋味鲜爽。竟然成为一款独特的新茶，由绿茶变成了黄茶。

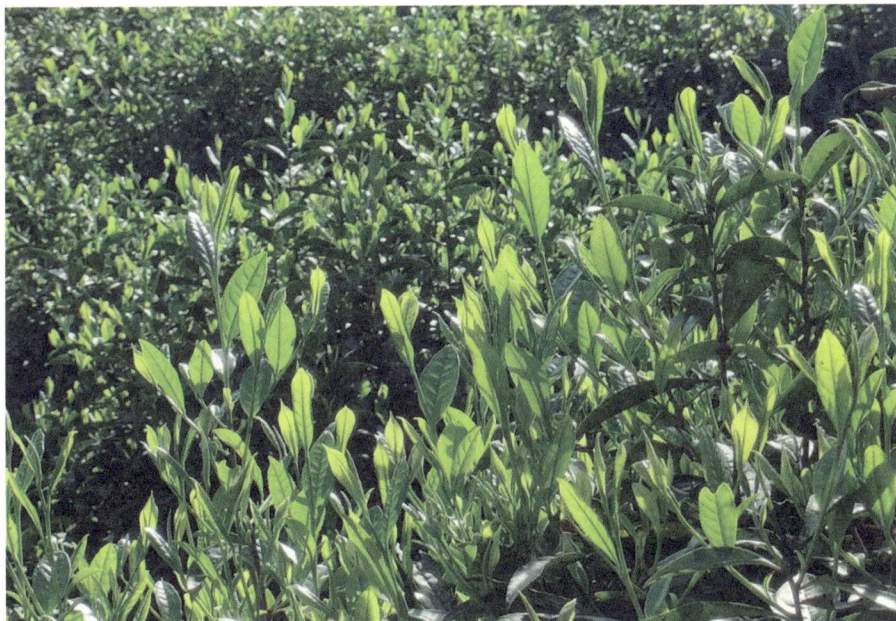

建德苞茶

　　原来，三都前源溪、后源溪两岸多为丘陵，土壤肥厚，兼之两源深处潘岭挡住了北面南下冷的空气，南则抬升沿溪流河床而进的富春江水域暖湿气流，营造出一个非常适宜茶叶生长的温润小环境，所产茶叶叶片大而肥厚。原用工艺的火候本为小叶茶而研发，此次火候偏旺，使得茶叶成品色泽较黄，但香味凝聚厚实，叶底肥嫩露芽。歪打正着，催生了新的制茶工艺。忐忑不安的茶商将这批茶叶运送到杭州茶行之后，因其独特的外形、味道，很快受到茶客追捧而迅速走俏。"严州来的苞茶"在杭州城里声名鹊起。茶商便以"严州苞茶"命名。至 1949 年，严州苞茶已作为中国出产的优质农业产品远销苏联。

　　由于严州苞茶制作工艺相对烘青茶较为复杂，产量并不高。在烘青茶成为大宗粗放型茶叶主流后，严州苞茶一度停止生产。直至 20 世纪 90 年代初期，在有识之士的倡议下，严州苞茶得以再次发掘，并杂糅了四川蒙顶茶和安徽黄芽茶工艺，突出内质香气清高、茶汤清澈明亮等特点，还更名为"建德苞茶"，茶园区域也扩大到全市多个乡镇。建德苞茶多次被评为浙江省优质名茶，并获浙江省名茶证书。2008 年 5 月，国家质检总局批准对建德苞茶实施地理标志产品保护。2018 年 12 月，浙江建德苞茶获评农产品气候品质类国家气候标志。建德苞茶成为浙江省除西湖龙井之外的两大名茶之一（另一为余杭径山茶）。

蜜橘之乡

三都柑橘是建德市有机农业金字招牌之一。二十世纪八十年代，三都柑橘就有"黄岩蜜橘甲天下，三都蜜橘赛黄岩"美誉，三都镇因此获得"中国优质柑橘之乡"命名，而松口村蜜橘则是三都柑橘金色光环的核心。

三都松口橘子博物馆一角

建德市从二十世纪六十年代末期开始引种"本地早"蜜橘，今大慈岩镇上吴方、梅城镇千鹤、杨村桥镇十里埠、下涯镇黄饶、新安江街道新蓬、大洋镇鲁塘、三都镇松口等地大面积推广。但发展至八十年代末期，除三都镇（以松口村为核心）、大洋两地外，其余均已式微。主要原因是松口村具有独特的地理优势。

松口村域丘陵及低矮坡地遍布，土层相对厚实，适宜栽植果树；又因地处富春江库区沿岸，苕溪汇入富春江处，库水回抬，形成面积较大的河港，丰沛的水汽，为村域内农作物提供良好的气候条件（降水相对多，干旱少影响，严寒霜冻少发生）。1978年开始，当地总结长期经验，开始推广耐寒柑橘树种，取得明显效果。松口村早期当家品种为温州蜜橘和"本地早"，前者果实橙红，扁圆形，皮薄无核，甜度高，1984年参加杭州市柑橘评比获得第一名；后者浓橙色，扁圆形，肉质软，甜度高。1982年、1983年，两个品种分获浙江省第一名、第三名。

三都松口柑橘

　　九十年代开始，松口村从日本引进"宫川"（松口村人称早熟宫川为早橘）等优质品种，开始对原有柑橘品种进行大规模更新迭代，柑橘产量和质量得以提升。近年来，又引进"沃柑"新品种，完成精品园改造30多公顷，全村柑橘面积稳定在400公顷，产量6000余吨。2000年以来，松口蜜橘先后三次获得浙江省农博会金奖，"松蜜"被认定为浙江省著名商标。

（黄一苇）

乌祥村

红色耀古村

乌祥村，位于建德市三都镇东，距镇政府驻地 13.3 千米。东至浦江县杭坪镇大塘村、周坞口村，南至大唐村，西至凤凰村，北至乾潭镇姚村村，村以驻地得名，是建德市的东大门，2007 年 7 月由原乌祥村、南华村合并成新的乌祥村。村委会驻乌祥自然村，辖乌祥、柿树下、杨家坞、郑家坞、僻西坞、后坞、童宅坞、南华、殿边、乌祥口、石塘 11 个自然村。全村 387 户、1254 人。村域面积 10.98 平方千米，其中耕地面积 45.33 公顷、山林面积 866.7 公顷。主要出产茶叶、毛竹、药材、香榧及高山蔬菜等。乌祥村是第四批中国传统古村落。

乌祥村

——

乌祥村在建德、浦江的界山截柘岭西麓。

截柘岭，是旧时金华和严州两府的分界岭，因岭上多柘木而得名。岭头有庵名"九龙"，相传公元 552 年，有比丘尼行至截柘岭，见九龙聚首，祥云彩照。彼念佛德，运思顿悟，于是结庐安居，修行法门。间有乡民信众，供奉僧佛，香火渐旺，起立殿堂。至民国十八年（1929），有良缘之士修葺古庵，使其初具规模。以前，岭头除有九龙庵外，还有一座石凉亭，是往来建德、浦江的人们歇脚避雨之所。民国《建德县志》载："安来亭，在城东五十五里截柘岭，清光绪十三年（1887）建。"现亭不存。

乌祥龙灯

乌祥村所属自然村较多，自截柘岭而下，依次有柿树下、杨家坞、郑家坞、南华、石塘等自然村。柿树下村位于山岭之上，村旁有数株大柿树，故名柿树下。此自然村为建德市在浦江县境内的一块"飞地"。杨家坞，清代杨姓在此安家。郑家坞，清代有郑、周二姓在此建村，郑姓多人丁。桐坞宅，清代于姓从浦江县前虞迁来，以此地多植油桐树而名。南华村庄坐北朝南，择"风华正茂"吉祥之意，取名南华。石塘，山溪中有巨石，水流至此回漩而走，村在山溪边，故称石塘。

乌祥村东千米处有飘坪山，山上有一块坪地，从山脚往上看，坪地就像飘浮在空中，故名飘坪山。村东还有一座天雷山，位于建德市与浦江县分界岗峦，山势峻拔，春夏之季常有雷电。村南，有马家山，此山原属马姓人所有。村东南有大寒坞，此谷纵深长，周围山峦重叠，山高林密，谷口朝北，冬秋之际气候较寒冷。

乌祥村于2016年列入第四批中国传统古村落。整个村落以两纵两横的街道为主要骨架，构成东西向为主、向南北延伸的村落街巷系统。大部分街巷以青石铺地，老建筑为木结构、夯土与砖混墙体为主，木雕丰富多彩，巷道、溪流、建筑布局相宜。现保存的清末、民国初古民居11幢，其中有8幢列入建德市农村历史建筑保护；古桥6座，列入保护4座。

二

乌祥村存有古桥多座。从外而内，第一座桥叫猫儿桥，位于乌祥村南华自然村西南，早年经由乌祥过南华岭至唐家、上姜之古道上，以远观桥拱似猫的背弓得名。建于

朝山脚下石拱桥

民国八年（1919）前。南北向跨于乌祥支流上。据民国《建德县志》载："猫儿桥，有二。一在城东五十里乌祥村口，一在姜姓宗祠前，皆同里公造。"再往里走一里多路，有一座桥叫同德桥。同德桥位于乌祥村郑家坞自然村，建于民国十四年（1925）。桥呈南北向横跨于乌祥溪上，为单孔石拱桥，占地面积17.4平方米。平面呈矩形，桥长5.8

米，桥宽 3 米，桥高 4.2 米，用石块堆砌而成。拱券呈半圆形，用条石并列砌筑而成，拱高 3.5 米，跨径 5.5 米。桥沿上有"同德桥"的题字。同德桥为了解民国时期桥梁建筑类型提供了一定的实物资料。

徐氏宗谱

　　郑家坞自然村傍山而依，顺势建居。溪头居中穿村而过，村落亦因此分南北两个部分。南北两部，犹如城市的老区和新区。老区人文，新区规整。郑家坞村中石桥也比较多。乌龙桥，位于郑家坞自然村东南，以所跨溪流曲折似乌龙得名。民国《建德县志》载："乌龙桥，在城东五十里郑家坞。清同治元年，同里公造。"桥呈南北向横跨于溪上，为单孔石拱桥。拱券呈半圆形，用石块并列错缝砌筑而成，矢高 3.5 米，拱跨径 4.96 米。该桥建成年代较早，对了解清中晚期拱桥类型和造桥技术也有一定的实物参考价值。

　　古村少不了古树。千年古树自宋至今，树围数人合抱，枝叶繁茂，冠盖入云。位于郑家坞自然村毕溪坞的一棵榧树，为建德市二级古树名木，树龄 400 年，树高 25 米，平均冠幅 24 米。有建德市三级古树名木二棵，均位于乌祥村南华自然村庙边，分别是：榧树一棵，树龄 200 年，树高 24 米，平均冠幅 17 米；马尾松一棵，树龄 150 年，树高 32

米，平均冠幅 10 米。

乌祥村有一条村道直通浦江，是当地民众开辟的由严州府通往浦阳、东阳诸地之交通要道。沿路峰峦叠嶂，蜿蜒曲折，篁竹蔽天，梯田流波，身处其中又似云中漫步。往来于这条古道的严浦两地文人停经此地，往往感兴赋怀，留下了珍贵诗文。兹录元代浦江诗人柳贯《度马岭将适乌伤》一首：

> 舆轿陟层巅，线蹊若县纲。
>
> 先登步尤局，后挽行益艰。
>
> 履危不数仞，避险辄多盘。
>
> 三石立于独，累置若为安。
>
> 使非五丁力，谁其凿巉岏。
>
> 松边取一息，影动浮云端。
>
> 曜灵却在下，身今插飞翰。
>
> 冷风掖车兴，青露向空鱄。
>
> 不知日驭侧，但觉天宇悭。
>
> 俯视万庐落，井干涌微澜。
>
> 青林缀坳垤，新霜变朱殷。
>
> 客尘将尽敛，真境乃徐还。
>
> 究观盖壤内，开辟有此山。
>
> 何年画疆邑，冈峦属连环。
>
> 鸟道劣容迹，人兽为通阛。
>
> 旅行负薪粲，鱼贯勤牵攀。
>
> 十步九颠踬，肩頳汗流丹。
>
> 彼诚谋口给，老吾迫衰孱。
>
> 胡为事兹役，荒游起孤跧。
>
> 放情思脱兔，引手招翔鸢。
>
> 复恐血肉躯，容易堕榛峦。
>
> 山灵若镌我，涧声助抃弹。
>
> 寥哉不远复，脱粟有余餐。

三

古道、石桥、古树是"古色"风景，但印迹在这"古色"风景上的乌祥"红色"记忆，一样让人怦然心动。

行走在乌祥，寻找红色记忆，蒋治烈士墓和蒋治故居不可不去。蒋治烈士墓在村东南面山湾，1940年12月始建，为蒋治、秦淑兰夫妇合葬墓。

蒋治烈士故居

据说蒋治故居是曾其祖于清同治后期所建，距今已有近150年历史。

民国十五年（1926），乌祥大户人家的儿子蒋治走出山村，前往梅城就读浙江省立第九中学师范部，后去上海和东京求学，接受党的教育，思想随之发生巨大变化，并于1929年加入中国共产党。蒋治先后在上海、杭州一带从事学生、工人运动，担任过中共上海闸北区委书记和中共杭州中心县委书记等职。1931年春，上海党组织遭到破坏。11月，蒋治暂时离沪回乡隐蔽。因叛徒告密，蒋治夫妇于1933年2月在乌祥被捕，二人被囚禁在浙江陆军监狱。狱中，蒋治受尽折磨，肺病加剧。1934年9月，他被保释出狱治疗。1935年6月，蒋治经杭州到上海寻找党组织，且深入工厂、农村做社会调查，著文抨击时弊。1937年，上海成立文化界救亡协会国际宣传委员会，蒋治积极参加协会工作，宣传党的抗日主张。他还参加中国农村经济研究会的工作，撰写文章，针砭时弊。抗战全面爆发的第二年即 1938 年春，由骆耕漠联系，参加浙江同乡服务团抵丽水。同年秋，蒋治被党组织任命为中共丽水县委书记，以新知书店经理的公开身份作掩护，开展中共丽水县委的创建工作，同时，抱病主编《浙江潮》等进步杂志。1940 年，因活动引起敌人的注意，便到皖南屯溪治病休养。其间他仍然坚持工作，终因劳累过度导致病情恶化。临终前一天，蒋治对看望他的同志们说："我大概不行了，一生为党做的事太少了。党的事业一定会不断壮大和胜利的，你们不用为我个人难过，你们忙工作去吧！"这年 12 月 11 日，蒋治在屯溪病逝。1962 年 6 月，浙江省民政厅追认其为革命烈士。

（周建兵）

大唐村

云深有胜地

　　大唐村，位于建德市三都镇东偏东南，居后源溪流域源头，距镇政府驻地 13 千米。由原大库村、唐家村合并而成。东至浦江县花桥乡，南至东方村，西至凤凰村，北至乌祥村。村委会驻唐家自然村，辖唐家、花坟里、三井沿、大库、南华岭脚、板桥 6 个自然村。全村 270 户、860 人。村域面积 10.9 平方千米，其中耕地面积 30.2 公顷、山林面积 1106.07 公顷。主要出产原木、茶叶、香榧等。大唐村是浙江省优质香榧生产基地、浙江省兴林富民示范村。

大唐三井沿自然村

樱花最盛是大唐

　　大唐村位于一个狭长的山坳里，这是一个远离城市喧嚣、不被世俗干扰的美丽山村。

一条溪流从山上蜿蜒曲折流淌而下，滋润着溪边的农作物，放眼一片绿色。干净整洁的混凝土公路伴随，漫山遍野是樱花树，清风翠竹，随风摇曳，风景一路相随。这里是镶嵌在三都镇东部大山深处的一座静谧村庄。它背靠青山，在山野中繁衍生息几百年。

村里有几座石拱桥。唐公桥，桥呈南北向横跨于唐家村小溪上，为单孔石拱桥，占地面积18.8平方米。平面呈矩形，桥长9.4米、宽2米，用石块铺砌而成，南面4级台阶，北面7级台阶上下。拱券呈半圆形，用块石并列错缝铺砌而成，桥高4.5米，矢高3.8米。据民国《建德县志》载："唐公桥，在城东四十五里唐村口。清乾隆年间，同里唐兴权造。"

唐公拱桥

大唐村以唐姓人氏占多数。据村民介绍，早年有唐姓人从山那边的前源潭来此落脚，后繁衍成村。来自大库湾和三井沿的山泉从村子中间流过，其中一座廊桥横跨在村中间的小溪之上。每当夏天，村里人都喜欢到这里来乘凉聊天。

山深未必得春迟，处处山樱花压枝。说起大唐村，其实最有名的是它的樱花。2016年，《杭州日报》《都市快报》等记者无意中发现了大唐的樱花林，于是采写了文章，誉之"大唐樱花可媲美日本吉野山"。过去，这些野樱花长在荒山上，仿佛群星散落于青山碧水之间，一如不事妆饰的美人，养在深闺人未识，还未等游人来欣赏，就已悄然凋零。如今，因有了宣传，大唐樱花世人皆知。

从村庄往山上走没几步，三三两两的野樱花便映入眼帘，越往前越震撼，她们簇拥在山道两侧，悄然间竟被纳入怀中。四周遍是自然长成的野樱花，花型单瓣花，巨幕一般的湛蓝天际下，盛放着锦簇花团的樱林，粉色、白色……摇曳出春日里的一缕芬芳。

"三都的樱花是从 2014、2015 年渐渐多起来的，因为村里改用煤气后不用砍柴烧柴。大家猜测，是飞鸟把种子衔来衔去，于是越长越多。"村里人说。

樱花越开越多、越开越好，来看樱花的人也越来越多，大唐樱花，成了"醉三都"春天一大亮点。站在半山腰放眼望去，山下的公路一侧，前来赏樱的车子已是停了一路。

高山小村有神木

大唐村的大库自然村是建德香榧产业的发源地，也是建德香榧主产区。

大库村坐落于海拔 800 米的高山上，这里山高岭峻，终年云雾缭绕，温湿凉爽，非常适宜香榧树生长，村中拥有浙江省面积最大、数量最多的古榧树群，现存百年以上的榧树约 1500 株。

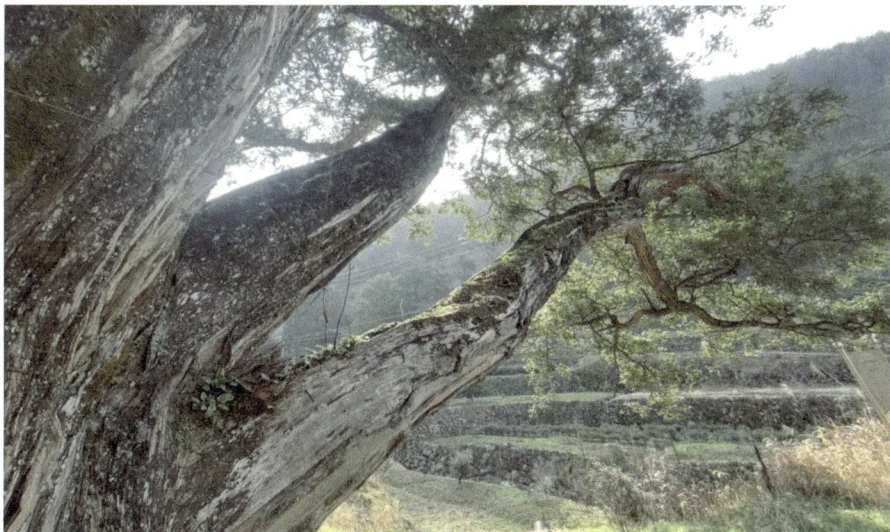

榧树

大库村的香榧古树连绵成林，有的盘根错节，有的内膛空虚，有的高耸茁壮，在上百年的岁月痕迹里，呈现出原生态的自然风貌。当人们第一次走近大库村这片古香榧树林时，往往会被榧树那种原生态的霸气所震撼，也不由得对造汉字的祖先肃然起敬。用现代话来说，我们的祖先真是太有才了！香榧的榧字，居然是木字旁边加一个匪字。试想，如果没有匪一样的飞扬跋扈，这香榧树怎么能长到二十几米高？

站在参天的千年古香榧树下，那种宁静致远的感觉如同站在大海边上一样，只会感到自己如沧海一粟般渺小。

二十世纪五十年代，建德市通过与诸暨县林科所技术合作，在三都镇（原大库村石臼坞）进行香榧种植。这些香榧苗木是从诸暨市赵家镇钟家岭村引进的。到了八十年代，村里已经形成了拥有 100 多株、占地 100 多亩，几乎是每株占地一亩的古香榧树林。

不久，村民盛建旗承包了大库村的老香榧基地，在村里创办了香榧加工厂，还搞起了香榧良种苗木。如今，"大库湾"香榧因其壳薄酥脆、籽仁清香的品质，受到了越来越多人的追捧。

大唐唐家村口

村有灵潭与井同

如果把大唐和大库比喻成大家闺秀，那么三井沿村则是令人怦然心动的小家碧玉。"天生丽质"的原味风景，天然的恬静，恰似一株深谷幽兰，芬芳在绿水青山间，浸润着整个山乡。

　　行过九曲十八弯的山路，来到三井沿村。迎面而来的是一座白雪覆盖的水坝"三井沿塘"。名曰塘，其实是一座不大的水库。据村民回忆，水库开挖于二十世纪六十年代左右，当时没有机械化设备，全靠村民们手挖肩挑。在当年，有了水库，村民的饮用水，村中的粮食丰收都有了保证。站在水塘之上，前方视野开阔，群峦起伏，一片绿意浓浓。天晴之时，站在村中高地，可看到山脚下波光粼粼。

　　三井沿村最著名的就是村口的三口石井。说是三口石井，其实是三个直径不到30厘米、深不过20厘米的石穴，因受发源于大竹坞的溪流冲刷，而在流水沟中形成三口锅状井。三个石井形如三口石锅，呈"品"字形排列在一块黑色的岩石上。更令人惊奇的是，三口石井所在的岩石像极了龙头，而这三口石井正好是龙眼和龙嘴，所以村民一直认为，这是一个吉祥之地。他们把村庄建在这三口石井所在的溪沿上，三井沿之名也因之而来。明嘉靖年间，何廷云及诸弟迁来定居。

三井沿石龙

石井之上建有一座石拱桥，连通两岸。该桥建于清朝末年。桥呈东西向横跨于三井沿小溪上，为单孔石拱桥，占地面积 13.11 平方米。该桥平面呈矩形，用大条石铺成，桥宽 2.3 米、长 5.7 米。拱券呈半圆形，用大小不一的石块并列错缝砌筑而成，拱高 4 米，矢高 3.2 米。桥东与村道接壤。石桥边种有枫树、椆树、草椇及红豆杉。这些树围在一起，遮天蔽日，把整个村庄隐在树后。

三井沿村的房屋沿山坡随势而建，层层叠叠，上下左右分布似乎都不讲究布局。卵石、块石铺设的巷道因而也是高高低低、曲曲折折，或与人家相接，或与田埂相通，或与古道相连。行走在村里人家，斑驳的村舍古韵犹存，石砌的古道布满岁月之痕，参天的古树迎风摇曳，处处诉说着这个村庄的柔情与沧桑岁月。

农耕时代，这里也曾经繁荣热闹，每一寸土地都被充分利用。现在，村中留守居民大部分为年岁渐高的老人，他们舍不得这片祖先辛苦开辟的土地，选择留守在小山村，耕种着村庄周边的土地，不使其荒芜，坚守在灰旧斑驳的老屋里。

整个三井沿村并不大，但是慢慢走下来，却需花一个下午。"城外的人想进去，城里的人想出来。"这是村庄的现实写照。村民搬离的背影，让村庄显得有几分落寞。但因为有了这些善良淳朴和蔼可亲的老人的坚守，一缕缕炊烟仍然每天准时升起，薄薄的，淡淡的，给人一种宁静安详的温馨。

（周建兵）

凤凰村

深山金凤凰

　　凤凰村，位于建德市三都镇东北偏东、后源溪上游多条溪流汇合处，距镇政府驻地11千米。由原洪岭村、高丘村、朱岭村3个村合并而成。东至大唐村，南至前源村，西至镇头村，北至乾潭镇乾潭村。村委会驻洪岭自然村，辖白杨坞、朱岭、长枫树、长石垄、龙门上、龙泉山、东王山、里周、浪彩、高丘畈、下塘、周家坪、洪岭、凤凰形、兵曹坞（分上下两部分）15个自然村。全村450户、1421人。村域面积21.8平方千米，其中耕地面积74.7公顷、山林面积1690.73公顷。主要出产原木、稻谷、高山茶叶、板栗、毛竹、高山蔬菜、药材等，珍稀干果"凤凰"牌香榧是浙江名牌干果。凤凰村是浙江省民主法治村、浙江省AAA级景区村、浙江省健康村、杭州市卫生村。

凤凰村

从洪岭到凤凰

　　旧时，村后山腰有一条崎岖小道，两旁松杉郁郁，环境幽暗，终日难见阳光，原名黑松林，亦以名村。后为便于行人交通，将此小道改至山脚，又以村名不雅而改为"红岭"。后又因村中洪姓渐多而以谐音称洪岭。

凤凰旧影

　　洪岭是原凤凰乡政府所在地。此处有北面而来、汇入后源溪干流的姚村溪（即后源溪的北源），将村落隔成两半，早先村民以简易木桥接驳交通。清光绪年间，浦江商人张狮岩因生意往返浦江与严州府城梅城之间，常为山洪暴发时冲毁木桥阻断交通而困扰。为彻底解决这个问题，张狮岩便个人捐资委托当地人修建了一座坚固的重力式双拱石桥（每拱跨度 6.5 米），连通严州与浦江驿道。造桥所用石材，均取自邻村乌祥石矿的玄武岩，质地坚硬，虽经百余年，仅有磕碰损伤，并无风化现象。桥长 18.4 米、宽 6 米、高 6 米，两侧各有 10 只石雕狮子，造型美观，被称为"青云桥"，寓意"此桥通达，诸事青云直上"。民国年间，凤凰乡境地称"青云乡"。洪岭村里首乌祥村革命烈士蒋治，在他的文章中多次提到这个名字。为保护古桥，现已在北侧将有效通行桥面连体加宽至7.6 米，以适应重型运矿车辆通行。加宽后的青云桥，新旧两部分并存，桥姿优美不减，为全市各地解决保护古桥与提升交通能力之间的矛盾提供了样板。

　　洪岭西南面原有一小山村，三面环山，中间平阔，此类地形在中国传统堪舆学中称为"凤凰形"，因此称小村为"凤凰形"。1981年，洪岭公社因与临安县洪岭公社重名而需改名时，村民选择"凤凰"为新的公社名，寓意深山中的凤凰，待以时日展翅而飞。此后一直沿用。2005年4月凤凰乡撤销并入三都镇，乡政府所在地旧址仍称洪岭。2007年7月3个村合并时，为保留已撤销的"凤凰乡"历史信息，以"凤凰村"为新的村名。

千年古樟

香榧之乡

　　凤凰村的大名远播，很大程度上要归功于"凤凰香榧"。本地原产草榧（今仍存100年以上盛果期榧树68株，主要分布在高丘畈自然村），是旧时建德东部乡镇人民熟知的珍稀干果，因产量不高兼有驱蛔养生的药用价值，向来价格不菲，一般民众求之不得。二十世纪六十年代以来，建德市林业科研部门不断引进新品种进行嫁接改良，原先略显坚硬、粗糙的原生态"草榧"，已大面积更新为口感更佳的"香榧"，以凤凰村和曾属凤凰乡的大唐村（大库、唐家）为主，形成浙江省优质香榧生产核心区域（凤凰村有香榧基地 1280 亩左右），并以"凤凰香榧"统称。

作为产地之一，凤凰本地原无加工企业，每年所产 100 余吨生果需送诸暨等地加工，无形中增加了农民生产成本，不利于发展香榧产业。2019 年，凤凰村两委急村民所急，利用原来凤凰乡政府办公楼改造成香榧炒制中心，派人赴诸暨市学习加工技术，并与诸暨技术人员签订技术培训协议，以提高该中心炒制技术和能力，确保香榧干果产品质量。该中心建成后，既满足本地生产加工需求，降低商品干果的成本，也提高了种植户的收入，香榧基地面积也逐年扩大。

兵家要地

凤凰村地处高山峡谷中，旧时仅有一条四五米宽的官道北通浦江县（梅城至乌祥公路 1974 年 11 月才建成）。因扼守严州至浦江官道咽喉，历来为兵家重视。官道对面、后源溪南侧的兵曹坞入口处山高林密，人迹罕至，如无熟悉地形的人带路，根本无法进入。山谷两侧天然石门，壁立千仞，如刀削成，几无植被，无法攀援，易守难攻。因此，元末朱元璋外甥李文忠占据严州府后，为防控后方浦江、兰溪之敌来犯，将其作为屯兵养马的地方。

后源溪

里周的谭姓与浪彩的传说

谭姓在建德市分布本属不多，里周村就有 200 余人姓谭。据该村《谭氏家谱》载，里周谭姓与清末戊戌六君子谭嗣同一族同奉始祖，来此地居住已有百余年。以谭氏家训"仁学武德"为治家治村信条，遵循教化，甘居乡壤，少有从政者。然而，随着时代的发展，谭姓族人的观念与时俱进，有能力者不吝才华，为凤凰村各项事业建设贡献才智。

关于"浪彩"村名，本地有多个传说。通行说法为：浪彩村所处为海拔 600 米左右的山间小台地，土层较厚，土壤湿润，野生狼萁头（蕨）十分适生，成为人们困难年月充饥的"主食"，故名狼菜；后以谐音衍化为浪彩。然据村里长者言，"浪彩"其实为"郎才"，与三都地区历史人物马大同（今马宅村人）有关。传说，马大同未做官时，曾多次来此地游山玩水，吟诗作赋。后来马大同以侍郎身份荣归故里，并重游此地，赞誉是此地旖旎风光激发了自己的才华。因此，此地就被村民称作"郎才"，后来又渐渐变为同音的"浪彩"。

登上浪彩最高点，群山尽收眼底，每到春夏之交，万亩野樱花绚烂多彩，微风过处，如彩浪翻滚，恰恰契合了"浪彩"之名。

送子亭

送子亭（吴公庙山门）

送子亭在姚村溪峡谷右岸，距离青云桥约 2 千米，原为本地大户人家在吴公庙求子得遂后还愿所建。建筑为一殿一亭，中间一天井，格局奇特。旧时，送子亭是朱岭村吴公庙的山门，是朱岭、龙门上、长石垄三个自然村的山门，也是村民送别亲人北上浦江县、南出严州府时约定俗成的止步之地。朱岭和凤凰等里外村落村民，除在此避风雨、躲酷热、歇脚力外，还常年在此设茶摊，在墙上挂有草鞋，以供来往路人尤其是需翻越陡峭高大的潘岭前往浦江的商客行旅或流浪者取用，成为一处施善"义亭"。

如今，送子亭虽不再发挥这些功能，但仍是在外打拼的村民心系家乡的载体。逢年过节，回乡的村民都会自觉前往送子亭，拔除杂草，清理枯枝落叶，修葺墙瓦，以保留心中一份淳朴的"乡愁"。

（黄一苇）

梓里村

桃源有福地

梓里村，位于建德市三都镇东，距镇政府驻地 5 千米。东至镇头村，南至樟村畈村，西至新和村，北至三都村里潘溪。村委会驻梓里自然村，辖梓里、姜公桥、后坞 3 个自然村。全村 487 户、1460 人。村域面积 8.16 平方千米，有耕地面积 67.6 公顷、山林面积 703.4 公顷。农作物以单季稻为主，经济作物以蔬菜、西瓜、草莓等为主。梓里村是浙江省第一批省级传统村落。

梓里村

此去愿言归梓里，预凭魂梦展维桑。

梓里，一个亲切的名词。《幼学琼林·卷一·地舆类》有载："故乡，曰梓里。"漂泊在外的人都怀念故乡，可能这就是梓里村村名最早的由来吧。在建德市三都镇东部，有一个美丽的村庄叫"梓里"。

一

梓里村历史悠久。南宋末年，元兵南下，直逼临安，朝中诸臣中有一李姓官员为国尽忠，其子及家眷溯钱塘江、富春江而上，于严州城东上岸，沿苔溪入后源，至镇头、梓里一带，见此地群山如黛，泉流潺潺，肥田沃土，风景如画，便定居于此延脉至今。这是梓里村李姓村民的由来。据说，李家在此定居后，在村边种植了梓树。梓里村村名的由来，或许又与这里曾有大量的梓树有关。梓里的耆老们自豪地说："以前，村里有大片的桑园和高大的梓树。这里是整个三都后源中，土地最为平坦，也是最为宽阔的地方。"

太祖庙

刘姓、张姓，亦是村中大姓。明嘉靖年间，刘原十由新亭乡前源刘家迁来。据《刘姓宗谱》载："郡治之东，有以梓名其里者，刘姓世家于斯。"张姓，据传是清光绪初由浦江麻岭脚张姓一支迁至建德东乡梓里村。浦江、建德山脉相连，风俗习性近似，严浦古道将两地贯通一体。自古以来建德与浦江人口迁徙频频，两地有诸多姓氏血脉凝结，姓氏的迁徙、男女婚嫁、岁月的流淌也是常态。姓氏迁徙中，有定居的，有迁而回迁复迁的，亦有游动型迁居的，可谓月无年有。尤其与三都地方的俚语风俗相似，这应是建浦姓氏迁融之缘，也是情理之中。

梓里村是个有文化根基、有文艺传统的村庄。村里原有一所梓里小学，创建于民国二十六年（1937），由本村开明绅士胡氏父子宗生和承绪、承绍创建。1937年胡承绪毅然辞去湖州师范学校教师一职，回乡故里，动员其父变卖良田三十余亩，父子三人合力创建了三都地区唯一的一所全日制完全小学（校园占地面积1公顷，校舍面积1000余平方米，教职员工十余人）。新中国成立后，无偿捐献，为国所有，培养了无数人才。

延年桥

二

梓里是一个古村落，由原梓里、姜公桥、后坞3个村合并而成，村以驻地得名。2017年，梓里村列入浙江省第一批省级传统村落名录。

村里如今还保留着一些百年以上的老房子，在岁月的侵蚀下，白色的墙壁已泛黄，印上了青褐色的斑痕。天井中，布满青苔的小石板静卧一旁，碰上雨天，雨水淌下来，滴落石上，仿佛在哼着一曲关于时间的小调。篱墙院景，古宅人家，在一片烟雨蒙蒙中，村庄也呈现出一派古朴、悠远的景象。

十年前，梓里村开展环境建设，从环境整治方面入手，逐步改善村容村貌。针对村庄房屋密集、道路狭窄、污水横流、基础设施落后等问题，通过召开户代表会议、入户走访等方式，广泛征求村民意见，统一规划目标。在建设过程中，积极动员村民的参与

土瓦房

热情，优先使用当地劳动力和原材料，因地制宜，既节约了成本，又扮靓了村庄。

村子中间有一个小广场，一边是新建的文化墙，另一边是规划整齐的小花园。村民老张家就位于小花园的一侧，干净的院墙，整洁宽阔的道路，给人一种心旷神怡的感觉。

三

梓里村属于建德东区，"离城二十五里"。这里依山傍水，土地平旷，屋舍俨然，阡陌交通，鸡犬相闻。这里有奇峰峻岭、茂林修竹，也有良田美池、古村人家。

梓里民宿群

晚清的时候，有一个叫谢敏斋的人，曾经在严州府任府学教授。一次他奉命到梓里来清丈田亩。可能是第一次来梓里，他说从严州府（梅城）到梓里都是山路，"路小而曲，下临不测之深"，没办法只能下了轿子步行前往。到了梓里后，他看到梓里"别有天地于万山环抱中，仍有平原、旷野、田畴、池沼"，印象特别深刻的是这里有"居民千余，家风俗敦"。村民热情接待谢敏斋，把他迎接到王公祠。村民说，这个王公是以前的严州知府，曾经到梓里来祷雨。但是此后有一百年了，都没有官员来过梓里，今天终于见到了来看望他们的官员。

我想，陶渊明《桃花源记》笔下描绘的那种村庄，想必是有原型的，梓里村大概就是一例。站在梓里村的祠堂前，看着这些淳朴善良的村民，此时此刻，这个叫谢敏斋的教授情不自禁有了身临"桃源福地"的感觉。

关于谢敏斋其人，行状具体无考，但据有关资料记载，他跟清末著名学者俞樾有交游。想来应该是一位饱学之士，所以能得到俞樾的赏识。在做了一段时间的府学教授之后，谢敏斋又到他处谋职。为此，俞樾还曾请托晚清名臣吴大廷给予照顾。上海人民出版社出版的《俞樾书信集》一书中见俞樾致吴大廷一函："兹有敝友谢敏斋广文步瀛，向充厘局司事，诸凡谙练，人亦朴诚可恃，用敢给函，今其晋谒阶前，无论总局分卡有可位置，推情酌派为感。"

关于谢敏斋和梓里的这段往事逸闻，载于民国《建德县志》卷十五"拾遗志"。据本籍文史专家朱睦卿先生考证，文中"梓里"应当是"梓潼"。然而，梓潼似乎又不是建德县境村名。当然，县志所载，讹误颇多，朱睦卿考证应当相较确切。"由来胜迹流传久，半是存真半是猜"。此处留此一说，仅存一史实于读者自明将来而已。故将县志原文兹录于后：

谢敏斋广文言，往年严州府教授时会奉太守檄，至梓里乡清丈田亩。其地距郡城百里而远，所行皆山路，路小而曲，下临不测之深，遇转斩处，舆在空中，不能不舍车而徒也。既至其处，则觉别有天地于万山环抱中，仍有平原、旷野、田畴、池沼，居民千余，家风俗敦，庞衣冠古朴，父老执香迎于道左，导入王公祠。王公者，故严州太守，曾祷雨于其地之龙潭，故至今有祠宇存焉。祠中悬王公像，首则朝冠，足则草履，其祷雨时如此也。父老言："自王公来后，百余年矣，今日始再见官至。"接待甚殷。每家皆欲以酒食招延。谢君力辞之，公事毕而返。方粤贼之乱，无所不到而其地止一线之路，居民力扼山口，竟不能进，故犹善完，未遭兵火，真"桃源福地"也。余戏谓谢君："自王公之后，惟君继往，他日必祔祀于王公祠，可题为王谢堂矣！"

（周建兵）

传奇春江源

　　春江源村，位于建德市三都镇西北、富春江北岸，距镇政府驻地1.3千米。因地处富春江源头段江畔，故称"春江源"。由南至北环于江，其他方向均与三都村交界。村委会驻塘下山自然村，辖塘下山、宋村山、下二都、下钱4个自然村。全村395户、1354人。村域面积12.36平方千米，其中耕地面积83.27公顷、山林面积668.6公顷。主要出产柑橘，部分劳动力从事水产养殖。春江源村是浙江省"一村万树"示范村、浙江省善治示范村、浙江省卫生村、浙江省信用村、浙江省AAA级景区村、杭州市美丽庭院示范村、杭州市和谐示范村、杭州市生态文明教育基地。

春江源村

一

　　春江源村塘下山自然村，因村中有水塘，坝下有岩石，水降石凸如山，故名。

朱姓人是塘下山最早的住民，后姚姓迁入。太平天国运动后期，唐姓人从兰溪迁入，之后逐渐成为村中的大姓。

村中苔溪流入大江转向北，宋村山自然村坐落于此。这里原是小里埠渡往江对岸姚坞的汽车轮渡，洪岭、里陈、将军岩等地的村民均经此出入。

东晋时期的宋兴因护驾有功，被封为开国侯，食邑宋公村（今宋村山）。1969年，因建设富春江水电站，大部分宋姓住民迁往浙江长兴县，全村仅剩六十多户，其中宋姓只剩两户。

自宋村山向东，就是下二都自然村。宋时，建德县区域划分为二十一个都，此地位于第二都的下游区片，故称"下二都"。下二都以东至高庵湾口，是下钱自然村。

下钱，古时是富春江畔的一座小码头，山里的村民大多从这里进出谋生做生意。村里主要住有何、钱两姓，所以称"何钱"。但因乡音"何""下"同音，是故称"下钱"，一直沿用至今。

春江绿道

二

春江源历史悠久，早在东晋时期，就有宋兴在此落脚生根，至今已有1700多年的历史。明万历《严州府志》卷五载："开国侯庙在县东南十里，地名公村。晋冀州刺史宋兴，永嘉间随驾南迁，功封开国侯，食邑于睦，卒赐建家庙。唐开元三年（715），裔孙宋璟刺睦，重葺，子孙垂祀。"

《建东宋氏宗谱》载，西晋王朝经历了五胡之乱，逐渐走向消亡。当时冀州刺史宋兴，在西晋永嘉年间随丞相司马睿南迁建业（今南京）。西晋建兴五年（317），司马睿登基成了东晋的开国皇帝，因宋兴护驾有功，司马睿封宋兴为开国侯，食邑后世的睦州之地。宋兴逝，皇帝赐建家庙，葬于建德苔溪畔。2017年，宋村山宋氏后裔将宋兴墓迁葬三都村后塘坞。

富春江上乌石滩

宋兴有两个儿子，长子宋夔，次子宋奭。后来，宋奭迁回鄠县（今属陕西西安），宋夔留在后塘坞守护祖墓及宋氏家庙，逐渐形成村落，名"宋公村"。

唐开元三年（715），宋兴第十四世裔孙宋璟，官为睦州刺史，后迁广州任职。宋璟有八个儿子，第五子宋恕留在宋村山奉家庙，其余随其去了广州，之后又分散至湖北、河南、陕西等地。

至宋代，宋兴的第廿五世孙宋庠和宋祁中了状元；宋廷浩成了驸马；宋偓官至殿中御史；宋昊封宣教郎，授国子监五经博士。宋氏家族，至此达到了鼎盛。

宋贤，字又希，明天启壬戌年（1622）登进士第，任江苏常熟知县，后升任山西巡抚，授兵部侍郎。由于时世变革，明代的宋氏宗谱资料已散佚，宋贤是开国侯的第几代裔孙，已失考。宋贤致仕归于乡里，居严州梅城宋家湖畔东门街宋家开府。宋贤常回三都宋公村祖地开国侯家庙祭先祖，会宗亲。76岁时去世，墓葬严州拱辰门外。

民国《建德县志》载："开国侯庙，在明代弘治九年重修，明天启三年又修。清咸丰末，家庙毁于兵灾。光绪四年裔孙元真、永梓集资又重建。"

二十世纪末，开国侯庙被毁，庙前的石狮、石龟不知去向，门前古樟也渐枯而死，唯光绪年间《宋氏家庙碑》尚存民间。

宋家湖畔建有大唐名相坊，横楣刻有"开国侯"三字，光耀于世。

三

民国二十三年（1934），国民政府航空委员会筹划在浙西山区建造一座秘密机场。经勘测，最终选址建德七里泷山峡，即今富春江畔宋村山、下二都、下钱一带。这一带的地形因两面青山合围，十分隐蔽。水路因水急滩多而不宜登岸。这一区域风向稳定，常刮东偏北风，利于飞机起降。当时在杭州有一座笕桥机场，下二都江畔修建的是笕桥空军机场的备用机场，老百姓称它为"下二都飞机场"。

同年10月，下二都机场正式动土，民国二十五年（1936）秋建成，用工十万余。清除杂草、平复坟墓，全靠锄头挖、畚箕装、肩膀挑、石鼓碾压，操作很原始。据九十多岁

下二都机场遗址

高龄的吴照寿老先生介绍，原机场一半区域已没于水下，另一半成了漂亮的绿道岛和养鱼塘。他说，当年民工住在下二都后山，国民党士兵们大多住民房。机场用油存放在山上的庙堂里。机场长约 1500 米，宽千余米。机场设航空站，可供战斗机临时起降。机场建成后，没有信号灯，工作人员就在地上用白布拉成一个 T 字形符号，作为飞机降落的标识。机场验收的那一天，四乡八村的老百姓都来观看，他们没有见过会跑的汽车，看到天上的飞机像鸟儿一样降落机场，雀跃欢呼。

民国二十六年（1937）11 月 12 日，日军向南京和杭嘉湖地区发动进攻，他们得悉笕桥机场附近有一座秘密机场，便派飞机沿江低空飞行进行侦察活动，在兰溪上空被中国军队击伤坠落在春江源上游十里许东关小里埠沙滩。两天后，日机轰炸了距下二都机场八十里的建德岭后铜官，大概是将铜官当作春江源附近的东关而误炸。

是年 12 月 24 日，杭州沦陷，下二都机场以及驻军同时撤离。

民国二十七年（1938）冬，机场因损坏严重而弃用，之后改作农田。

1969 年，因富春江水电站蓄水发电，下二都机场没于水下，从此成了历史。

（阮有志）

骑龙村

骑龙仙峡记

　　骑龙村，位于建德市乾潭镇西北，距镇政府驻地 6 千米。东至仇村村，南至胥江村，西至杨村桥镇岭源村，北至方家村。村委会驻上徐桥自然村，辖上徐桥、外章、蔡家、岩后坞、画坞、画坞口、旱午岭、新桥头、塔石坞 9 个自然村。全村 586 户、2026 人。村域面积 20.1 平方千米，其中耕地面积 69.8 公顷、山林面积 1843.7 公顷。主要出产水稻、小麦、油菜等，副产茶叶、原木、毛竹等。2012 年被浙江省纳入旅游西进路线，是浙江省新农村美丽乡村试点村、杭州市文明村。

骑龙村

骑龙桥有座骑龙庙，因庙得名骑龙村

　　骑龙村因村中有座骑龙庙而得名。骑龙庙坐落于外章自然村和蔡家自然村之间的骑龙桥。关于骑龙桥的来历有一段传说：很久以前，因溪水湍急，一放牛娃变一松木为桥，助渡溪香客进庙拜佛，后松木化为一条龙，放牛娃骑龙腾空而去，从此村民称此桥为骑龙桥，称庙为骑龙庙，庙后面的山坞则叫作骑龙坞。

骑龙庙始建于明永乐年间，亦称永庆庵，是六百年来建德北部地区最知名的寺庙之一。民国《建德县志》载："永庆庵，在城北三十五里骑龙桥，向为佛殿。后将前殿改奉唐张巡。清道光间重建。"二十世纪六十年代，该庙被毁。2004年重建。

永庆寺（骑龙庙）

骑龙庙是一座集佛释道为一体的寺庙，原供奉如来佛、观音、华佗、东平大王、"神仙老爷"等众多菩萨。民国年间，有个从诸暨逃到蔡家定居的陈汝怀，后来回诸暨祭祖，途经浦江一座寺庙，见其中的陈十四娘娘神像很美丽，他就想把它请到骑龙庙来供奉。陈汝怀通过掷筊（占卜）的方式征得娘娘"同意"后，就用麻袋装了佛像背到了骑龙庙，供在庙的前殿，后有村民集资120块大洋做了一座精美的轿龛，又将陈十四娘娘像供在轿龛里。

据传陈十四娘娘医术高明，十分灵验，村民有了病痛请不起医生，就来到骑龙庙拜娘娘抽签，陈十四娘娘也成了骑龙庙的主供菩萨。二十世纪六十年代，为了保护"娘娘"，罗村小坞头的村民们趁着黑夜将佛像请到了深山里，并匆匆为之建了一座小庙。之后，小庙里的陈十四娘娘像不知所踪。

每年的农历七月廿四日是骑龙庙的传统庙会，以前都要请戏班子来唱大戏，场面很热闹。

骑龙桥遗址

孙在蔡前，先来后到本一家

蔡家距骑龙桥一里许，原称"孙家村"。南宋时，孙姓从建德梅城千鹤迁此居住。据《孙氏家谱》记载，孙姓人最多时有 53 户。元代，附近仇村村的蔡道息之子为孙家做长工，东家见其勤劳聪明，便招其为婿，从此蔡家在此繁衍生息，人数渐渐超过了孙家。

从上徐桥通往岩后坞的小溪上有一座小石桥，而今随着走动的人越来越少，小桥已近废弃。据孙家后人说，在"文化大革命"之前，家里还保留着这座桥的造桥协议。这份协议由村民孙王高和造桥石匠签订，造价为六百银圆。可惜这份协议连同《孙氏家谱》在"文化大革命"期间被毁。

孙王高是上徐桥人，生于清咸丰三年（1853），家有良田 20 多亩，但到了花甲之年尚未婚娶，同村有个堂兄弟也是孑然一身，于是兄弟俩约好一起造一个大寿坑，准备终老之后做伴。哪知到了 1912 年，台州地区闹饥荒，一名 26 岁的姑娘沈剑香逃难到上徐桥村，这姑娘见孙王高家里满柜子的粮食，还有三间二层泥砖瓦房，就嫁他为妻，并生两子一女。遗憾的是两个儿子后来均无后，只是长子在蔡家抱养了一子续香火。

上徐桥头土地庙，菩萨"显灵"救村民

蔡家往里 1 千米，是上徐桥自然村。2015 年版《建德市地名志》记载，骑龙村有骑龙桥、会清桥、爱峰桥、渐鸿桥四座古桥，上徐桥却不在其列，只因此桥早已被拆。据村民回忆，老桥是一座弯月形的拱形桥，很精巧，但和村对面的官道相连，远看就像一条蟒蛇进村不吉利，于是村民在桥西端建了一座土地庙以破之。

据说这座土地庙刚开光，正逢日军南窜建德，一股日军从早午岭村行军到达金鸡窟窿，军马止步，鞭策不前，日军无奈掉头从方家开往长宁源去了。

会清桥/孙宁春 摄

另有一股日军从外章打到骑龙桥，他们从庙里抓来一个老和尚带路去仇村。去往仇村须经孙蔡村，老和尚为使孙蔡村民免遭涂炭，悄悄地将日军带入歧途，日军发现后恼怒地杀了老和尚，孙蔡村民因此躲过一劫。村民们认为老和尚舍身救村民是土地庙的菩萨在显灵。

金鸡窟窿，山高水长，故事多

上徐桥往里 2 千米就到了会清桥，自会清桥到金鸡窟窿这长长的峡谷地带，当地的

村民称其为"泷里"，意思是狭而深的地方。近年来骑龙村开发漂流游乐项目，"泷里"也因此被称作"骑龙峡"。

会清桥往里1千米是金峰亭。金峰亭既是亭子，又是通道，也是一座小观音庙。亭子两头门楣上方都有"金峰亭"三字。从前交通以走路为主，这里曾是过往行人歇脚喝茶的好地方。

金峰亭往前200米左右就是金峰桥，明万历《严州府志》称其为"金鸡窠桥"，现今改称"爱峰桥"。金峰桥的老桥碑则被村民抬到上徐桥溪边铺了水沟。爱峰桥上有"神仙脚印"，过往行人都爱把脚伸进脚印比一比祈求吉祥。

爱峰桥

爱峰桥往前500米左右就是有名的金鸡窟窿。金鸡窟窿本无窟窿，只是有个"金鸡窠"。相传很久以前，因路行至此要转一个大弯，行人很不便。当地有个叫"余十万"的财主，想在此凿山开道，变大弯为近路。哪知石壁凿开第二天又会长起来，如此反复。"余十万"百般无奈中听人说，凌晨鸡鸣时，杀一只雄鸡和狗，将鸡血和狗血淋于石壁即能破除。"余十万"依计淋了鸡血和狗血，石壁被凿开，但见一只金鸡泼刺刺地飞了出来，凿开的石壁果然没再长。后来"余十万"家道衰败，凿壁开道工程因此下马，石壁上只留下了一个窟窿，称其为"金鸡窠"。

金鸡窠其实是由多个神似鸟窝的天然石臼组成的，其中一个石臼里有一只石鸟，据

早午岭自然村民舍

村里老人说，这只石鸟栩栩如生，百姓称其为"金鸡"，人们路过都要去摸一摸以讨吉利。当地语"窠""窟"同音，金鸡窟窿应该是"金鸡窠泷"的谐音。但因"余十万"开了"窟窿"，所以"金鸡窠泷"久而久之就被叫成了"金鸡窟窿"。小源溪在这里原本要转个大弯，但因有了窟窿，溪水改道，从窟窿下泄形成瀑布。瀑布之下的深水潭，是骑龙峡漂流的起点，也是村民的天然泳池。

金鸡窟窿又称作"六马头"，因此处山上有六块形似马头的岩石。后被叫作落马头，据说和乾隆年间早午岭村的进士洪文中有关。洪姓是早午岭村的大姓，世代以耕读传家。早午岭因当年伍子胥逃难到此，在此吃了一餐早午饭而得名。

（孙宁春）

罗村村

最忆枫坞口

罗村村，位于建德市乾潭镇西北，距镇政府驻地 16 千米。东至邵家村，南至方家村、杨村桥镇龙源村，西至桐庐县百江镇钱家村，北至桐庐县钟山乡歌舞村。村委会驻枫坞口自然村，辖枫坞口、大横坞、天井源、官山脚、大珠、汪活源、浪源、狮峰、中包坪、沃坞口、田包 11 个自然村。全村 685 户、2107 人。村域面积 35.22 平方千米，其中耕地面积 27.5 公顷、山林面积 2850.1 公顷。主要出产原木、毛竹、茶叶、山核桃等。罗村村是浙江省新时代美丽乡村精品村。

罗村村枫坞口自然村

乾潭之北，是一条长长的源，曾是严（州）分（水）古道。一条胥溪，溪长近百里，从胥口逆流而上，逶迤的大（畈）罗（村）公路依山傍水，通向胥源深处。

枫坞口，是这条源里的一座自然村，距胥口 20 多千米，距罗村水库三四里地。枫坞口又分为上村、中村和下村。中包坪自然村，从地形上看像把打开的扇子，又像农用工具大畚箕，上百来户人家依山势建房，呈阶梯状分布。下村枫坞口自然村，二十几户人家密集而居，村前是窄长又平坦的农田，胥溪绕着村子缓缓而过。连接上下村的是一个小山岭，岭虽小却甚陡，路外是峭崖。

枫坞口茶园

茶园旧事

胥源深处的枫坞口，山高地寒，云深雾重，是个盛产茶叶的地方。枫坞头，浮家桥，洋海里，外坞里坞，一眼望去，那些山谷、坡地，到处是一代代村民开垦出来的茶园。

每年三四月间，草木旺发，那茶叶也是日夜生长。登上茶园，极目远眺，满眼翠绿。那一行行、一垄垄的茶树，已经长出宽厚深绿的茶叶，一片片新绿迫不及待地往上冒，呼吸着春天的气息，跳动着生命的律动。

山乡人一年中最忙的茶季开始了！晨光微曦里，男女老少，肩挎背篓，自带中饭，三五成群地上山采茶。青翠油绿的茶丛里，漫山遍野是采茶人，谈天说笑，好不热闹。有的单手采茶，有的双手齐用；有的一人一垄，也有的两人合采一垄，从这头采到那头；

今天这个山湾，明天那块坡地。直到夕阳滑落山巅，采茶人背的背、挑的挑，将一筐筐、一担担茶叶送往茶厂。

春天多雨，那嫩芽一个劲地疯长，茶价也一天一个价。茶农们赶时间，不得不穿蓑衣、披雨披，冒雨采摘。一天下来，雨水湿透了全身，一双手被冷雨浸得发白起皱，甚至冷得牙齿打战。夜里炒制茶叶更是辛苦。分田到户前，村里有茶厂集体制茶。每天茶厂的地上青叶一堆堆铺满，十几台制茶机 24 小时转动着，流水线运转。后来茶山分到各家各户，每家都会在屋内一角设特制的茶灶与大镬，一个家庭就是一个作坊，父辈们无论男的女的，制茶操作技能人人都会。从鲜茶"杀青"，竹匾上搓揉，到茶笼上烘焙，甚至还会辨识茶品档次。山里人白天采茶，夜里炒制，高强度劳作，手掌常常烫出一个个水泡，挑破、瘪了继续炒茶，或者因瞌睡致使茶叶炒焦，连带茶笼着火的情况也时有发生，茶事日子一直要持续两个多月。

原罗村供销社

"九山半水半分田"，山里人勤劳致富，从来不让山闲着，也不让自己闲着。采完了茶叶，采苍山籽，还要采箬叶，砍芒秆，摘油桐……一年四季在山里摸爬滚打，用双手创造属于自己的美好生活。

露天影院

二十世纪七十年代末，罗村村前的天合垄被选为水电站建坝之地，因此，有着七百多年历史的村落罗村，迎来了整村外迁的命运。村民们虽然故土难离、心有不舍，但是为了支持国家的水利建设，在三个月之内陆陆续续离开了祖祖辈辈居住的地方——罗村村。当时罗村是罗村乡政府所在地，为此，乡政府同时搬迁。

乡政府坐落在枫坞口，周边相继搬来了供销社、收购站、粮站和医院，也建起了罗村中心学校，枫坞口成了全乡的中心，一下子热闹了起来。由于当时农村文化生活落后，没有电视，也没有电脑和手机，只有广播和电影。广播只能听，电影既能听又能看，还有精彩的画面，所以看电影就成为村里男女老少最大的精神享受。乡政府门口宽阔平坦，能容纳几百人，成了乡村露天电影院。那时候，电影片子极少，无非是《地道战》《地雷战》《上甘岭》《闪闪的红星》，而且是村与村之间跑片的，但村里人每场必赶，有的年轻人还跟着片子跑，百看不厌。

最大的露天影院莫过于罗村水库工地了，方圆二十里的村民都曾赶来看《红楼梦》。

罗村水库的建设者们来自四面八方，他们白天开山放炮筑坝，夜晚住宿在简易的工棚房里。为了丰富水库建筑者们的生活，坝前那片工地成了临时影院。听说要放《红楼梦》，喜讯像长了翅膀似的传开来，不只是邻近枫坞口、狮峰的，甚至一二十里外浪源、大源的人，傍晚开始他们就源源不断地从山道上涌来，将整个工地挤得水泄不通，黑压压一片。有坐在石头上的，有垫着石头站着的，有爬到旁边山壁上的，还有些小孩骑在大人脖子上，甚至有年轻人干脆爬上树，双腿夹住树枝丫伸长脖子看。虽是宽银幕电影，但偌大的天空底下，估计大部分人也只是赶个热闹吧。放映结束，村民们打着手电，举着火把，向四面八方的山里村落散去。

醉美水库

从枫坞口往胥源里走三四里地，就是罗村水库。距离乾潭 25 千米，对外交通主要以公路为主。

罗村水库是二十世纪七十年代兴修水利的杰作，是一座以灌溉为主，结合防洪发电、养鱼等综合性利用的中型水库。水库坝址流域面积 44.7 平方千米，河长 7.54 千米，河道平均坡降 3.72%，流域平均高程 568 米，形状为扇形，地势西北高东南低。流域内植被良好，为成片灌木林覆盖，少有农田，河床狭窄，水流湍急，洪水暴涨暴落。

1992 年，罗村乡并入下包乡，乡所在地也搬迁至下包。2005 年 4 月，原下包乡又并入乾潭镇。随着国家惠民新政的出台，那些祖祖辈辈生活在胥源深处的人家不断地享受着就业、入学、居住等政策，纷纷走出交通闭塞的罗村源，安家落户于政府专门为他们在乾潭镇建造的"罗村新村"和"幸福新村"两个新家园，幸福生活。

罗村水库

　　如今，在这连绵叠嶂的群山里，罗村水库一水独秀，自然清新，水质清纯，如明珠出浴。这水，与青山相连，与蓝天相映，显得更加清幽秀美，成了远近闻名的旅游胜地。罗村水库，是乾潭镇"归园田居在乾潭"系列活动、助力浙江省小城市培育和旅游风情小镇创建的策源地，是乾潭镇打造农商文旅融合示范线、高质量乡村发展旅游线、新时代田园创新文化线的重要节点。胥源深处那个宁谧的汪活源，美如画卷。她以保存完好的"夯土房"为特色，保存着传统农耕、农居、农俗风味，具有浓郁的文化气息，是一个集精品民宿、抱团养老及地方特色文化展示于一体的精品生态自然村。胥溪畔的瑞坑成了唐诗小镇，小桥流水，诗意居所，保留着"泉深不知处"的原生态江南山村自然美。

风光旖旎的罗村水库，风景秀美的小山村，不知圆了多少人的田园梦、故乡梦，还有那诗意和远方。

（谢建萍）

仇村觅先祖

　　仇村村，位于建德市乾潭镇西北，距镇政府驻地 4.5 千米。东至牌楼村，南至牌楼村，西至骑龙村，北至下包村。村委会驻仇村自然村，辖仇村、山顶、丁畈、塘孔、下徐畈、谢家、山根、红山坞口 8 个自然村。全村 402 户、1335 人。村域面积 6.61 平方千米，其中耕地面积 62.6 公顷、山林面积 501.13 公顷。主要出产原木、水果、茶叶、稻谷等。仇村村是浙江省善治村、浙江省新时代美丽乡村精品村。

仇村村

一

　　从《光绪建德县志》推断，最早关于仇姓的记载，始于明天顺年间。仇姓分布在建德境内有，后仇、仇家、仇家坞、牌楼村、仇村等地。在寿昌的揭家、罗源村、小山村，也各分布一户仇姓人家，他们于民国二十年至二十六年（1931—1937）到达寿昌，有可能是来建德投奔先祖的，但没有到达乾潭。建德市，以仇姓命名为村的，只有乾潭镇的仇村。

仇村与牌楼村相邻，仇村的历史与牌楼村的历史有关联。

据考证，仇村的仇氏始迁祖是仇永昌，明朝中叶从大洋庄头（今大洋新源村）迁徙而来。仇永昌生有四子，长子文清住在前村，称前宅仇；次子早逝；三子文政住于郑村（即今牌楼村），是牌楼村的最大家族；四子文全住在村后，称后宅仇。

前宅仇和后宅仇，渐渐地连成一个村坊，遂称仇村。

仇村大桥

仇文清、仇文全两兄弟在现仇村自然村居住，秉承良好耕读家风，和睦相处，互帮互助，两兄弟共用的一口水井，现仍完整保留在村中央，村里为其做了井圈防护，水质依然清澈见底，透亮甘甜。井沿口保留着原来的青石，仿佛还能看到这口古井和仇村的历史长度。

虽然后续也有其他姓氏落脚此地，但终以仇姓为主姓。

山顶自然村，建在山丘之上，居住着查、李、朱姓的后人。查福寿老支书是原山顶自然村人，从新中国成立开始任仇村党支部书记，连任 36 年。

仇村与下包接壤处，有一大一小两条山脉，峻秀于胥溪两旁，人们将此处称为母子岭。母子岭外，有一片开阔的地盘，早年丁姓人在此耕种生息，故名丁畈。现在是仇村的丁畈自然村。因现已无丁姓后人在此居住，丁姓始迁祖无从考证。后来蔡姓迁入丁畈，村名依旧沿用。也有人将丁畈称作畈边。因为山顶自然村的人慢慢迁下山，在蔡姓拥有的丁畈旁边再次开拓土地，人们就将新开垦的那片土地称作"畈边"，沿用至今。

塘孔自然村，在丁畈的对面。相传孔姓人家曾在此挖掘了一个池塘，最早的地名就被称作"孔家塘"。因水塘淤积，面积越来越小，最后只留下一个孔，渐渐地人们称其为塘孔。虽然，村里已经没有了孔姓后人，但地名的沿习，则说明了村坊的变迁。

下徐畈，村庄位于徐姓开垦的田畈之下首，故名。这些田畈，均为罗村水库下游的胥溪冲出的滩涂，经过整治，成了耕地。这片田畈都有乡民自己所起的地名，这些地名不仅仅是为了纪念开垦者，同时利于生产，也便于告诉家人送饭的地点。

下徐畈自然村旁边原来建有一座供路人歇息乘凉的凉亭，故又称下徐为"亭边"。

谢家与仇村隔着胥溪而望，谢姓人家在仇村对面落脚，繁衍生息，故此地名为谢家。谢氏兄弟较多，互相帮衬，发展较快。后来虽有沈姓人家落脚谢家，但还是旁族。

顺胥溪而下，谢家下游的一山湾处有个小村坊，人户不多，小村坊沿山脚而建，人们形象地称此地为"山根"。

仇村与红山坞口之间只隔一座山，先祖把这座如臂弯般佑护仇村的山称作"神山"。神山东面，是红山坞口，此山谷土壤为红黄土壤，遂称红山坞，而村庄位于谷口，故称为"红山坞口"。红山坞村坊里，只有三排整齐的房子，大大小小加起来不足30栋。

仇村出了一名革命烈士——仇光炎。仇光炎1965年12月入伍，1966年3月牺牲在边疆，现仍安息在他乡。

二

现在的仇村，从母子岭到山根、红山坞口，再到与牌楼村的交界处，其他旁姓都晚于仇氏迁入。除仇村仅存位于前宅仇与后宅仇交界处的古井旁一处砖砌的老宅，其他自然村都没有留下宗祠、庙宇等建筑古迹。

但是，在仇村与下包村隔胥溪两岸间，却完整地保留了一座万安古桥，数块残碑分别记录了万安桥的前世和今生。

万安桥，原名钱家桥，明万历年间由胥溪之源的钱家独建，故名。后由仇村仇贤皋妻叶氏重建于清道光四年（1824），遂改名杨家埠桥。咸丰七年（1857）七月，乾潭乡蛟水大发坍没。至同治七至八年间（1868—1869），邵一明、陈瑞宝往来其间，常有兴复之意，陈瑞宝愿出五百金赞助。

万安桥

光绪二十二年（1896）冬，西乡永镇桥建成，邵甥嗣良谈及是桥，欲超出陈瑞宝所许而首任其事。何志先、蔡有信、仇万昌、包光辉及邵人彦皆欣然而许诺，遂有重建是桥之议。然而因匠工之监督，材料之收储，捐资之敛集难寻可信之人来张罗，所以被迫搁置三年。

光绪二十五年（1899）春，孙宗干以"事贵力行，不宜再延"为言，请仇万昌、吴世彦、陈森商任要职，择日动工，勉励并倡导大家带头出工、出资、出力。而远近乐善诸君皆闻风兴起，尽力解囊莫不踊跃。开工后历经三年最终告成。其间无不劳累踌躇，而竭尽图功，不辞劳怨始终无倦志，如仇万昌、陈森二人者。

为了让此桥悠远无疆，千万人来往共乐桥梁安奠之功，亿万年久长永享桥道安平之福，故名万安桥。万安桥碑勒于光绪二十七年（1901）九月。

仇村的这些村坊，不少人家从事家纺业、电器业，最远的把工厂开到了广州。其他乡民在乡村从事深山有机农业。仇村的地域气候独特，适应种植奶白茶和黄金茶。奶白茶和黄金茶的附加值很高，是难得的上品好茶。冬季时，黄金茶树一垄一垄匍匐在山野像是黄金，装点着胥溪两岸的风光。而奶白茶枝头抽出的一道一道白色枝芽，给人以一种圣洁的高贵。

（仇裕平）

牌楼村

牌楼记功德

　　牌楼村，位于建德市乾潭镇西北偏西，距镇政府驻地 2.7 千米。东至乾一村，南至胥江村，西至骑龙村，北至乾一村。村委会驻牌楼自然村，辖牌楼、毛源垄、前山湾、汪家、郭家、白羊头、降下龙、竹村坞、黄柏坞、前山脚 10 个自然村。全村 538 户、1763 人。村域面积 6.9 平方千米，其中耕地面积 87.47 公顷、山林面积 486.67 公顷。主要出产原木、茶叶、稻谷、水果等。 牌楼村是全国人口和计划生育基层群众自治示范村、浙江省绿化示范村、浙江省善治村、浙江省新时代美丽乡村精品村、浙江省"十一五"计划生育协会工作先进集体、杭州市全面小康建设示范村、杭州市民主法治村、杭州市文化示范村。

牌楼村

一

　　牌楼村在宋时称"至德村"，后改为"郑村畈"。明成化二年（1466），因里人仇文政多次捐粮赈灾，朝廷为表彰其德，特下旨建造木牌楼一座而得名"牌楼村"，俗称"牌楼前"。牌楼村由原牌楼、龙庄（即龙田里）两村合并而成。牌楼水陆交通便捷，物产资源丰富，二、三级保护古树极多，风景优美宜人。

陈列在村口的牌楼构件

郑村畈与仇村之间，隔着一座名曰"黄胖岭"的山岭。岭南胥溪将郑村畈、龙庄两个村，分割于溪的南北两面。仇氏祖先始于河南南阳，之后部分迁入安徽歙州。宋元年间，歙州仇氏迁入建德县南乡。到了明朝中叶，仇永隆与哥哥仇永昌从南乡迁到胥溪畔。仇永昌住在仇村，仇永隆住龙庄。仇永昌有四个儿子（其中一个儿子夭折），老三即为仇文政。仇文政为人仗义豪爽，深受家财万贯的郑村畈郑员外青睐，意欲招其为郑家畈的上门女婿。就这样，仇文政来到了郑村畈。

仇文政到郑家不久，郑员外就把整个郑家交给仇文政去打理。仇文政敬族睦宗，热心公益，人称"仇义公"。明天顺年间，严州大旱，粮食绝收，饿殍遍野，仇文政捐粮米八百斛（约十二万斤），以帮助民众度过粮荒，朝廷因此敕封仇文政一家为"义门"。明成化二年（1466），严州又遭旱灾，仇文政的儿子仇纲在父亲的支持下，又捐出五百斛粮食。严州府报请朝廷为仇家父子树坊立碑，让仇氏父子的懿行得以发扬光大，留传后世。碑文《旌表义士记》由乡贡进士李佑撰写，乡贡进士戴灿篆额，庠生戴元书丹。明宪宗下旨，赐建木牌楼一座。当时天下只有两座半木牌楼，郑村算其中一个，遂以"牌楼"称名。凡是经过牌楼的文官必须下轿，武官必须下马，步行通过。明万历四年（1576），仇氏族孙仇炼、仇钺在先辈精神的感召下，急官府所急，捐出二百五十斛粮食救灾，严州府分别授予兄弟俩冠带。

仇氏家族义行不断，立于村后的那座木牌楼就是仇氏族人荣耀的象征。该座牌楼完全展现了明代的建筑风格，可惜二十世纪六十年代被拆毁。至今，曾放置牌楼下的石鼓、石碑尚存，只是石碑已有破损。

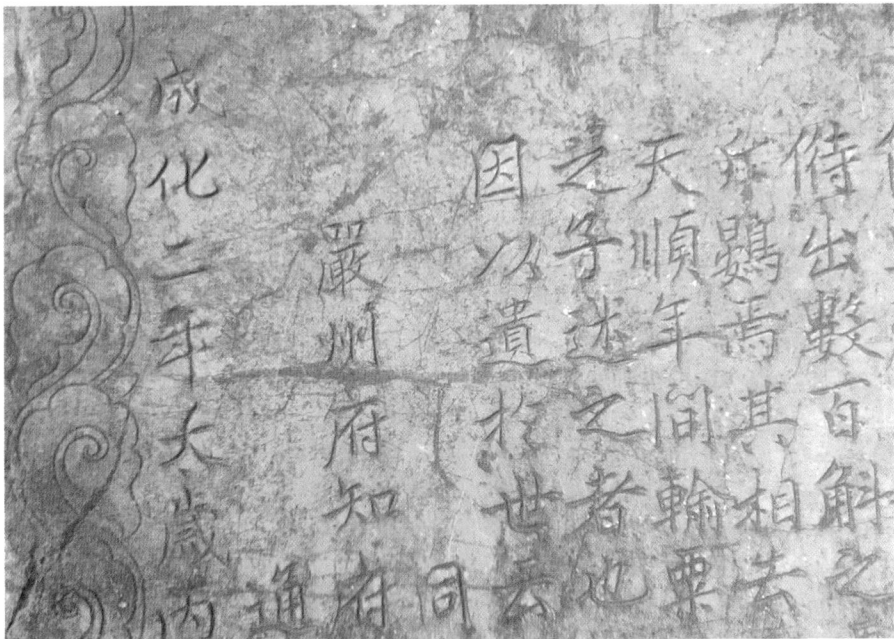

明成化二年（1466）牌楼残碑

二

从地貌观，整个牌楼村几乎是被胥溪抱在怀中的，故而胥溪一发大水，便有水患。村民们听闻"若在村东的洋坞山上建一塔，便可镇住水患"之时，庆幸不已，积极筹备，准备建塔。可是塔还没建起来，包括乾潭、大畈在内的村民全赶来了，说他们村里的鸡不鸣了，狗不吠了，建塔之事就此搁置。现在，山上还留有当年所挖的塔基。

胥溪上原有一座木桥，可是一遇水患，木桥就会被冲走。清道光三十年（1850），包大基独资在洋坞山下的胥溪上建了座石桥，此桥便是长元桥。长元桥下有个深潭，叫长元潭（当地人又称长潭街）。潭底有一巨石，上面刻着牌楼大旱的时间，譬如明万历乙亥（1575）等，最末的记载是民国三年（1924）的大旱，村人们从潭中车水抗旱，直至潭水被车干。二十世纪中叶，原胥溪所经之处全改为了粮田，长元潭也变成了一池水塘。

村中的古民居

三

仇氏祠堂始建于明嘉靖年间，为三间上下两进结构。其时，仇氏族人在附近诸村人数众多。清朝中叶，牌楼村仇锦峰立西边门，以区别其他同姓宗支。至此，牌楼有了三座祠堂，即东边门祠堂、西边门祠堂、高畈门祠堂。西边门祠堂（又称仇式祠堂）尚存。

现存祠堂的整体建筑为清末所造，约有 120 年历史，木雕雕刻为双面平面雕，花卉纹粗犷。建筑坐北朝南，占地 283.5 平方米，整体格局保存较差。二十世纪五十年代初，祠堂被集体征用，祠堂内部的格局被大幅地改变。"文化大革命"期间，因是茶厂而得以留存。2010 年仇氏宗祠重修，立《仇氏西边门重修祠堂碑记》。仇氏祠堂乃仇氏族人祭祀祖先、男婚女嫁之礼仪场所。新娘迎接来，入祠朝拜祈福，再接回新郎家，这习俗至今仍保留。

牌楼村还有一座清末建造的民居,乃仇士敬之居。仇士敬生于清道光二十九年(1849),
有诗赞其:

> 幼年失怙恃,兼逢乱世年。
>
> 铁臂担两姓,巨掌开双园。
>
> 创业卓然成,建树巍乎显。
>
> 敦门睦邻里,齐家修身先。
>
> 行善唯恐后,为德只争前。
>
> 严实为家统,当得儿孙贤。

仇氏宗祠

仇士敬荫及儿孙、造福桑梓,出资修桥造路筑亭,长太岗脚凉亭同乐亭便是其所建。
同乐亭,橡树用木,石料做柱,极其牢固。士敬之民居坐北朝南,占地317.5平方米,
二进院落,由前厅、第二进主楼、四个厢房及西侧侧屋院落组成,为二层传统砖木结构,
硬山式双坡屋面,五花山墙。建筑面阔三间两弄,前厅进深四柱三间七檩,第二进主楼

进深三柱两间五檩。西侧侧屋院落为三合院式。牛腿雕刻回纹、草龙等纹饰，厢房窗户有蔓草、水裂纹及席纹装饰。月梁上有老鼠皮装饰，骑门梁上雕刻精美花草。

牌楼村至今流传着《茶童除恶》《鸳鸯野鲫》《江南石子路》等民间传说，还有革命人士吴长春的故事，这些无不记述和展示着这片土地的流年。

（方丰珍）

下梓村

惠风传龙德

　　下梓村，位于建德市乾潭镇东北，距镇政府驻地 7.8 千米。东与桐庐县富春江镇孝门村交界，南至安仁村、王岩村，西至前陵村，北至安仁村。村委会驻下梓自然村，辖下梓、亭子边、对面蓬、小坞、大坞、朱几坞、花厅基、麻蓬 8 个自然村。全村 332 户、1030 人。村域面积 3.52 平方千米，其中耕地面积 33.67 公顷、山林面积 291.2 公顷。主要出产稻谷、茶叶、蚕桑、生漆等。下梓村是全国文明村、浙江省全面小康建设示范村、浙江省"双强百佳"行政村、浙江省绿化示范村、浙江省卫生村、浙江省森林村庄、浙江省文明村、浙江省 AAA 级景区村庄、浙江省最满意平安村、浙江省基层文化建设示范点、杭州市文明村、杭州市文化示范村，村文化礼堂是浙江省五星级文化礼堂。

下梓村村口

　　富春江畔煤山分支向北延伸的山上梓树成林，此山两侧山坞的上首叫作梓坞（今王岩村），下首称之为下梓坞，下梓村由此得名。

　　宽阔、笔直的村口大道正中央，矗立着一座石牌坊。大路左侧建有 66 米长的仿古木制长廊，是道德文化宣传教育的重要基地。村入口路旁的两只石雕狮子很威武，与古柏香樟交相辉映。还有一座仿古六角凉亭，六根红漆柱子矗立在磉鼓石上，显得稳健而优美。正门上方悬挂着刻有"惠风亭"三个苍劲有力大字的匾额，凉亭的柱子上镌刻有楹联两副：

其一

三桥纵横碧水间山清水秀；双狮威武震桑梓人杰地灵。

其二

道无古今惟其时；言之高下在于理。

惠风亭

　　至今在下梓村民间还广为流传着一段关于惠风亭佳闻趣事：惠风亭（又名回峰亭、尉封亭）原在下梓（旧名下榨坞）村口静静地伫立了 200 多年，供来往行人歇脚躲雨、纳凉避暑。该亭从外观上看，呈长方形，其特别之处是所开的两扇门与其他亭子完全不同，南端是八字形方门，北端是月洞式圆门。其寓意为：出方门是"好男儿胸怀天下走四方", 进圆门是"好儿孙勤俭持家为团圆"。清初, 广东布政使吴谦志(今乾潭梅潭人)为报答下梓村娘舅的教育之恩而捐资兴建此亭。他的陈姓娘舅是书香门第, 家住下梓。吴谦志从小在外婆、娘舅家得到良好的教育, 且一直将下梓作为自己的第二故乡。亭子建成后, 周边遂成小村落, 村名因此称作"亭子边"。时过境迁, 物换星移。该亭于二十世纪七十年代因修建公路被整体拆除。直至二十一世纪初, 下梓村民为感念这位外甥的功德, 在原址北侧 100 米处新建了惠风亭。该亭的形状虽与原亭大不一样, 但追忆吴谦志为下梓村民"人伦孝敬、勤学奋进、一心为民"之风的情结是一样的。"惠风"二字永刻在村民心中, 并代代相传。目前, 代际和谐、邻里和睦、民风纯真、尊老爱幼的美德在村中蔚然成风, 下梓村是名副其实的全国文明村。

板凳龙

下梓村自有生龙的传说。

相传很久以前，村中一对勤劳善良的青年夫妻诞下一个似人非人、似蛇非蛇的男婴。族人谓之不祥，令处死。夫妇无奈，遂将男婴抛于村前荷花池中。历数日，妇至荷花池中浣衣，突见池中一男婴游近，张嘴乞奶。妇望之乃自己所诞之儿，于是日日如是喂之，渐成一小龙。族长闻之，怒而持刀，匿于荷花池边，待小龙出池，便拔刀相向。小龙避闪不及，被断尾。以至龙吟九天，刹那乌云翻腾，飞沙走石，满池荷花飞舞，断尾小龙倏忽硕大无朋，带着满池荷花直冲九霄。断尾小龙飞天而成巨龙后，经常念及下梓的母亲。自那以后，下梓方圆百里每逢大旱，小龙就会降甘霖解除旱情。其以德报怨之善行，广为世人所称颂。自此，下梓百姓为感念龙德，每逢新春佳节就以木板、竹条、绵纸扎成一条条栩栩如生的硬板凳龙，祈祷来年风调雨顺、幸福平安，久而久之，形成了具有民俗特色的下梓硬板凳龙扎制技艺，列入杭州市非物质文化遗产名录。

山水清风民宿天空浴场

下梓硬板凳龙民俗活动蕴含着深厚的地域文化，始于明末清初，迄今已有 390 多年的历史。据史料记载：适逢崇祯元年（1628）浙江巡抚张廷击败福建流窜到浙江境内的海盗，严州府衙决定招揽民间板凳龙艺人，于新春载歌载舞庆祝浙江巡抚大败海盗。下梓村的硬板凳龙由此入选。以往，下梓"硬板龙"在严州一带享有盛誉。其花样繁多，有桥灯式、板灯式、花灯式，有板龙、纸龙、花龙，且有男子硬板凳龙、女子硬板凳龙

小江省平岗上俯瞰下梓村

之分。硬板凳龙扎制技艺代代相传，至今已历陈子华、陈志佩、陈宏德、陈天窦、陈士有、陈一斌、陈贤、刘槐、杨大春、吴东来、胡宝成共十一代。随着时代的变迁，扎制龙灯技术越来越考究。硬板凳龙制作精巧，集绘画、书法、雕刻等艺术与扎、编、糊等工艺于一体，熔体育、杂技、舞蹈于一炉。第十一代传人胡宝成年轻时做过木匠，精通书画，自成一派。三十多年来，他在传承先辈技艺的基础上，结合现代的制作材料，不断创新扎制技术，使下梓村的硬板凳龙更威武雄壮。男子硬板凳龙从龙头到龙尾共128节（桥），长200余米。但舞龙不是一件轻松的事，需200多名青壮年共同参与。一节（桥）要2人抬，龙头需8人抬（4人1组，舞间两组轮换），几近户户勠力。精致灵活的女子硬板凳龙舞队，由26名妇女组成。她们不仅在村里舞龙灯，还经常到邻村闹元宵，并多次应邀参加建德市和杭州市以及省外举办的龙灯表演大赛，赢得多项荣誉。下梓村的硬板凳龙灯穿梭在各村落，既平添了万般祥和之气，又扩大了下梓村民俗活动的知名度，成就了龙吟下梓之美名。

（林成刚）

村因古庙名

　　庙前村，位于建德市钦堂乡东南，距乡政府驻地 1.5 千米。东至大溪边村，南至葛塘村，西至庄丰村，北至钦堂村。村委会驻下樟地自然村，辖下樟地、下坞垄、下坞垄口、廿四亩、亭子边、下畈、上杜畈、庙前、外郭、干坞、张村头、牛头坞 12 个自然村。全村 268 户、898 人。村域面积 4.78 平方千米，其中耕地面积 56.6 公顷、山林面积 376公顷。主要出产稻、麦、玉米、菜籽油及林木、毛竹、板栗、茶叶等。庙前村是浙江省新时代美丽乡村精品村，1980 年被列为浙江省省级用材基地。

庙前村

　　庙前之名，因旧时村落位于长颂庙前方而得名。

　　庙前自然村村后有山，山形如白虎，故名"白虎山"。旧时，白虎山山腰有一座两间房规模的古庙，传说有一年有两位壮汉，在抬一座大钟到庙里去的半路上，杠突然断了，钟就滚到村东面平地上。村人以为神仙显灵暗示此地是建庙最佳位置，于是，村民在这个位置新建了一座庙，名为"长胥殿"，取意"永久存在的供奉小官吏神受朝拜理事的地方"。年长日久，口口相传，后人也称之为"长颂庙"。

长颂庙有前庙、后庙共三间三进。前庙建有大戏台，戏台前坪地空旷，足以容纳千余人观戏。后庙左右两侧各有天井一池。庙内主奉神为侯皇老爷。侯皇名陈恽，据《桐庐县志》记载："陈恽，字子厚，东汉桐庐人，富阳侯陈硕之子也。仕至黄门侍郎，征虏将军，封余杭侯。有仙术，能兴水工，尝于余杭一夕筑九里塘，不假人力。今南北乡有陈侯公庙，即恽也。"左右并列原张村头村供奉的潘叶侯皇、庄周村（今庄丰）供奉的白老爷和大溪边村供奉的陈都元帅。整个设置俨然审堂衙门。第三进塑坐公坐母和金童玉女神像，系后来葛塘村拼建。旧时每年重阳节，庙前及周边的大溪边、庄周、张村头、葛塘（两社）6个社都来此赶庙会，场面壮观，气氛热闹。

百步堰

历史上，庙前村的范围很广。清雍正六年（1728）设庙前庄，所属自然村除庙前、外郭之外，还有庄周及后奖、谢田、林山、凉坑、巧坑（今均属谢田村。今庙前村所属的张村头原属余村庄、上杜畈原属牌楼庄）。庙前村的中心村下樟地自然村，其居民有相当一部分为1959年3月因新安江水电站建设从淳安县茶园区湖下乡转迁而来的移民。

旧时在今钦堂至葛塘乡道上有一座两间格局的凉亭，名"知止亭"，取"劝人知道停止下来歇脚、不要过于劳累赶路"之意。亭内常年备有茶水供过路行人饮用解渴，亭柱上挂有施善村民编织的草鞋，供过往行人商旅取用。与亭子相邻的村落就称作"亭子边"。又因最初的房屋建在四棵大枫香树下，也名"枫树脚"。村民户主全都姓范。清咸丰末年，青田张村陈山头范姓一族某户曾祖母（曾祖父已病故），带着小叔子和4岁的女儿、2岁儿子，逃兵乱来到亭子边。本想跟着逃难的人群再往通儒岭方向走，因小叔子生病发烧昏睡，时值天黑下大雨，四人无法赶上其他人，只好在大路边的枫香树下停歇。待小叔子病色缓和，曾祖母决定不再继续前行，于是在树下搭草棚定居下来。女儿5岁时，葛塘村有一郭姓人家给了范家一亩三分田、七亩山，作为给范姓家定娃娃亲的定金。范家女儿9岁时，到郭姓家当了童养媳。范姓儿子长大后，也在亭子边结婚生子，繁衍后代，渐渐发展成现在的村庄。

解放军某部管理保障部原部长范生土大校（享受军级待遇）即是该村人。范生土退休回到家乡后，热心为家乡发展出谋划策，积极向上争取资金，为村里新建小（2）型水库一座，修建山塘一座，解决了农田灌溉和村民饮用水问题。范生土争取了上级补助资金500余万元，将旧时古官道（是附近百姓从葛塘村翻山越岭进入乾潭、继而进入严州府的唯一通道）修复，使庙前村、葛塘村有了一条进入乾潭的便捷通道，也为本村民宿发展和乡村旅游开辟了一条通道。

张村头自然村村庄东南侧原有村，名"张村"，为张姓聚居地；此村废后，大约在300多年前，陈姓祖先从今桐庐县分水镇百江迁入溪西大塘"三条岭"；不久，又迁往现张村头地界。相传，二次迁居起因是，某年某位陈姓村民，上一年十月份在此烧了一堆泥焦灰，到次年三月，挖开灰堆一看，里面还是火红火红的，因此认为此地为风水宝地。因定居点选在了张村北侧，故称新村落为"张村头"。

张村头村庄的南侧有一座高约20米、直径约70米的馒头形黄土丘，村民称其为"坟坛"，推测为达官贵人之墓葬。坟坛黄土丘东南、西南、西北、东北四角，原各有一口直径约15米的小池塘（现均改为农田）。村民挖土时，发现小池塘周围有许多土色或淡棕色、制作粗糙的陶瓷碎片与整体小陶罐，小陶罐直径、高约为10—20厘米。坟坛后方北侧偏东地下，村民修路、盖新房时发现有古建筑群遗址。由此推断，张村头有原住居民历时悠久，并有在此筑窑烧制陶器的活动。

坟坛下原有四棵大树，其中一棵柏树，树龄约为1000年，柏树主干巨大，四名成年人难以合围，1958年被砍伐用以熬制柏木油，据说，此树木材三个多月时间才烧完。另一棵是银杏，树龄也有数百年，被伐后从树根重新萌芽，至今成长为胸径30多厘米的"双胞胎"连理树。另两棵为黄连木，树龄 500 余年，为建德市重点保护古木；其中一棵在前几年枯死，但其根部又新长新苗，至今已小碗粗细；存活的一棵，树高 17 米，胸围 400 厘米，平均冠幅 18.5 米，建德市林业部门专门投入资金修砌方形大理石围坛予以保护。

此外，庙前村内还有古迹多处，其中有：

喜迎桥，在庙前自然村的东边。此处原有一座石板拱桥，据说，此桥刚建好就碰到迎亲队伍经过，新娘乘轿从桥上经过，因此取名为"喜迎桥"。原桥两端各有一棵古树，南端古枫树粗需三名成年人合抱，二十世纪七十年代因改田造地、溪流改道被砍伐。因年代久远，喜迎桥讹传为"死人桥"，和古枫树的命运一样被拆除。2007 年，在上级有关单位的支持和资助下，在桥旧址南端古枫树下兴建了一处健身点，配设一批现代健身器械，供村民健身锻炼和休闲娱乐。近年又将其扩建成公园，占地面积 4 亩，有文化长廊、花坛、小广场、草坪、小道等设施，使得边远山乡居民也享受与城镇居民一样的文化娱乐生活。

乌济桥，位于上杜畈自然村西边、下樟地自然村对面，清代建造。南北向横跨葛塘溪上，为单孔石桥。桥面长 9 米、宽 2 米，跨拱券高 4.5 米。桥面以条石铺砌，拱券呈半圆形，以块石错缝砌筑。桥两端略呈喇叭状，南向设台阶两级，北向设台阶四级，现仍存。

乌济桥

百步堰，位于葛塘溪庙前段百步街北边。主要灌溉上杜畈农田。据本地家谱记载，该堰在南宋时期已做古道连接庙前、张村头到钦堂的过溪通道。乌济桥建成后，交通功能主要由乌济桥承担，灌溉功能现仍延续。

百步街，在上杜畈自然村西端，据传是南宋古道的一部分。古道从安仁—坑口—徐岭头—百步街—葛塘—通儒岭—后冯—梅城。百步街有百米街道，聚集商铺多家，为过往行人提供食宿和商贸服务，因街面长百步而得名。

百步街遗址

（黄一苇）

稻舞蒲田间

　　蒲田村，位于建德市钦堂乡东南，距乡政府驻地1千米。由原宦塘、蒲田、羊毛坞3个村合并而成。东至桐庐县富春江镇芝厦村，南至大溪边村，西至钦堂村大岩山，北至钦堂村大岩山。村委会驻蒲田自然村，辖宦塘、毛竹湾、蒲田、蒲田蓬、土地庙、大西坞、宦塘垄、牛背脊8个自然村。全村400户、1432人。村域面积7.33平方千米，有耕地面积86.2公顷、山林面积521.13公顷。主要出产稻谷、原木、茶叶等。蒲田村是浙江省善治示范村。

蒲田村

　　明嘉靖四十五年（1566），有个叫陈万六的人，带着他的四个儿子（思富、思培、思鼎、思怀），从福建莆田辗转来到建德通儒乡（即现在的钦堂乡），见这里山间有平地，水源也丰富，他想起老家兄弟分家时上辈人曾经吩咐过："畔水而聚，逢冲则质。"

意思是，只要有水有地的地方，都可居住，于是他就在这里定居下来，并把这里也叫作莆田。后因此地有三水汇聚而改"莆"为"蒲"，称蒲田。陈万六就成为蒲田陈氏的始迁祖。后来，他的第四个儿子陈思怀另迁杭州，蒲田陈氏就剩下思富、思培、思鼎三房。

早在陈万六定居蒲田之前，这里是杨家人的居住地，直到现在，当地还有杨家岭的地名。后来杨家岭上修了公路，公路两边建起了民房。在修路、建房时，挖出过大量的砖瓦，这些都是杨家人曾经在此居住过的佐证。只是杨家人何时在这里居住，后来又怎么会不知所终，都不得而知。

杨家岭的北侧横卧着一座比杨家岭矮很多的小山坡，其形酷似一头卧牛，牛头侧向北，面对着一块550多亩的田畈。蒲田村就建在卧牛背上。再往北，有一道弯月似的山梁，把整块田畈围在村前，村里人称之为龙山，又名蟒山，也称常降福山。这样的村庄阵势，前人谓之为"卧牛瞻月"。

村之东南，也就是卧牛的尾部，有一泓清泉，其水清冽甘甜，终年不枯，是全村人主要的汲水之处，村里人称此为"牛屁股洞"。名虽不雅，但也为村景之一。

清渚溪绕蒲田村自西而南，蒲田人在溪里修建了一座堨，引溪水灌溉村北的田畈。堨下有一深潭，当地人叫它蒲田潭。潭中游鱼成群，常有人来潭中盗捕。蒲田人认为，潭中之鱼乃全村之吉祥物，是不能随意捕捞的，所以把此潭定为"放生禁潭"。民国三

蒲田潭旧址

十一年（1942），时任建德县县长许亚夫知道此事后，认为蒲田人这样做是对的，特地为此题了"放生禁潭"四个字，并刻成石碑，立在潭边。从此，再也没有人来潭中捕鱼捞虾了。

蟒山自西向东，回护着村庄及村前的那片田畈。然而，蟒山上的蟒蛇也会有发脾气的时候，它一旦发起脾气来，村前田畈就会洪水泛滥，甚至威胁到村庄的安全。

有一年，村里来了一位风水先生，他说，可在蟒山的头部，也就是七寸之上建一座庙，用以镇住蟒蛇，全村即会永享太平。村里人就把原来建在杨家岭后金鸡山上的一座古庙迁到蟒山之上，庙内的神像也换成了陈都元帅。

宦塘祠堂

陈都元帅，南宋末年人，其真名已不可考。传说此人从小有勇有谋，成人后拜为议郎。宋理宗时，在与蒙古人的作战中，屡立战功，擢为大元帅，人称陈元帅。

元兵打进临安（今杭州）时，陈元帅等护送宋端宗赵昰由越州渡海向南。当船经过象山金井湾时，陈元帅突然得病不起。他对随从说："吾世受宋恩，生不能报，死当为厉鬼杀贼。"说完，遥向帝舟，叩头长恸而逝，随从把他葬在海边的姥岭之麓。

据说陈元帅死后，果然屡有灵异，当地人在他墓旁立庙而祀。明嘉靖己未（1559），倭寇屡从海上来犯，朝廷派谭公纶领兵围剿。谭公纶来到象山构筑防务工事。一天夜里，谭公纶梦见陈元帅暗授他退敌之计。谭依计而行，果然大获全胜，于是重修其庙，并题匾曰"神武"。

从那时起，江南各地遍修陈公庙，特别是陈姓人，他们把陈元帅当作本家的守护神，并尊称为"陈都元帅"。凡陈姓人的聚居村，大多建有陈元帅庙。蒲田陈姓从福建迁到建德，自然也不会忘记把"陈都元帅"供奉在自村的庙中。

蒲田庙建在蟒山上。这里左前方有金鸡庙，右前方有凤山庙，一条小溪自庙前山下缓缓而过，溪边有一冷水塘，塘中活水常年不枯。塘边还有一口水井，是村里人主要的饮水之源。庙门两侧各有一棵古柏，就像陈都元帅手中的兵器，威严地耸立着。

村口古树群

蒲田庙的正堂上共有六尊主神像，分别是：宦塘潘一水神像、溪西周宣灵王神像、余村隐老相公神像、蒲田陈都元帅神像、钦堂陈孚右王神像和马家胡大熟神像。两边的对联是这样写的：

正直随来心自坦；奸雄到此胆生寒。

每年正月初八，蒲田村人把供奉在庙中的陈都元帅神像接到村中的陈氏宗祠，接受全体陈氏民众的朝拜，正月十六送回庙中。余村则在正月廿六（大月是廿七），把隐老相公神像接回村中余氏宗祠接受朝拜。其他各村也都定时把各自的神像接回村里接受朝拜，然后统一于二月初二送回庙中。这一天，蒲田村要摆香案迎接。

二月二传说是龙抬头的日子。在蒲田村里，这一天一大早，来自邻村的几路人马抬着各自的神像，汇集到蒲田庙前。先是举行一个简短的仪式，然后各村的送神队伍争先恐后地抬着本村的神像，涌向庙门，有时甚至会因此而打起架来，其目的只有一个：把自己村的神像最先请到庙中去，因为谁先让自己村的神像坐上神位，就预示着这一年这个村的运气最好。

等到每个神像全都坐回到各自的座位上之后，蒲田庙前戏台上的锣鼓就开始响起来，紧接着，一台又一台的好戏陆续开演，这一演就是三天三夜，远近村民全都涌到这里看戏。

宦塘山塘

二十世纪六十年代，不仅迎神、送神的风俗被禁绝，庙中的所有神像被毁，就连蒲田庙也被拆除，其构件用来建造钦堂粮站。

从大岩山上下来的水从蒲田庙下流向蒲田村前的田畈。而从小岩山上下来的水，经宦塘，直接流向村东，然后从白墓山和小凤山之间流向村南，最后汇入清渚溪。

旧时，在白墓山和小凤山之间的小涧上，建有一座单拱石桥，桥高4米，宽4米，长约5米，因桥旁建有一亭子，故此桥被称之为亭子桥，是村之门户。过了此亭，道分两路，一路通往桐庐芝厦，一路通往建德乾潭。亭子占地近百平方米，其柱、梁、碑、凳等，用的全是淳安茶园石。

宦塘在蒲田村北的小岩山下。这里山清水秀，是个非常宜人的小山村。村呈长条形，依山临涧而筑。这个村的历史非常悠久。相传最早来这里居住的是姓宦的人家，他们来自东阳，宦塘之村名也因之而来。然而，现在村里人基本上都姓吴，姓宦的人是一户都没有了。不过宦塘吴姓并不是一家，他们分别来自三个地方，一支来自安徽屯溪，一支来自桐庐尖山脚，一支来自本地溪西。这三支吴姓虽然各自建有自己的宗祠，但一直以来，他们和睦得就像一家人，就像村口耸立的那五株古树一样。

这五株古树共有三个品种：一株枫树，半株苦槠树，三株半榫香树。

为何会有半株的呢？因为在那株苦槠树上，长着一株榫香树，就像嫁接上去的一样，乍一看就像一棵树，仔细看，半株是苦槠，半株是榫香，村里人则称之为"连理树"。

蒲田人对他们所居住的地方很热爱，他们用"大凤山，小凤山，金凤落在蒲田畈。大岩山，小岩山，双峰并峙护村安"的古谚来概括整个村庄。现在的蒲田人发挥自己丰富的想象，居然把田当作锦缎，在村前的那面扇形田畈里，种出各种图案，并美其名曰：稻舞田间。

（沈伟富）